COCINA

Betty Crocker

Recetas Americanas Favoritas
en Español e Inglés

Favorite American Recipes
in Spanish and English

WILEY

Wiley Publishing, Inc.

For general information on our other products and services or to obtain technical support please contact our Customer Care Department within the U.S. at 800-762-2974, outside the U.S. at 317-572-3993 or fax 317-572-4002.

Wiley also publishes its books in a variety of electronic formats. Some content that appears in print may not be available in electronic books. For more information on Wiley products, visit our web site at www.wiley.com.

Library of Congress Cataloging-in-Publication Data is available upon request.

ISBN: 0-7645-8829-X

Manufactured in the United States of America.

10 9 8 7 6 5 4 3 2 1

First Edition

Cover photos: Herb Roasted Chicken and Vegetables (page 88); Spaghetti and Meatballs (page 170)

General Mills

DIRECTOR, BOOK AND ONLINE PUBLISHING: Kim Walter
MANAGER, COOKBOOK PUBLISHING: Lois Tlusty
EDITOR: Lois Tlusty
RECIPE DEVELOPMENT AND FOOD STYLING: Betty Crocker Kitchens
PHOTOGRAPHY: General Mills Photography Studios

Wiley Publishing, Inc.

PUBLISHER: Natalie Chapman
EXECUTIVE EDITOR: Anne Ficklen
EDITOR: Kristi Hart
PRODUCTION EDITOR: Shannon Egan
COVER DESIGN: Paul DiNovo
INTERIOR DESIGN AND LAYOUT: Laura Ierardi
MANUFACTURING MANAGER: Kevin Watt

The Betty Crocker Kitchens seal guarantees success in your kitchen. Every recipe has been tested in America's Most Trusted Kitchens™ to meet our high standards of reliability, easy preparation and great taste.

FIND MORE GREAT IDEAS AND
SHOP FOR NAME-BRAND HOUSEWARES AT

Betty Crocker.com

Para el catálogo de publicaciones, contacto la Biblioteca del Congreso.

ISBN: 0-7645-8829-X

Hecho en Estados Unidos

10 9 8 7 6 5 4 3 2 1

Primera edición

Fotos de la portada:Lomo de Cerdo Cubierto de Hierbas (página 89); Espagueti con Albóndigas (página 171)

General Mills

DIRECTORA, LIBROS Y PUBLICACIÓN ELECTRÓNICA: Kim Walter
GERENTE, PUBLICACIÓN DE LIBROS: Lois Tlusty
EDITOR: Lois Tlusty
DESARROLLO DE RECETAS Y PRUEBAS: Betty Crocker Kitchens
PRESENTACIÓN DE ALIMENTOS: Betty Crocker Kitchens
FOTOGRAFÍA Y PRESENTACIÓN DE ALIMENTOS: General Mills Fotografía Studios

Wiley Publishing, Inc.

EDITORA: Natalie Chapman
REDACTORA: Anne Ficklen
REDACTORA: Kristi Hart
REDACTORA DE PRODUCCIÓN: Shannon Egan
DISEÑO DE LA PORTADA: Paul DiNovo
DISEÑO INTERIOR Y LAYOUT: Laura Ierardi
DIRECCIÓN DE ARTE Y FOTOGRAFÍA: Becky Landes
GERENTE DE FABRICACIÓN: Kevin Watt

El sello de Betty Crocker Kitchens garantiza éxitos en su cocina. Cada receta ha sido probada en las Cocinas Más Confiables de América, a manera de cumplir con nuestros estándares de confiabilidad, facilidad de preparación y gran sabor.

PUEDE ENCONTRAR MÁS IDEAS Y ADQUIRIR ARTÍCULOS PARA EL HOGAR DE MARCA VISITANDO

BettyCrocker.com

Hello Friends,

Welcome to the first ever Betty Crocker cookbook with recipes in both Spanish and English. This bilingual format allows Spanish-speaking cooks to experience firsthand all the trusted recipes and knowledge the Betty Crocker Kitchens have stood for over the years. If English *and* Spanish are spoken in your home, this cookbook lets the family create memorable meals together.

Cocina Betty Crocker features a collection of 125 all-American family favorites, from Meat Loaf and Skillet-Fried Chicken to Green Bean Casserole and Apple Pie. If you want to learn how to cook and have an interest in preparing traditional American food for your family, this cookbook is a wonderful resource. Simple, step-by-step directions and timely tips will guide you every step of the way. If you're already an experienced cook, this book provides a great overview of tried-and-true American favorites.

For more than 50 years, Americans have put their trust in Betty Crocker recipes. You'll find that this cookbook will also translate into a reliable source for you.

Warmly,

Betty Crocker

Hola Amigos,

Bienvenidos al primer libro de cocina de Betty Crocker con recetas en español y en inglés. Este formato bilingüe le permite a los cocineros de habla hispana experimentar de primera mano todas las recetas de confianza y el conocimiento culinario que La Cocina de Betty Crocker ha representado a través de muchos años. Si en su hogar se habla inglés y español, este libro de recetas le permitirá crear comidas memorables en compañía de su familia.

Cocina Betty Crocker presenta una colección de 125 recetas predilectas por la familia americana que incluyen desde el Rollo de Carne y el Pollo Frito a la Sartén hasta la Caserola de Habichuelas Tiernas (Ejotes) y la Tarta de Manzana. Si desea aprender a cocinar y le interesa preparar platillos americanos tradicionales para su familia, este recetario es un maravilloso recurso. Las sencillas instrucciones paso a paso, los prácticos métodos y oportunos consejos, serán su guía en todo momento. Si usted ya tiene experiencia en la cocina, este libro le brindará una fabulosa visión general de los más tradicionales y predilectos platillos americanos.

Por más de 50 años, los estadounidenses han depositado su confianza en las recetas de Betty Crocker. Usted se dará cuenta que este libro de recetas también se convertirá en un recurso confiable para usted.

Afectuosamente,

Betty Crocker

Contents

Contenido

CHAPTER 1

Snacks, Soups and Sandwiches

Entremeses, Sopas y Sándwiches

◀ **Corn Chowder (page 36)**   **Crema de Maíz/Elote (página 37)**

Hot Crab Dip
"Dip" Caliente de Cangrejo

PREP: 15 min **BAKE:** 20 min ■ **ABOUT 2¹/₂ CUPS**

If crabmeat is not readily available, you can substitute 6 ounces imitation crabmeat, coarsely chopped, for the canned crabmeat.

1 package (8 ounces) cream cheese, softened
¹/₄ cup grated Parmesan cheese
¹/₄ cup mayonnaise or salad dressing
¹/₄ cup dry white wine or apple juice
2 teaspoons sugar
1 teaspoon ground mustard
4 medium green onions, thinly sliced (¹/₄ cup)
1 clove garlic, finely chopped
1 can (6 ounces) crabmeat, drained, cartilage removed and flaked
¹/₃ cup sliced almonds, toasted
Assorted crackers or sliced raw vegetables, if desired

1. Heat oven to 375°F.

2. Mix all ingredients except crabmeat, almonds and crackers in medium bowl until well blended. Stir in crabmeat.

3. Spread crabmeat mixture in ungreased pie plate, 9 × 1¹/₄ inches, or shallow 1-quart casserole. Sprinkle with almonds.

4. Bake uncovered 15 to 20 minutes or until hot and bubbly. Serve with crackers.

1 Tablespoon: Calories 50 (Calories from Fat 35); Fat 4g (Saturated 2g); Cholesterol 10mg; Sodium 50mg; Carbohydrate 1g (Dietary Fiber 0g); Protein 2g **% Daily Value:** Vitamin A 2%; Vitamin C 0%; Calcium 2%; Iron 0% **Exchanges:** 1 Fat **Carbohydrate Choices:** 0

Hot Crab Dip ▢ **"Dip" Caliente de Cangrejo** ▶

"Dip" Caliente de Cangrejo
Hot Crab Dip

PREPARACIÓN: 15 min **HORNEAR:** 20 min ▪ **RINDE APROXIMADAMENTE 2¹/₂ TAZAS**

Si la carne de cangrejo enlatada no se consigue fácilmente, puede sustituirla por 6 onzas de imitación de carne de cangrejo picada en trocitos.

1 paquete (8 onzas) de queso crema, suavizado
¹/₄ taza queso Parmesano rallado
¹/₄ taza de mayonesa o aderezo para ensalada
¹/₄ taza de vino blanco seco o jugo de manzana
2 cucharaditas de azúcar
1 cucharadita de mostaza en polvo
4 cebollinos verdes medianos, finamente picados (¹/₄ taza)
1 diente de ajo, finamente picado
1 lata (6 onzas) de carne de cangrejo, escurrida, sin cartílagos, desmenuzada
¹/₃ taza de almendras rebanadas, tostadas
Surtido de galletas saladas o palitos de vegetales crudos, si desea

1. Caliente el horno a 375°F.

2. Mezcle todos los ingredientes, excepto la carne de cangrejo, las almendras y las galletas en un recipiente mediano hasta que se mezclen bien. Agregue la carne de cangrejo y revuelva.

3. Unte la mezcla de carne de cangrejo en un plato para tartas sin engrasar de 9 × 1¹/₄ pulgadas, o una cacerola no muy profunda de 1 cuarto de galón. Espolvoree con las almendras.

4. Hornee, sin cubrir, de 15 a 20 minutos o hasta que esté caliente o se formen burbujas. Sirva con galletas saladas.

1 Cucharada: 50 Calorías (35 Calorías de Grasa); Grasas 4g (Saturada 2g); Colesterol 10mg; Sodio 50mg; Carbohidratos 1g (Fibra Dietética 0g); Proteína 2g **% de Valores Diarios:** Vitamina A 2%; Vitamina C 0%; Calcio 2%; Hierro 0% **Intercambios:** 1 Grasa **Opciones de Carbohidratos:** 0

Spinach Dip
"Dip" de Espinacas

PREP: 15 min **CHILL:** 4 hr ■ **ABOUT 3¹/2 CUPS**

Water chestnuts are crunchy and white with a nutty flavor and often compared to jicama. They can be found canned, whole or sliced, in most supermarkets.

> 1 box (9 ounces) frozen chopped spinach, thawed
> 1 cup mayonnaise or salad dressing
> 1 cup sour cream
> 1 package (1.4 ounces) vegetable soup and recipe mix
> 1 can (8 ounces) water chestnuts, drained and chopped
> 1 medium green onion, chopped (1 tablespoon)
> 1 round uncut loaf bread (about 1 pound), if desired

1. Squeeze spinach to drain; spread on paper towels and pat dry. Mix spinach, mayonnaise, sour cream, soup mix, water chestnuts and onion. Cover and refrigerate at least 4 hours to blend flavors and soften soup mix.

2. Cut 1- to 2-inch slice off top of bread loaf; hollow out loaf, leaving ¹/2- to 1-inch shell of bread on side and bottom. Reserve scooped-out bread and top of loaf; cut or tear into pieces to use for dipping. Spoon spinach dip into hollowed-out loaf. Arrange bread pieces around loaf.

3. Or serve dip in bowl with raw vegetable sticks or assorted chips and crackers for dipping.

1 Tablespoon: Calories 40 (Calories from Fat 35); Fat 4g (Saturated 1g); Cholesterol 5mg; Sodium 80mg; Carbohydrate 1g (Dietary Fiber 0g); Protein 0g
% Daily Value: Vitamin A 4%; Vitamin C 2%; Calcium 0%; Iron 0%
Exchanges: 1 Fat **Carbohydrate Choices:** 0

"Dip" de Espinacas
Spinach Dip

PREPARACIÓN: 15 min **REFRIGERAR:** 4 horas ■ **RINDE APROXIMADAMENTE 3¹/2 TAZAS**

Las castañas de agua son crujientes y blancas con sabor a nuez y a menudo se comparan con la jícama. Se les puede encontrar en latas, enteras o en rebanadas, en la mayoría de los supermercados.

> 1 caja (9 onzas) de espinaca picada congelada, descongelada
> 1 taza de mayonesa o aderezo para ensaladas
> 1 taza de crema agria
> 1 sobre (1.4 onzas) de sopa instantánea de vegetales
> 1 lata (8 onzas) de castañas de agua, escurridas y picadas
> 1 cebollita verde mediana, picada (1 cucharada)
> 1 bola de pan sin cortar (aproximadamente 1 libra), si desea

1. Presione las espinacas para que se escurran bien; extiéndalas sobre papel toalla y séquelas. Mezcle las espinacas, mayonesa, crema agria, la sopa en polvo, las castañas dulces y la cebolla. Cubra y refrigere por lo menos 4 horas para mezclar los sabores y suavizar la sopa en polvo.

2. Corte 1 ó 2 pulgadas de la parte superior del pan; retire y reserve el pedazo de pan que cortó. Saque el migajón hasta que la bola de pan quede hueca dejando de ¹/2 a 1 pulgada de grosor en los lados y el fondo del pan. Corte el pan que reservó y el que sacó para comer con el "dip". Con una cuchara, rellene la bola de pan con el "dip" de espinacas. Coloque los pedazos de pan alrededor.

3. O sirva el "dip" en un tazón para acompañar con vegetales crudos o galletas saladas.

1 Cucharada: 40 Calorías (35 Calorías de Grasa); Grasas 4g (Saturada 1g); Colesterol 5mg; Sodio 80mg; Carbohidratos 1g (Fibra Dietética 0g); Proteína 0g
% de Valores Diarios: Vitamina A 4%; Vitamina C 2%; Calcio 0%; Hierro 0%
Intercambios: 1 Grasa **Opciones de Carbohidratos:** 0

Creamy Fruit Dip
"Dip" Cremoso para Frutas

"Dip" Cremoso para Frutas
Creamy Fruit Dip

PREP: 5 min ■ **1¹/₂ CUPS DIP**

Choose a variety of fruits for dippers, such as mango or papaya pieces, sliced cantaloupe and honeydew melon, strawberries and pineapple chunks.

- 1 package (8 ounces) cream cheese, softened
- 1 jar (7 ounces) marshmallow creme
- 1 tablespoon milk

In medium bowl, beat all ingredients with electric mixer on medium speed until smooth and creamy.

2 Tablespoons: Calories 125 (Calories from Fat 65); Fat 7g (Saturated 4g); Cholesterol 20mg; Sodium 65mg; Carbohydrate 14g (Dietary Fiber 0g); Protein 2g **% Daily Value:** Vitamin A 4%; Vitamin C 0%; Calcium 2%; Iron 0% **Exchanges:** 1 Starch, 1 Fat **Carbohydrate Choices:** 1

CREAMY CINNAMON FRUIT DIP Add ¹/₄ teaspoon ground cinnamon.

PREPARACIÓN: 5 min ■ **RINDE 1¹/₂ TAZAS DE "DIP"**

Elija una variedad de frutas para el "dip" como pedazos de mango o papaya, rebanadas de melón, fresas y trozos de piña.

- 1 paquete (8 onzas) de queso crema, suavizado
- 1 frasco (7 onzas) de crema de malvaviscos ("marshmallows")
- 1 cucharada de leche

En un recipiente mediano, bata todos los ingredientes con una batidora eléctrica a velocidad media hasta que la mezcla quede suave y cremosa.

2 Cucharadas: 125 calorías (65 calorías de grasa); Grasas 7g (Saturada 4g); Colesterol 20mg; Sodio 65mg; Carbohidratos 14g (Fibra Dietética 0g); Proteína 2g **% de Valores Diarios:** Vitamina A 4%; Vitamina C 0%; Calcio 2%; Hierro 0% **Intercambios:** 1 Almidón, 1 Grasa **Opciones de Carbohidratos:** 1

"DIP" CREMOSO CON CANELA PARA FRUTAS Agregue ¹/₄ de cucharadita de canela en polvo.

Cheesy Potato Skins
Cáscaras de Papa Gratinadas

PREP: 15 min **BAKE:** 1 hr 15 min **BROIL:** 11 min ■ **8 SERVINGS**

You can top these with any of your favorite toppings: chopped tomato, cooked bacon pieces, chopped cilantro or chopped avocado.

4 large potatoes (about 2 pounds)
2 tablespoons butter or margarine, melted
1 cup shredded Colby-Monterey Jack cheese (4 ounces)
$1/2$ cup sour cream
8 medium green onions, sliced ($1/2$ cup)

1. Heat oven to 375°F. Prick potatoes. Bake potatoes 1 hour to 1 hour 15 minutes or until tender. Let stand until cool enough to handle.

2. Cut potatoes lengthwise into fourths; carefully scoop out pulp, leaving $1/4$-inch shells. Save potato pulp for another use.

3. Set oven control to broil. Place potato shells, skin sides down, on rack in broiler pan. Brush with butter.

4. Broil with tops 4 to 5 inches from heat 8 to 10 minutes or until crisp and brown. Sprinkle cheese over potato shells. Broil about 30 seconds or until cheese is melted. Serve hot with sour cream and green onions.

1 Serving: Calories 160 (Calories from Fat 90); Fat 10g (Saturated 6g); Cholesterol 30mg; Sodium 120mg; Carbohydrate 12g (Dietary Fiber 2g); Protein 5g **% Daily Value:** Vitamin A 8%; Vitamin C 8%; Calcium 10%; Iron 6% **Exchanges:** 1 Starch, 2 Fat **Carbohydrate Choices:** 1

Cáscaras de Papa Gratinadas
Cheesy Potato Skins

PREPARACIÓN: 15 min **HORNEAR:** 1 hora 15 min **ASAR EN "BROIL":** 11 min ■ **RINDE 8 PORCIONES**

Puede ponerles cualquiera de sus ingredientes favoritos; tomate picado, pedacitos de tocino frito, cilantro o aguacate picado.

4 papas grandes (aproximadamente 2 libras)
2 cucharadas de mantequilla o margarina, derretida
1 taza de queso "Colby-Monterey Jack" rallado (4 onzas)
$1/2$ taza de crema agria
8 cebollitas verdes medianas, picadas ($1/2$ taza)

1. Caliente el horno a 375°F. Perfore las papas con un tenedor. Hornéelas de 1 hora a 1 hora y 15 minutos o hasta que se ablanden. Déjelas reposar hasta que se enfríen lo suficiente para prepararlas.

2. Corte las papas a lo largo en cuatro partes; cuidadosamente saque la pulpa con una cuchara, dejando las cáscaras con grosor de $1/4$ de pulgada. Conserve la pulpa de papa sobrante para otro uso.

3. Ponga el horno en la función de asar ("broil"). Coloque las cáscaras de papa en el horno, con la cáscara hacia abajo, sobre la parrilla de una bandeja para asar. Con una brochita úntelas con mantequilla.

4. Áselas con el relleno dejando una distancia de 4 a 5 pulgadas del asador por 8 a 10 minutos o hasta que estén doradas y crujientes. Espolvoree el queso sobre las cáscaras de papa. Áselas por 30 segundos o hasta que el queso se derrita. Sírvalas calientes con crema agria y cebollitas verdes.

1 Porción: 160 Calorías (90 Calorías de Grasa); Grasas 10g (Saturada 6g); Colesterol 30mg; Sodio 120mg; Carbohidratos 12g (Fibra Dietética 2g); Proteína 5g **% de Valores Diarios:** Vitamina A 8%; Vitamina C 8%; Calcio 10%; Hierro 6% **Intercambios:** 1 Almidón, 2 Grasas **Opciones de Carbohidratos:** 1

Crab Cakes
Tortitas de Cangrejo

PREP: 15 min **COOK:** 10 min ▪ **6 SERVINGS**

What a classic—golden brown outside, moist and full of crabmeat inside! Crab cakes are also wonderful served as a main course—allow two per person. See photo on page 18.

1/3 cup mayonnaise or salad dressing
1 large egg
1 1/4 cups soft bread crumbs (about 2 slices bread)
1 teaspoon ground mustard
1/4 teaspoon salt
1/4 teaspoon ground red pepper (cayenne), if desired
1/8 teaspoon pepper
2 medium green onions, chopped (2 tablespoons)
3 cans (6 ounces each) crabmeat, well drained, cartilage
   removed and flaked*
1/4 cup dry bread crumbs
2 tablespoons vegetable oil

1. In medium bowl, mix mayonnaise and egg with wire whisk. Stir in remaining ingredients except oil and dry bread crumbs. Shape mixture into 6 patties, about 3 inches in diameter (mixture will be moist). Coat each patty with dry bread crumbs.

2. In 12-inch nonstick skillet, heat oil over medium heat. Cook patties in oil about 10 minutes, gently turning once, until golden brown and hot in center. Reduce heat if crab cakes become brown too quickly.

* 3/4 pound cooked crabmeat, flaked, can be substituted for the canned crabmeat.

1 Serving: Calories 330 (Calories from Fat 160); Fat 18g (Saturated 3g); Cholesterol 120mg; Sodium 690mg; Carbohydrate 20g (Dietary Fiber 1g); Protein 22g **% Daily Value:** Vitamin A 2%; Vitamin C 2%; Calcium 16%; Iron 14% **Exchanges:** 1 Starch, 3 Lean Meat, 2 Fat **Carbohydrate Choices:** 1

Tortitas de Cangrejo
Crab Cakes

PREPARACIÓN: 15 min **COCCIÓN:** 10 min ▪ **RINDE 6 PORCIONES**

¡Doraditas por fuera y rellenas de jugoso cangrejo por dentro! Las tortitas de cangrejo son ideales también para servirlas como platillo principal; sirva dos por persona. Vea la foto en la página 18.

$^1/_3$ taza de mayonesa o aderezo para ensaladas
1 huevo grande
1$^1/_4$ tazas de migajón de pan suave (aproximadamente 2 rebanadas de pan)
1 cucharadita de mostaza en polvo
$^1/_4$ cucharadita de sal
$^1/_4$ cucharadita de pimentón rojo en polvo (pimienta de Cayena), si desea
$^1/_8$ cucharadita de pimienta
2 cebollitas verdes medianas, picadas, (2 cucharadas)
3 latas (6 onzas cada una) de carne de cangrejo, bien escurrida, sin
    cartílagos, desmenuzada*
$^1/_4$ taza de pan seco molido
2 cucharadas de aceite vegetal

1. En un recipiente mediano, mezcle la mayonesa y el huevo con un batidor de mano. Añada y revuelva los demás ingredientes, excepto el aceite y el pan seco molido. Forme 6 tortitas con la mezcla de aproximadamente 3 pulgadas de diámetro (la mezcla estará húmeda). Cubra cada tortita con el pan seco molido.

2. En una sartén de 12 pulgadas antiadherente, caliente el aceite a fuego medio. Cocine las tortitas en aceite por unos 10 minutos, volteándolas cuidadosamente una vez, hasta que estén doradas y calientes en el centro. Si las tortitas se comienzan a dorar muy rápido, reduzca el fuego.

* $^3/_4$ libra de carne de cangrejo cocida y desmenuzada, puede sustituirse por carne de cangrejo enlatada.

1 Porción: 330 Calorías (160 Calorías de Grasa); Grasas 18g (Saturada 3g); Colesterol 120mg; Sodio 690mg; Carbohidratos 20g (Fibra Dietética 1g); Proteína 22g **% de Valores Diarios:** Vitamina A 2%; Vitamina C 2%; Calcio 16%; Hierro 14% **Intercambios:** 1 Almidón, 3 Carnes Magras, 2 Grasas **Opciones de Carbohidratos:** 1

Crab Cakes (page 16)   **Tortitas de Cangrejo (página 17)** ▼

▼ Original Chex Party Mix (page 20) ▢ Mezcla Original de Chex Party Mix (página 21)

Original Chex Party Mix

Mezcla Original de Chex Party Mix

PREP: 20 min **BAKE:** 1 hr ■ **ABOUT 12 CUPS**

If you'd like a little more kick to this popular snack, add a few drops of red pepper sauce with the butter. And if bagel chips aren't available, use a cup of bite-size cheese crackers instead. See photo on page 19.

6 tablespoons butter or margarine
2 tablespoons Worcestershire sauce
1 1/2 teaspoons seasoned salt
3/4 teaspoon garlic powder
1/2 teaspoon onion powder
3 cups Corn Chex® cereal
3 cups Rice Chex® cereal
3 cups Wheat Chex® cereal
1 cup mixed nuts
1 cup pretzels
1 cup garlic-flavor bite-size bagel chips or regular-size bagel chips, broken into
　　1-inch pieces

1. Heat oven to 250°F.

2. Melt butter in large roasting pan in oven. Stir in Worcestershire sauce, seasoned salt, garlic powder and onion powder. Gradually stir in remaining ingredients until evenly coated.

3. Bake 1 hour, stirring every 15 minutes. Spread on paper towels to cool. Store in airtight container.

1/2 Cup: Calories 140 (Calories from Fat 65); Fat 7g (Saturated 1g); Cholesterol 10mg; Sodium 320mg; Carbohydrate 16g (Dietary Fiber 1g); Protein 3g **% Daily Value:** Vitamin A 6%; Vitamin C 2%; Calcium 4%; Iron 24% **Exchanges:** 1 Starch, 1 Fat **Carbohydrate Choices:** 1

Mezcla Original de Chex Party Mix
Original Chex Party Mix

PREPARACIÓN: 20 min **HORNEAR:** 1 hora ■ **RINDE APROXIMADAMENTE 12 TAZAS**

Si quiere darle más sabor a este entremés popular, añada unas cuantas gotas de salsa picante roja con la mantequilla. Y si los pedacitos de pan "bagels" no están disponibles, utilice en su lugar una taza de galletitas saladas con sabor a queso. Vea la foto en la página 19.

6 cucharadas de mantequilla o margarina
2 cucharadas de salsa inglesa "Worcestershire"
1$^1/_2$ cucharadita de sal sazonada
$^3/_4$ taza de ajo en polvo
$^1/_2$ cucharadita de cebolla en polvo
3 tazas de cereal de maíz Corn Chex
3 tazas de cereal de arroz Rice Chex
3 tazas de cereal de trigo Wheat Chex
1 taza de nueces variadas
1 taza de "pretzels"
1 taza de pedacitos de pan tostado"bagels"con sabor a ajo o pan "bagels" tamaño regular partidos en pedazos de 1 pulgada

1. Caliente el horno a 250°F.

2. Derrita la mantequilla en el horno en un molde hondo para hornear. Añada y revuelva la salsa inglesa, sal sazonada, y ajo y cebolla en polvo. Revuelva poco a poco los demás ingredientes hasta que se forme una capa uniforme.

3. Hornee 1 hora, revolviendo cada 15 minutos. Deje enfriar sobre papel toalla. Conserve en un recipiente herméticamente tapado.

$^1/_2$ **Taza:** 140 Calorías (65 Calorías de Grasa); Grasas 7g (Saturada 1g); Colesterol 10mg; Sodio 320mg; Carbohidratos 16g (Fibra Dietética 1g); Proteína 3g **% de Valores Diarios:** Vitamina A 6%; Vitamina C 2%; Calcio 4%; Hierro 24% **Intercambios:** 1 Almidón, 1 Grasa
Opciones de Carbohidratos: 1

Cinnamon-Sugared Nuts
Nueces Azucaradas con Canela

PREP: 10 min **BAKE:** 30 min ▪ **2 CUPS**

These delicious roasted nuts have a delicate spicy flavor. Use a mixture of nuts for a fun combination.

1 tablespoon slightly beaten large egg white
2 cups pecan halves, unblanched whole almonds or walnut halves
$1/4$ cup sugar
2 teaspoons ground cinnamon
$1/4$ teaspoon ground nutmeg
$1/4$ teaspoon ground cloves

1. Heat oven to 300°F.

2. Mix egg white and pecan halves in medium bowl until pecans are coated and sticky.

3. Mix remaining ingredients in small bowl; sprinkle over pecans. Stir until pecans are completely coated. Spread pecans in single layer in ungreased jelly roll pan, $15 \times 10^1/2 \times 1$ inch.

4. Bake uncovered about 30 minutes or until toasted. Cool completely or serve slightly warm. Store in airtight container at room temperature up to 3 weeks.

$1/4$ Cup: Calories 210 (Calories from Fat 160); Fat 18g (Saturated 1g); Cholesterol 2mg; Sodium 5mg; Carbohydrate 12g (Dietary Fiber 2g); Protein 2g **% Daily Value:** Vitamin A 0%; Vitamin C 0%; Calcium 2%; Iron 4% **Exchanges:** 1 Starch, 3 Fat **Carbohydrate Choices:** 1

Nueces Azucaradas con Canela
Cinnamon-Sugared Nuts

PREPARACIÓN: 10 min **HORNEAR:** 30 min ▪ **RINDE 2 TAZAS**

Estas deliciosas nueces tostadas tienen un exquisito sazón. Use varios tipos de nueces para una combinación divertida.

> 1 cucharada de clara de huevo ligeramente batida
> 2 tazas de mitades de nueces, almendras enteras sin pelar o mitades de nueces
> $1/4$ taza de azúcar
> 2 cucharaditas de canela en polvo
> $1/4$ cucharadita de nuez moscada en polvo
> $1/4$ cucharadita de clavo molido

1. Caliente el horno a 300°F.

2. Mezcle la clara de huevo con las mitades de nueces en un recipiente mediano hasta que las nueces estén cubiertas y pegajosas.

3. Mezcle los demás ingredientes en un recipiente pequeño; espolvoree sobre las nueces. Revuelva bien hasta que las nueces estén completamente cubiertas. Acomode las nueces formando una sola capa en un molde no muy hondo, sin engrasar, de $15 \times 10^{1}/2 \times 1$ pulgada.

4. Hornee sin cubrir por unos 30 minutos o hasta que se tuesten. Deje enfriar completamente o sírvalas cuando estén tibias. Consérvelas en un recipiente con tapa hermética a temperatura ambiente hasta por 3 semanas.

$1/4$ **Taza:** 210 Calorías (160 Calorías de Grasa); Grasas 18g (Saturada 1g); Colesterol 2mg; Sodio 5mg; Carbohidratos 12g (Fibra Dietética 2g); Proteína 2g **% de Valores Diarios:** Vitamina A 0%; Vitamina C 0%; Calcio 2%; Hierro 4% **Intercambios:** 1 Almidón, 3 Grasas
Opciones de Carbohidratos: 1

Hot Spiced Cider
Sidra Caliente con Especias

Sidra Caliente con Especias
Hot Spiced Cider

PREP: 5 min **COOK:** 20 min ■ **6 SERVINGS**

PREPARACIÓN: 5 min **COCCIÓN:** 20 min ■ **RINDE 6 PORCIONES**

Turn this into a tasty party drink for adults by spiking it with rum. For each serving, place 1 tablespoon butter (margarine doesn't work because it will separate and will not stir into the hot cider), 1 tablespoon packed brown sugar and 2 tablespoons rum in mug. Fill with hot cider.

> 6 cups apple cider
> 1/2 teaspoon whole cloves
> 1/4 teaspoon ground nutmeg
> 3 sticks cinnamon

1. Heat all ingredients to boiling in 3-quart saucepan over medium-high heat; reduce heat. Simmer uncovered 10 minutes.

2. Strain cider mixture to remove cloves and cinnamon, if desired. Serve hot.

1 Serving (about 1 cup): Calories 115 (Calories from Fat 0); Fat 0g (Saturated 0g); Cholesterol 0mg; Sodium 5mg; Carbohydrate 29g (Dietary Fiber 0g); Protein 0g **% Daily Value:** Vitamin A 2%; Vitamin C 2%; Calcium 2%; Iron 4% **Exchanges:** 2 Fruit **Carbohydrate Choices:** 2

Convierta ésta en una deliciosa bebida festiva para adultos añadiéndole un toque de ron. Por cada porción, coloque una cucharada de mantequilla (la margarina no funciona porque se separa y no se mezcla bien con la sidra caliente), 1 cucharada llena de azúcar morena y 2 cucharadas de ron en una taza para café. Llénela con sidra caliente.

> 6 tazas de sidra de manzana
> 1/2 cucharadita de clavos enteros
> 1/4 cucharadita de nuez moscada en polvo
> 3 palitos de canela

1. Caliente todos los ingredientes hasta que hiervan en una cacerola de 3 cuartos (^{3}/4 galón) a fuego medio-alto; reduzca el fuego. Hierva a fuego bajo durante 10 minutos.

2. Cuele la mezcla de sidra para quitar los clavos y la canela, si desea. Sirva caliente.

1 Porción (aproximadamente 1 taza): 115 Calorías (Calorías de grasa 0); Grasas 0g (Saturada 0g); Colesterol 0mg; Sodio 5mg; Carbohidratos 29g (Fibra Dietética 0g); Proteína 0g **% de Valores Diarios:** Vitamina A 2%; Vitamina C 2%; Calcio 2%; Hierro 4% **Intercambios:** 2 Frutas **Opciones de Carbohidratos:** 2

Strawberry Smoothie
Batido de Fresa

PREP: 5 min ▪ **4 SERVINGS**

Make this a strawberry-banana smoothie by using only 1 cup of strawberries and 1 medium banana, cut into chunks.

- 1 pint (2 cups) strawberries
- 1 cup milk
- 2 containers (6 ounces each) strawberry yogurt (1 1/3 cups)

1. Reserve 4 strawberries for garnish. Cut out the hull, or "cap," from remaining strawberries.

2. Place remaining strawberries, the milk and yogurt in blender. Cover and blend on high speed about 30 seconds or until smooth.

3. Pour mixture into 4 glasses. Garnish each with reserved strawberry.

1 Serving (about 1 cup): Calories 140 (Calories from Fat 20); Fat 2g (Saturated 1g); Cholesterol 10mg; Sodium 80mg; Carbohydrate 24g (Dietary Fiber 2g); Protein 6g **% Daily Value:** Vitamin A 4%; Vitamin C 70%; Calcium 20%; Iron 2% **Exchanges:** 1 Fruit, 1 Skim Milk **Carbohydrate Choices:** 1 1/2

PREPARACIÓN: 5 min ▪ **RINDE 4 PORCIONES**

Conviértalo en un batido de fresa con plátano/banana, usando sólo 1 taza de fresas y 1 plátano mediano, cortado en trocitos.

- 1 pinta (2 tazas) de fresas
- 1 taza de leche
- 2 recipientes (6 onzas cada uno) de yogur de fresa (1 1/3 tazas)

1. Reserve 4 fresas para el decorado. A las fresas restantes córteles los tallos.

2. Coloque las fresas restantes con la leche y el yogur en una licuadora. Cubra y licúe a velocidad rápida por 30 segundos o hasta que la mezcla se suavice.

3. Sirva la mezcla en 4 vasos. Decore cada uno con las fresas que reservó.

1 Porción (1 taza aproximadamente): 140 Calorías (20 Calorías de Grasa); Grasas 2g (Saturada 1g); Colesterol 10mg; Sodio 80mg; Carbohidratos 24g (Fibra Dietética 2g); Proteína 6g **% de Valores Diarios:** Vitamina A 4%; Vitamina C 70%; Calcio 20%; Hierro 2% **Intercambios:** 1 Fruta, 1 Leche Descremada **Opciones de Carbohidratos:** 1 1/2

Lemon-Strawberry Punch
Ponche de Limón y Fresa

PREP: 10 min ■ **32 SERVINGS**

You can use 1¹/₂ cups fresh strawberries for the frozen berries. Crush the fresh berries and stir in ¹/₂ cup sugar; let stand 30 minutes before stirring into the punch bowl.

- 3 cans (6 ounces each) frozen lemonade concentrate, thawed
- 1 box (10 ounces) frozen strawberries in light syrup, thawed and undrained
- 1 bottle (1 liter) ginger ale

1. In 4-quart container, stir lemonade concentrate and 9 cans water until well mixed.

2. Pour lemonade into punch bowl. Stir in strawberries.

3. Just before serving, add ginger ale and ice; gently stir.

1 Serving: Calories 50 (Calories from Fat 0); Fat 0g (Saturated 0g); Cholesterol 0mg; Sodium 5mg; Carbohydrate 13g (Dietary Fiber 0g); Protein 0g **% Daily Value:** Vitamin A 0%; Vitamin C 10%; Calcium 0%; Iron 0% **Exchanges:** 1 Fruit **Carbohydrate Choices:** 1

Ponche de Limón y Fresa
Lemon-Strawberry Punch

PREPARACIÓN: 10 min ■ **RINDE 32 PORCIONES**

Puede usar 1¹/₂ tazas de fresas frescas en vez de las fresas congeladas. Machaque las fresas frescas y revuelva con una taza de azúcar; deje reposar por 30 minutos antes de revolverlo en una ponchera.

- 3 latas (6 onzas cada una) de concentrado de limonada congelada, descongelada
- 1 caja (10 onzas) de fresas congeladas en almíbar ligero, descongeladas y sin escurrir
- 1 botella (1 litro) de gaseosa de jengibre o "ginger ale"

1. En un recipiente de 1 cuarto (¹/₄ galón), combine el concentrado de limonada y 9 latas de agua hasta que se mezclen bien.

2. Sirva la limonada en una ponchera. Añada las fresas y revuelva.

3. Justo antes de servir, agregue la gaseosa de jengibre o "ginger ale" y el hielo; revuelva lentamente.

1 Porción: 50 Calorías (0 Calorías de Grasa); Grasas 0g (Saturada 0g); Colesterol 0mg; Sodio 5mg; Carbohidratos 13g (Fibra Dietética 0g); Proteína 0g **% de Valores Diarios:** Vitamina A 0%; Vitamina C 10%; Calcio 0%; Hierro 0% **Intercambios:** 1 Fruta **Opciones de Carbohidratos:** 1

Chicken Noodle Soup
Sopa de Pollo con Fideos

PREP: 1 hr 25 min **COOK:** 30 min ▪ **6 SERVINGS**

To save time, you can substitute 3 cans (14$^{1}/_{2}$ ounces each) ready-to-serve chicken broth and 2 cups cut-up cooked chicken or turkey for the Chicken and Broth. Omit the chicken bouillon granules. See photo on page 30.

> Chicken and Broth (below)
> 2 medium carrots, sliced (1 cup)
> 2 medium stalks celery, sliced (1 cup)
> 1 small onion, chopped ($^{1}/_{4}$ cup)
> 1 tablespoon chicken bouillon granules
> 1 cup uncooked medium noodles (2 ounces)
> Chopped fresh parsley, if desired

1. Make Chicken and Broth. Refrigerate cut-up cooked chicken until ready to add to broth mixture. Add enough water to broth to measure 5 cups.

2. Heat broth, carrots, celery, onion and bouillon granules to boiling in 4-quart Dutch oven; reduce heat. Cover and simmer about 15 minutes or until carrots are tender.

3. Stir in noodles and chicken. Heat to boiling; reduce heat. Simmer uncovered 7 to 10 minutes or until noodles are tender. Sprinkle with parsley.

Chicken and Broth

> 3- to 3$^{1}/_{2}$-pound cut-up broiler-fryer chicken
> 4$^{1}/_{2}$ cups cold water
> 1 teaspoon salt
> $^{1}/_{2}$ teaspoon pepper
> 1 medium stalk celery with leaves, cut up
> 1 medium carrot, cut up
> 1 small onion, cut up
> 1 sprig parsley

Remove any excess fat from chicken. Place chicken, giblets (except liver) and neck in 4-quart Dutch oven or stockpot. Add remaining ingredients; heat to boiling. Skim foam from broth; reduce heat. Cover and simmer about 45 minutes or until juice of chicken is no longer pink when centers of thickest pieces are cut. Remove chicken from broth. Cool chicken about 10 minutes or just until cool enough to handle. Strain broth through cheesecloth-lined sieve; discard vegetables. Remove skin and bones from chicken. Cut chicken into $^{1}/_{2}$-inch pieces. Skim fat from broth.

Note: Use broth and chicken immediately or cover and refrigerate broth and chicken in separate containers up to 24 hours or freeze for up to 6 months.

1 Serving (about 1 cup): Calories 110 (Calories from Fat 25); Fat 3g (Saturated 1g); Cholesterol 30mg; Sodium 1,000mg; Carbohydrate 9g (Dietary Fiber 1g); Protein 13g **% Daily Value:** Vitamin A 70%; Vitamin C 2%; Calcium 2%; Iron 6% **Exchanges:** $^{1}/_{2}$ Starch, 1$^{1}/_{2}$ Very Lean Meat **Carbohydrate Choices:** $^{1}/_{2}$

Sopa de Pollo con Fideos
Chicken Noodle Soup

PREPARACIÓN: 1 hora 25 min **COCCIÓN:** 30 min ■ **RINDE 6 PORCIONES**

Para ahorrar tiempo, puede sustituir 3 latas (14^1/$_2$ onzas cada una) de caldo de pollo listo para servir y 2 tazas de piezas de pollo o pavo cocido, por el pollo y el caldo. En cuyo caso, no use el consomé de pollo granulado. Vea la foto en la página 30.

> Pollo y Caldo (vea abajo)
> 2 zanahorias medianas, rebanadas (1 taza)
> 2 tallos medianos de apio, picados (1 taza)
> 1 cebolla pequeña, picada (^{1}/$_4$ taza)
> 1 cucharada de consomé de pollo granulado
> 1 taza de fideos medianos sin cocer (2 onzas)
> Perejil fresco picado, si desea

1. Prepare el pollo y el caldo. Refrigere las piezas de pollo cocido hasta que se vayan a agregar al caldo. Añada suficiente agua al caldo hasta medir 5 tazas.

2. Caliente el caldo, las zanahorias, apio, cebolla y el consomé de pollo granulado hasta que hierva en una cacerola grande y profunda ("dutch oven") de 4 cuartos (1 galón); reduzca el fuego. Cubra y cocine a fuego bajo por 15 minutos o hasta que las zanahorias se ablanden.

3. Añada los fideos y el pollo. Caliente hasta que hierva; reduzca el fuego. Cocine sin tapar de 7 a 10 minutos o hasta que los fideos estén listos. Espolvoree con perejil.

Pollo y Caldo

> 3 a 3^1/$_2$ libras de pollo cortado en pedazos
> 4^1/$_2$ tazas de agua fría
> 1 cucharadita de sal
> ^{1}/$_2$ cucharadita de pimienta
> 1 tallo mediano de apio con hojas, cortado
> 1 zanahoria mediana, cortada
> 1 cebolla pequeña, cortada
> 1 ramita de perejil

Remueva el exceso de grasa del pollo. Coloque el pollo, con las menudencias (excepto el hígado) y el pescuezo en una cacerola grande y profunda ("dutch oven") de 4 cuartos (1 galón) o en una olla profunda. Agregue los demás ingredientes hasta que hiervan. Remueva la espuma del caldo; reduzca el fuego. Cubra y cocine a fuego bajo por unos 45 minutos o hasta que el jugo del pollo ya no esté rosado cuando se corta el centro de las piezas más gruesas. Saque el pollo del caldo. Deje enfriar el pollo durante 10 minutos o hasta que ya se pueda tocar. Cuele bien el caldo; deseche los vegetales. Quítele el pellejo y los huesos al pollo. Corte el pollo en pedazos de ^{1}/$_2$ pulgada. Quítele la grasa al caldo.

Nota: Use el caldo y el pollo inmediatamente, o cubra y refrigere el caldo y el pollo en recipientes separados hasta por 24 horas o congélelos hasta por 6 meses.

1 Porción (1 taza aproximadamente): 110 Calorías (25 Calorías de grasa); Grasas 3g (Saturada 1g); Colesterol 30mg; Sodio 1,000mg; Carbohidratos 9g (Fibra Dietética 1g); Proteína 13g **% de Valores Diarios:** Vitamina A 70%; Vitamina C 2%; Calcio 2%; Hierro 6% **Intercambios:** ^{1}/$_2$ Almidón, 1^1/$_2$ Carne Sumamente Magra **Opciones de Carbohidratos:** ^{1}/$_2$

Chicken Noodle Soup (page 28) ▣ **Sopa de Pollo con Fideos (página 29)** ▼

▼ **French Onion Soup (page 32)**   **Sopa de Cebolla a la Francesa (página 33)**

French Onion Soup

Sopa de Cebolla a la Francesa

PREP: 20 min **COOK:** 1 hr 5 min **BROIL:** 2 min ■ **4 SERVINGS**

The long, slow cooking of the onions gives this soup its rich flavor and color. See photo on page 31.

2 tablespoons butter or margarine
4 medium onions, sliced
2 cans (10.5 ounces each) condensed beef broth
1^1/$_2$ cups water
^{1}/$_8$ teaspoon pepper
^{1}/$_8$ teaspoon dried thyme leaves
1 bay leaf
4 slices French bread, ^{3}/$_4$ to 1 inch thick, toasted
1 cup shredded Swiss or mozzarella cheese (4 ounces)
^{1}/$_4$ cup grated Parmesan cheese

1. Melt butter in 4-quart nonstick Dutch oven over medium-high heat. (If desired, cook onions in 12-inch nonstick skillet; after cooking, transfer onions to Dutch oven to complete the soup.) Stir in onions to coat with butter. Cook uncovered 10 minutes, stirring every 3 to 4 minutes.

2. Reduce heat to medium-low. Cook 35 to 40 minutes longer, stirring well every 5 minutes, until onions are light golden brown (onions will shrink during cooking).

3. Stir in broth, water, pepper, thyme and bay leaf. Heat to boiling; reduce heat. Cover and simmer 15 minutes. Remove bay leaf.

4. Set oven control to broil. Place bread in 4 ovenproof bowls or individual casseroles. Add onion soup. Top with Swiss cheese. Sprinkle with Parmesan cheese. Place bowls on cookie sheet or in pan with shallow sides.

5. Broil with cheese about 5 inches from heat 1 to 2 minutes or just until cheese is melted and golden brown. Watch carefully so cheese does not burn. Serve with additional French bread if desired.

1 Serving (about 1^1/$_4$ cups): Calories 310 (Calories from Fat 145); Fat 16g (Saturated 10g); Cholesterol 45mg; Sodium 1,130mg; Carbohydrate 25g (Dietary Fiber 3g); Protein 20g **% Daily Value:** Vitamin A 10%; Vitamin C 6%; Calcium 38%; Iron 10%
Exchanges: 1 Starch, 2 High-Fat Meat, 2 Vegetable **Carbohydrate Choices:** 2

Sopa de Cebolla a la Francesa
French Onion Soup

PREPARACIÓN: 20 min **COCCIÓN:** 1 hora 5 min **ASAR EN "BROIL":** 2 min ■ **RINDE 4 PORCIONES**

El tiempo de cocción largo y lento de las cebollas le da a esta sopa su rico sabor y color. Vea la foto en la página 31.

2 cucharadas de mantequilla o margarina
4 cebollas medianas, rebanadas
2 tazas (10.5 onzas cada una) de caldo de res condensado
1 1/2 tazas de agua
1/8 cucharadita de pimienta
1/8 cucharadita de hojas de tomillo seco
1 hoja de laurel
4 rebanadas de pan francés, de 3/4 a 1 pulgada de grosor, tostadas
1 taza de queso Suizo o "Mozzarella", rallado (4 onzas)
1/4 taza de queso Parmesano rallado

1. Derrita la mantequilla en una cacerola grande y profunda ("dutch oven") antiadherente de 4 cuartos (1 galón) a fuego medio-alto. (Si desea, cocine las cebollas en una sartén antiadherente de 12 pulgadas; después de cocinarlas, pase las cebollas a la cacerola para completar la sopa). Agregue y revuelva las cebollas para cubrirlas con mantequilla. Cocine sin tapar durante 10 minutos, revolviendo cada 3 a 4 minutos.

2. Reduzca el fuego a medio-bajo. Cocine de 35 a 40 minutos más, revolviendo bien cada 5 minutos, hasta que las cebollas estén un poco doradas (cuando las cebollas se cocinen, se encogerán).

3. Agregue y mezcle el caldo de pollo, agua, pimiento tomillo y la hoja de laurel. Caliente hasta que hierva; reduzca el fuego. Cubra y cocine a fuego bajo por 15 minutos. Retire la hoja de laurel.

4. Programe el horno en la función de asar ("broil"). Coloque el pan en 4 tazones para horno o cacerolas individuales. Agregue la sopa de cebolla. Cubra con queso Suizo. Espolvoree con queso Parmesano. Coloque los tazones en una bandeja para hornear galletas o en un molde hondo para hornear.

5. Hornee con el queso a 5 pulgadas del fuego de 1 a 2 minutos o justo hasta que el queso se derrita y se dore. Observe cuidadosamente para que el queso no se queme. Si desea, sirva con más pan francés.

1 Porción (aproximadamente 1 1/4 tazas): 310 Calorías (145 Calorías de Grasa); Grasas 16g (Saturada 10g); Colesterol 45mg; Sodio 1,130mg; Carbohidratos 25g (Fibra Dietética 3g); Proteína 20g **% de Valores Diarios:** Vitamina A 10%; Vitamina C 6%; Calcio 38%; Hierro 10%
Intercambios: 1 Almidón, 2 Carnes con Alto Contenido de Grasa, 2 Vegetales **Opciones de Carbohidratos:** 2

Tomato-Basil Soup
Sopa de Tomate y Albahaca

PREP: 30 min **COOK:** 30 min ▪ **4 SERVINGS**

Fully ripe, juicy tomatoes provide the best flavor in this soup. If your tomatoes aren't completely ripe, you may need to increase the salt and sugar just a bit.

2 tablespoons olive or vegetable oil
2 medium carrots, finely chopped (1/2 cup)
1 small onion, finely chopped (1/2 cup)
1 clove garlic, finely chopped
6 large tomatoes, peeled, seeded and chopped (6 cups)*
1 can (8 ounces) tomato sauce
1/4 cup thinly sliced fresh basil leaves or 2 teaspoons dried basil leaves
1/2 teaspoon sugar
1/4 teaspoon salt
Dash of pepper

1. In 3-quart saucepan, heat oil over medium heat. Cook carrots, onion and garlic in oil about 10 minutes, stirring occasionally, until tender but not browned.

2. Stir in tomatoes. Cook uncovered about 10 minutes, stirring occasionally, until heated through.

3. Stir in remaining ingredients. Cook uncovered about 10 minutes, stirring occasionally, until hot.

3 cans (14.5 ounces each) diced tomatoes, undrained, can be substituted for the fresh tomatoes. Omit salt; increase sugar to 1 teaspoon.

1 Serving: Calories 155 (Calories from Fat 70); Fat 8g (Saturated 1g); Cholesterol 0mg; Sodium 550mg; Carbohydrate 22g (Dietary Fiber 5g); Protein 4g **% Daily Value:** Vitamin A 100%; Vitamin C 54%; Calcium 4%; Iron 10% **Exchanges:** 4 Vegetable, 1 Fat **Carbohydrate Choices:** 1 1/2

Sopa de Tomate y Albahaca
Tomato-Basil Soup

PREPARACIÓN: 30 min **COCCIÓN:** 30 min ■ **RINDE 4 PORCIONES**

Los tomates bien maduros le dan el mejor sabor a esta sopa. Si sus tomates no están completamente maduros, va a necesitar aumentar un poco la cantidad de sal y azúcar.

> 2 cucharadas de aceite vegetal o de oliva
> 2 zanahorias medianas, finamente picadas (1/2 taza)
> 1 cebolla pequeña, finamente picada (1/2 taza)
> 1 diente de ajo, finamente picado
> 6 tomates grandes, pelados, sin semillas y picados (6 tazas)*
> 1 lata (8 onzas) de salsa de tomate
> 1/4 taza de hojas frescas de albahaca cortadas en tiras finitas o 2 cucharadas de hojas de albahaca seca
> 1/2 cucharadita de azúcar
> 1/4 cucharadita de sal
> Una pizca de pimienta

1. En una cacerola de 3 cuartos de galón, caliente el aceite a fuego medio. Cocine las zanahorias, cebolla y el ajo en aceite por unos 10 minutos, revolviendo ocasionalmente, hasta que se ablanden, pero sin dorarse.

2. Agregue los tomates y revuelva. Cocine sin tapar por unos 10 minutos, revolviendo ocasionalmente, hasta que se cocinen.

3. Añada los demás ingredientes. Cocine sin tapar por 10 minutos, revolviendo hasta que esté caliente.

*3 latas (14.5 onzas cada una) de tomates picados, sin escurrir, pueden sustituir a los tomates frescos. En cuyo caso, no requiere sal; aumente el azúcar a 1 cucharadita.

1 Porción: 155 Calorías (70 Calorías de Grasa); Grasas 8g (Saturada 1g); Colesterol 0mg; Sodio 550mg; Carbohidratos 22g (Fibra Dietética 5g); Proteína 4g **% de Valores Diarios:** Vitamina A 100%; Vitamina C 54%; Calcio 4%; Hierro 10% **Intercambios:** 4 Vegetales, 1 Grasa **Opciones de Carbohidratos:** 1 1/2

Corn Chowder
Crema de Maíz/Elote

PREP: 15 min **COOK:** 20 min ▪ **6 SERVINGS**

Sprinkle this thick, corn soup with chopped parsley and a little paprika for a splash of color. See photo on page 8.

$1/2$ pound bacon, cut up
1 medium onion, chopped ($1/2$ cup)
2 medium stalks celery, chopped (1 cup)
2 tablespoons all-purpose flour
4 cups milk
$1/8$ teaspoon pepper
1 can (14.75 ounces) cream-style corn
1 can (16 ounces) tiny whole potatoes, drained and diced

1. Cook bacon in 3-quart saucepan over medium heat until crisp. Drain fat, reserving 3 tablespoons in saucepan. Drain bacon on paper towels; set aside.

2. Cook onion and celery in bacon fat over medium heat about 2 minutes, stirring, until tender. Stir in flour. Cook over medium heat, stirring constantly, until mixture is bubbly; remove from heat.

3. Gradually stir in milk. Heat to boiling, stirring constantly. Boil and stir 1 minute.

4. Stir in pepper, corn and potatoes. Heat until hot. Stir in bacon.

1 Serving (about 1 cup): Calories 255 (Calories from Fat 80); Fat 9g (Saturated 4g); Cholesterol 20mg; Sodium 570mg; Carbohydrate 35g (Dietary Fiber 4g); Protein 12g **% Daily Value:** Vitamin A 8%; Vitamin C 10%; Calcium 22%; Iron 10% **Exchanges:** 1 Starch, 1 Vegetable, 1 Skim Milk, 1 Fat **Carbohydrate Choices:** 2

Crema de Maíz/Elote
Corn Chowder

PREPARACIÓN: 15 min **COCCIÓN:** 20 min ■ **RINDE 6 PORCIONES**

Adorne esta cremosa sopa de maíz con perejil picado y un poco de pimienta roja o paprika para darle un toque de color. Vea la foto en la página 8.

- $1/2$ libra de tocino, cortado en trocitos
- 1 cebolla mediana, picada ($1/2$ taza)
- 2 tallos medianos de apio, picados (1 taza)
- 2 cucharadas de harina
- 4 tazas de leche
- $1/8$ cucharadita de pimienta
- 1 lata (14.75 onzas) de maíz/elote estilo cremoso
- 1 lata (16 onzas) de papas enteras pequeñitas, escurridas y cortadas en cubitos

1. Fría el tocino a fuego medio en una cacerola de 3 cuartos ($3/4$ galón) hasta que esté crujiente. Escurra la grasa, reservando 3 cucharadas de grasa en la cacerola. Escurra el tocino sobre papel toalla y déjelo a un lado.

2. Cocine la cebolla y el apio en la grasa del tocino a fuego medio por unos 2 minutos, revolviendo frecuentemente, hasta que en la mezcla se formen burbujas; retire del fuego.

3. Agregue y mezcle la leche poco a poco. Caliente hasta que hierva, revolviendo constantemente. Hierva por 1 minuto, revolviendo.

4. Agregue la pimienta, el maíz/elote y las papas, cocine hasta que esté caliente. Añada el tocino.

1 Porción (1 taza aproximadamente): 255 Calorías (80 Calorías de Grasa); Grasas 9g (Saturada 4g); Colesterol 20mg; Sodio 570mg; Carbohidratos 35g (Fibra Dietética 4g); Proteína 12g **% de Valores Diarios:** Vitamina A 8%; Vitamina C 10%; Calcio 22%; Hierro 10%
Intercambios: 1 Almidón, 1 Vegetal, 1 Leche Descremada, 1 Grasa **Opciones de Carbohidratos:** 2

Senate Bean Soup
Sopa de Frijoles del Senado

PREP: 20 min **STAND:** 1 hr **COOK:** 3 hr 15 min ▪ **8 SERVINGS**

This soup uses navy beans, a small white bean named for its once common use by the U.S. Navy for sailors as a mealtime staple.

2 cups dried navy beans (1 pound)
12 cups water
1 ham bone, 2 pounds ham shanks or 2 pounds smoked pork hocks
2¹/₂ cups mashed cooked potatoes
2 teaspoons salt
¹/₄ teaspoon pepper
1 large onion, chopped (1 cup)
2 medium stalks celery, chopped (1 cup)
1 clove garlic, finely chopped

1. Heat beans and water to boiling in 4-quart Dutch oven. Boil uncovered 2 minutes; remove from heat. Cover and let stand 1 hour.

2. Add ham bone. Heat to boiling; reduce heat. Cover and simmer about 2 hours or until beans are tender.

3. Stir in remaining ingredients. Cover and simmer 1 hour.

4. Remove ham bone; let stand until cool enough to handle. Remove ham from bone. Remove excess fat from ham; cut ham into ¹/₂-inch pieces. Stir ham into soup.

1 Serving (about 1¹/₂ cups): Calories 285 (Calories from Fat 80); Fat 9g (Saturated 3g); Cholesterol 15mg; Sodium 930mg; Carbohydrate 45g (Dietary Fiber 9g); Protein 15g **% Daily Value:** Vitamin A 4%; Vitamin C 6%; Calcium 10%; Iron 18% **Exchanges:** 3 Starch, 1 Very Lean Meat **Carbohydrate Choices:** 3

Sopa de Frijoles del Senado
Senate Bean Soup

PREPARACIÓN: 20 min **REPOSAR:** 1 hora **COCCIÓN:** 3 hora 15 min ▪ **RINDE 8 PORCIONES**

Esta sopa es a base de frijol "navy", un frijol blanco y pequeño, llamado así por su uso común en la marina de guerra ("Navy") de los Estados Unidos como alimento básico para los marineros.

    2 tazas de frijoles blancos ("navy beans") secos (1 libra)
    12 tazas de agua
    1 hueso de jamón, 2 libras de canilla de jamón (con hueso) o 2 libras de corvejón de
        cerdo ahumado (con hueso)
    2 1/2 tazas de puré de papas cocidas
    2 cucharadita de sal
    1/4 cucharadita de pimienta
    1 cebolla grande, picada (1 taza)
    2 tallos medianos de apio, picados (1 taza)
    1 diente de ajo, finamente picado

1. Caliente los frijoles y el agua hasta que hiervan en una cacerola grande y profunda ("dutch oven") de 4 cuartos (1 galón). Hierva sin tapar por 2 minutos; retire del fuego. Tape y deje reposar por 1 hora.

2. Agregue el hueso del jamón. Caliente hasta que hierva; reduzca el fuego. Tape y cocine a fuego bajo por unas 2 horas o hasta que los frijoles se ablanden.

3. Añada los demás ingredientes. Tape y cocine a fuego bajo por 1 hora.

4. Saque el hueso del jamón; deje reposar hasta que se enfríe lo suficiente para separar el jamón del hueso. Quite el exceso de grasa del jamón; corte el jamón en trocitos de 1/2 pulgada. Agregue el jamón a la sopa y revuelva.

1 Porción (1 1/2 tazas aproximadamente): 285 Calorías (80 Calorías de Grasa); Grasas 9g (Saturada 3g); Colesterol 15mg; Sodio 930mg; Carbohidratos 45g (Fibra Dietética 9g); Proteína 15g **% de Valores Diarios:** Vitamina A 4%; Vitamina C 6%; Calcio 10%; Hierro 18%
Intercambios: 3 Almidones, 1 Carne Sumamente Magra **Opciones de Carbohidratos:** 3

Split Pea Soup
Sopa de Chicharos/Guisantes

PREP: 20 min **COOK:** 2 hr ■ **8 SERVINGS**

Split peas are a variety of pea grown specifically for drying. They can be green or yellow. They are found with dried beans and lentils in the supermarket.

> 2^1/4 cups dried split peas (1 pound), sorted and rinsed
> 8 cups water
> ^{1}/4 teaspoon pepper
> 1 large onion, chopped (1 cup)
> 2 medium stalks celery, finely chopped (1 cup)
> 1 ham bone, 2 pounds ham shanks or 2 pounds smoked pork hocks
> 3 medium carrots, cut into ^{1}/4-inch slices (1^1/2 cups)

1. Heat all ingredients except carrots to boiling in 4-quart Dutch oven, stirring occasionally; reduce heat. Cover and simmer 1 hour to 1 hour 30 minutes.

2. Remove ham bone; let stand until cool enough to handle. Remove ham from bone. Remove excess fat from ham; cut ham into ^{1}/2-inch pieces.

3. Stir ham and carrots into soup. Heat to boiling; reduce heat. Cover and simmer about 30 minutes or until carrots are tender and soup is desired consistency.

1 Serving (about 1^1/2 cups): Calories 195 (Calories from Fat 45); Fat 5g (Saturated 2g); Cholesterol 15mg; Sodium 250mg; Carbohydrate 34g (Dietary Fiber 12g); Protein 16g **% Daily Value:** Vitamin A 50%; Vitamin C 4%; Calcium 2%; Iron 12% **Exchanges:** 2 Starch, 1 Very Lean Meat, 1 Vegetable **Carbohydrate Choices:** 2

Sopa de Chícharos/Guisantes
Split Pea Soup

PREPARACIÓN: 20 min **COCCIÓN:** 2 horas ▪ **RINDE 8 PORCIONES**

Los chícharos secos, también llamados guisantes o arvejas secos, son una variedad de vegetales que se siembran específicamente para secarse. Pueden ser verdes o amarillos y se encuentran en la sección de frijoles secos o lentejas en el supermercado.

> $2^1/_4$ tazas de chícharos/guisantes secos (1 libra), seleccionados y escurridos
> 8 tazas de agua
> $^1/_4$ cucharadita de pimienta
> 1 cebolla grande, picada (1 taza)
> 2 tallos medianos de apio, finamente picados (1 taza)
> 1 hueso de jamón, 2 libras de canilla de jamón (con hueso) o 2 libras de corvejón de cerdo ahumado (con hueso)
> 3 zanahorias medianas, cortadas en rebanadas de $^1/_4$ de pulgada ($1^1/_2$ tazas)

1. Caliente todos los ingredientes, excepto las zanahorias, hasta que hiervan en una cacerola grande y profunda ("dutch oven") de 4 cuartos (1 galón), revolviendo de vez en cuando; reduzca el fuego. Tape y cocine a fuego bajo de 1 hora a 1 hora 30 minutos.

2. Saque el hueso del jamón; deje reposar hasta que se enfríe lo suficiente para prepararlo. Separe el jamón del hueso. Quite el exceso de grasa del jamón; corte el jamón en trocitos de $^1/_2$ pulgada.

3. Agregue el jamón y las zanahorias a la sopa. Caliente hasta que hierva; reduzca el fuego. Tape y cocine por unos 30 minutos o hasta que las zanahorias se ablanden y la sopa tenga la consistencia deseada.

1 Porción (aproximadamente $1^1/_2$ tazas): 195 Calorías (45 Calorías de Grasa); Grasas 5g (Saturada 2g); Colesterol 15mg; Sodio 250mg; Carbohidratos 34g (Fibra Dietética 12g); Proteína 16g **% de Valores Diarios:** Vitamina A 50%; Vitamina C 2%; Calcio 4%; Hierro 12% **Intercambios:** 2 Almidones, 1 Carne Sumamente Magra, 1 Vegetal **Opciones de Carbohidratos:** 2

Barbecued Roast Beef Sandwiches
Sándwiches de Carne a la Barbacoa

PREP: 15 min **COOK:** 15 min ▪ **6 SANDWICHES**

Make these family-pleasing sandwiches even more quickly by using 1 cup prepared barbecue sauce for the Zesty Barbecue Sauce. You can also use sliced cooked chicken, ham, turkey or pastrami in place of the beef if you like.

> Zesty Barbecue Sauce (below)
> 1 pound thinly sliced cooked roast beef, cut into 1-inch strips (3 cups)
> 6 hamburger buns, split

1. Make Zesty Barbecue Sauce.

2. Stir beef into sauce. Cover and simmer about 5 minutes or until beef is hot. Fill buns with beef mixture.

Zesty Barbecue Sauce

> 1/2 cup ketchup
> 3 tablespoons white vinegar
> 2 tablespoons chopped onion
> 1 tablespoon Worcestershire sauce
> 2 teaspoons packed brown sugar
> 1/4 teaspoon ground mustard
> 1 clove garlic, finely chopped

Heat all ingredients to boiling in 1-quart saucepan over medium heat, stirring constantly; reduce heat. Simmer uncovered 10 minutes, stirring occasionally.

1 Sandwich: Calories 335 (Calories from Fat 115); Fat 13g (Saturated 5g); Cholesterol 60mg; Sodium 550mg; Carbohydrate 30g (Dietary Fiber 1g); Protein 25g **% Daily Value:** Vitamin A 6%; Vitamin C 2%; Calcium 6%; Iron 22% **Exchanges:** 2 Starch, 3 Very Lean Meat **Carbohydrate Choices:** 2

Sándwiches de Carne a la Barbacoa
Barbecued Roast Beef Sandwiches

PREPARACIÓN: 15 min **COCCIÓN:** 15 min ▪ **RINDE 6 SÁNDWICHES**

Prepare estos sándwiches favoritos de la familia aun más rápido usando 1 taza de salsa de barbacoa preparada, en lugar de la Salsa de Barbacoa Sazonada. También puede usar rebanadas de pollo, jamón, pavo o "pastrami" cocido en vez de la carne de res, si así lo desea.

Salsa de Barbacoa Sazonada (vea abajo)
1 libra de carne asada de res o "roast beef" en rebanadas delgadas, cortadas en tiras de 1 pulgada (3 tazas)
6 panes de hamburguesas, partidos a la mitad

1. Prepare la Salsa de Barbacoa Sazonada.

2. Agregue la carne de res a la salsa. Tape y cocine a fuego bajo por unos 5 minutos, o hasta que la carne de res esté caliente. Ponga la mezcla de carne res en los panes.

Salsa de Barbacoa Sazonada

$1/2$ taza de salsa de tomate "Ketchup"
3 cucharadas de vinagre blanco
2 cucharadas de cebolla picada
1 cucharada de salsa inglesa "Worcestershire"
2 cucharaditas llenas de azúcar morena
$1/4$ cucharadita de mostaza en polvo
1 diente de ajo, finamente picado

Caliente todos los ingredientes hasta que hiervan en una cacerola de 1 cuarto de galón a fuego medio, revolviendo con frecuencia; reduzca el fuego. Cocine a fuego bajo sin tapar por 10 minutos, revolviendo ocasionalmente.

1 Sándwich: 335 Calorías (115 Calorías de Grasa); Grasas 13g (Saturada 5g); Colesterol 60mg; Sodio 550mg; Carbohidratos 30g (Fibra Dietética 1g); Proteína 25g **% de Valores Diarios:** Vitamina A 6%; Vitamina C 2%; Calcio 6%; Hierro 22% **Intercambios:** 2 Almidones, 3 Carnes Sumamente Magras **Opciones de Carbohidratos:** 2

Sloppy Joes
Sándwiches "Sloppy Joes"

PREP: 10 min **COOK:** 25 min ▪ **6 SANDWICHES**

Lightly toasting the hamburger buns under the broiler will add flavor and a little crunch to this favorite sandwich. See photo on page 46.

> 1 pound lean (at least 80%) ground beef
> 1 medium onion, chopped (¹/₂ cup)
> ¹/₄ cup chopped celery
> 1 cup ketchup
> 1 tablespoon Worcestershire sauce
> 1 teaspoon ground mustard
> ¹/₈ teaspoon pepper
> 6 hamburger buns, split

1. Cook beef, onion and celery in 10-inch skillet over medium heat 8 to 10 minutes, stirring occasionally, until beef is brown; drain.

2. Stir in remaining ingredients except buns. Heat to boiling; reduce heat. Simmer uncovered 10 to 15 minutes, stirring occasionally, until vegetables are tender.

3. Fill buns with beef mixture.

1 Sandwich: Calories 325 (Calories from Fat 115); Fat 13g (Saturated 5g); Cholesterol 45mg; Sodium 780mg; Carbohydrate 35g (Dietary Fiber 2g); Protein 19g **% Daily Value:** Vitamin A 12%; Vitamin C 6%; Calcium 8%; Iron 16% **Exchanges:** 2 Starch, 1¹/₂ High-Fat Meat, 1 Vegetable **Carbohydrate Choices:** 2

Sándwiches "Sloppy Joes"
Sloppy Joes

PREPARACIÓN: 10 min **COCCIÓN:** 25 min ▪ **RINDE 6 SÁNDWICHES**

Tostar ligeramente los panes de hamburguesa en el asador o "broiler" hará que este popular sándwich sea más sabroso y crujiente. Vea la foto en la página 46.

1 libra de carne molida magra de res (por lo menos al 80%)
1 cebolla mediana, picada ($1/2$ taza)
$1/4$ taza de apio picado
1 taza de salsa de tomate "Ketchup"
1 cucharada de salsa inglesa "Worcestershire"
1 cucharadita de mostaza en polvo
$1/8$ cucharadita de pimienta
6 panes de hamburguesa, partidos a la mitad

1. Cocine la carne de res, cebolla y apio en una sartén de 10 pulgadas a fuego medio de 8 a 10 minutos, revolviendo ocasionalmente, hasta que la carne se dore; escúrrala.

2. Agregue y mezcle los demás ingredientes, excepto los panes. Caliente hasta que hierva; reduzca el fuego. Cocine sin tapar a fuego bajo de 10 a 15 minutos, revolviendo ocasionalmente, hasta que los vegetales se ablanden.

3. Ponga la mezcla de carne de res en los panes.

1 Sándwich: 325 Calorías (115 Calorías de Grasa); Grasas 13g (Saturada 5g); Colesterol 45mg; Sodio 780mg; Carbohidratos 35g (Fibra Dietética 2g); Proteína 19g **% de Valores Diarios:** Vitamina A 12%; Vitamina C 6%; Calcio 8%; Hierro 16% **Intercambios:** 2 Almidones, $1^1/2$ Carne con Alto Contenido de Grasa, 1 Vegetal **Opciones de Carbohidratos:** 2

Sloppy Joes (page 44)   **Sándwiches "Sloppy Joes" (página 45)** ▼

▼ **American Grilled Cheese (page 48)** ▣ **Sándwich de Queso Americano a la Parrilla (página 49)**

American Grilled Cheese
Sándwich de Queso Americano a la Parrilla

PREP: 10 min **COOK:** 15 min ▪ **4 SANDWICHES**

Dunk these grilled sandwiches into bowls of steaming tomato soup. See photo on page 47.

12 slices process American cheese (about 8 ounces)
8 slices white or whole wheat bread
$1/3$ cup butter or margarine, softened

1. Place 3 slices cheese on each of 4 slices bread. Top with remaining bread slices. Spread 1 teaspoon butter over each top slice of bread.

2. Place sandwiches, butter sides down, in skillet. Spread remaining butter over top slices of bread. Cook uncovered over medium heat about 5 minutes or until bottoms are golden brown. Turn and cook 2 to 3 minutes longer or until bottoms are golden brown and cheese is melted.

1 Serving: Calories 470 (Calories from Fat 295); Fat 33g (Saturated 21g); Cholesterol 90mg; Sodium 1,180mg; Carbohydrate 26g (Dietary Fiber 1g); Protein 18g **% Daily Value:** Vitamin A 24%; Vitamin C 0%; Calcium 34%; Iron 10% **Exchanges:** 2 Starch, 2 High-Fat Meat, $2^1/2$ Fat **Carbohydrate Choices:** 2

Sándwich de Queso Americano a la Parrilla
American Grilled Cheese

PREPARACIÓN: 10 min **COCCIÓN:** 15 min ▪ **RINDE 4 SÁNDWICHES**

Sumerja estos sándwiches a la parrilla en platos de sopa de tomate caliente. Vea la foto en la página 47.

> 12 rebanadas de queso procesado estilo americano (aproximadamente 8 onzas)
> 8 rebanadas de pan blanco o pan de trigo integral
> 1/3 taza de mantequilla o margarina, suavizada

1. Coloque 3 rebanadas de queso en cada una de las 4 rebanadas de pan. Cubra con las otras rebanadas de pan. Unte 1 cucharadita de mantequilla en cada lado exterior del sándwich.

2. Coloque los sándwiches en una sartén, con el lado de la mantequilla hacia abajo. Unte la mantequilla sobrante encima de los sándwiches. Cocine, sin tapar, a fuego medio por unos 5 minutos, o hasta que los lados de abajo se doren un poco. Voltéelos y cocínelos de 2 a 3 minutos más, o hasta que los lados de abajo se doren un poco y el queso se derrita.

1 Porción: 470 Calorías (295 Calorías de Grasas); Grasas 33g (Saturada 21g); Colesterol 90mg; Sodio 1,180mg; Carbohidratos 26g (Fibra Dietética 1g); Proteína 18g **% de Valores Diarios:** Vitamina A 24%; Vitamina C 0%; Calcio 34%; Hierro 10%
Intercambios: 2 Almidones, 2 Carne con Alto Contenido de Grasa, 2 1/2 Grasas **Opciones de Carbohidratos:** 2

Garden Vegetable Wraps
Enrollados de Vegetales

PREP: 15 min ▪ **4 SERVINGS**

These fun, portable sandwiches have endless possibilities. Try different flavors of cream cheese, chopped fresh broccoli, sliced green onions or shredded zucchini. Or add your favorite cheeses and deli meats. Anything goes!

1/2 cup cream cheese (about 4 ounces)
4 flour tortillas (8 to 10 inches in diameter)
1 cup lightly packed spinach leaves
1 large tomato, thinly sliced
3/4 cup shredded carrot
8 slices (1 ounce each) Muenster or Monterey Jack cheese
1 small yellow bell pepper, chopped (1/2 cup)

1. Spread 2 tablespoons of the cream cheese over each tortilla. Top with spinach and tomato to within 1 inch of edge. Sprinkle with carrot. Top with cheese slices. Sprinkle with bell pepper.

2. Roll up tortillas tightly. Serve immediately or wrap securely with plastic wrap and refrigerate no longer than 24 hours.

1 Serving: Calories 460 (Calories from Fat 270); Fat 30g (Saturated 18g); Cholesterol 35mg; Sodium 660mg; Carbohydrate 31g (Dietary Fiber 3g); Protein 20g **% Daily Value:** Vitamin A 100%; Vitamin C 78%; Calcium 50%; Iron 14% **Exchanges:** 2 Starch, 2 High-Fat Meat, 2 Fat **Carbohydrate Choices:** 2

Enrollados de Vegetales
Garden Vegetable Wraps

PREPARACIÓN: 15 min ▪ **RINDE 4 PORCIONES**

Estos divertidos sándwiches para llevar, tienen un sinnúmero de posibilidades. Pruebe diferentes sabores de queso crema, brócoli fresco picado, cebollitas verdes picadas o calabacines picados. O agregue sus carnes frías y quesos favoritos. ¡Van con todo!

> $^1/_2$ taza de queso crema (aproximadamente 4 onzas)
> 4 tortillas de harina (de 8 a 10 pulgadas de diámetro)
> 1 taza llena de hojas de espinaca comprimidas
> 1 tomate grande, finamente rebanado
> $^3/_4$ tazas de zanahoria rallada
> 8 rebanadas (de 1 onza cada una) de queso "Muenster" o "Monterey Jack"
> 1 pimiento morrón amarillo, picado ($^1/_2$ taza)

1. Unte 2 cucharadas de queso crema sobre cada tortilla. Ponga encima la espinaca y el tomate dejando una pulgada del borde hacia el centro. Espolvoree con las zanahorias. Cubra con las rebanadas de queso. Espolvoree con el pimiento morrón.

2. Enrolle las tortillas ajustadamente. Sirva los enrollados inmediatamente, o envuélvalos bien apretaditos con papel plástico y refrigérelos por no más de 24 horas.

1 Porción: 460 Calorías (270 Calorías de Grasa); Grasas 30g (Saturada 18g); Colesterol 35mg; Sodio 660mg; Carbohidratos 31g (Fibra Dietética 3g); Proteína 20g **% de Valores Diarios:** Vitamina A 100%; Vitamina C 78%; Calcio 50%; Hierro 14% **Intercambios:** 2 Almidones, 2 Carnes con Alto Contenido de Grasa, 2 Grasas **Opciones de Carbohidratos:** 2

Chicken Salad Sandwiches
Sándwiches de Ensalada de Pollo

PREP: 15 min ▪ **4 SANDWICHES**

Choose your favorite hearty bread, bun or tortillas for these popular sandwiches. You can also make these sandwiches meatless by omitting the chicken and using 6 hard-cooked eggs, chopped instead.

    $1^1/_2$ cups chopped cooked chicken or turkey
    $^1/_2$ cup mayonnaise or salad dressing
    $^1/_4$ teaspoon salt
    $^1/_4$ teaspoon pepper
    1 medium stalk celery, chopped ($^1/_2$ cup)
    1 small onion, chopped ($^1/_4$ cup)
    8 slices bread

1. In medium bowl, mix all ingredients except bread.

2. Spread chicken mixture on each of 4 slices bread. Top with remaining bread.

1 Serving: Calories 435 (Calories from Fat 245); Fat 27g (Saturated 5g); Cholesterol 60mg; Sodium 630mg; Carbohydrate 28g (Dietary Fiber 2g); Protein 19g **% Daily Value:** Vitamin A 2%; Vitamin C 4%; Calcium 8%; Iron 12% **Exchanges:** 2 Starch, 2 Medium-Fat Meat, 3 Fat **Carbohydrate Choices:** 2

HAM SALAD SANDWICHES Substitute $1^1/_2$ cups chopped fully cooked ham for the chicken. Omit salt and pepper. Stir in 1 teaspoon yellow mustard.

TUNA SALAD SANDWICHES Substitute 2 cans (6 ounces each) tuna in water, drained, for the chicken. Stir in 1 teaspoon lemon juice.

Sándwiches de Ensalada de Pollo
Chicken Salad Sandwiches

PREPARACIÓN: 15 min ▪ **RINDE 4 SÁNDWICHES**

Elija su pan favorito, panecillos o tortillas para preparar estos populares sándwiches. También puede hacer estos sándwiches estilo vegetariano, omitiendo el pollo y usando en su lugar huevos duros cocidos y picados.

1^1/$_2$ tazas de pollo o pavo cocido y picado
^{1}/$_2$ taza de mayonesa o aderezo para ensaladas
^{1}/$_4$ cucharadita de sal
^{1}/$_4$ cucharadita de pimienta
1 tallo mediano de apio, picado (^{1}/$_2$ taza)
1 cebolla pequeña, picada (^{1}/$_4$ taza)
8 rebanadas de pan

1. En un recipiente mediano, mezcle todos los ingredientes, excepto el pan.

2. Coloque la mezcla de pollo en cada una de las rebanadas de pan. Cubra con las demás rebanadas de pan.

1 Porción: 435 Calorías (245 Calorías de Grasa); Grasas 27g (Saturada 5g); Colesterol 60mg; Sodio 630mg; Carbohidratos 28g (Fibra Dietética 2g); Proteína 19g **% de Valores Diarios:** Vitamina A 2%; Vitamina C 4%; Calcio 8%; Hierro 12% **Intercambios:** 2 Almidones, 2 Carnes con Contenido Moderado de Grasa, 3 Grasas **Opciones de Carbohidratos:** 2

SÁNDWICHES DE ENSALADA DE JAMÓN Sustituya 1^1/$_2$ tazas de jamón cocido picado en lugar del pollo. Omita la sal y la pimienta. Revuelva con 1 cucharadita de mostaza amarilla.

SÁNDWICHES DE ENSALADA DE ATÚN Sustituya 2 latas (6 onzas cada una) de atún en agua, escurrido, en vez del pollo. Revuelva con 1 cucharadita de jugo de limón.

CHAPTER 2

Meats, Poultry, Fish and Shellfish

Carnes, Aves, Pescados y Mariscos

◀ **Herb Roast Chicken and Vegetables (page 88)**   **Pollo Rostizado con Hierbas y Vegetales (página 89)**

Pot Roast
Asado de Res

PREP: 30 min **COOK:** 3 hr 30 min ▪ **8 SERVINGS**

Horseradish is the secret ingredient in this pot roast, but it doesn't add a hot or spicy flavor. The horseradish mellows during cooking, leaving behind a delicious flavor you can't quite put your finger on.

> 4-pound beef arm, blade or cross rib pot roast*
> 1 to 2 teaspoons salt
> 1 teaspoon pepper
> 1 jar (8 ounces) prepared horseradish
> 1 cup water
> 8 small potatoes, cut in half
> 8 medium carrots, cut into fourths
> 8 small onions
> $^1/_2$ cup cold water
> $^1/_4$ cup all-purpose flour

1. In 4-quart Dutch oven, cook beef over medium heat until brown on all sides; reduce heat to low.

2. Sprinkle beef with salt and pepper. Spread horseradish over all sides of beef. Add 1 cup water to Dutch oven. Heat to boiling; reduce heat. Cover and simmer 2 hours 30 minutes.

3. Add potatoes, carrots and onions to Dutch oven. Cover and simmer about 1 hour or until beef and vegetables are tender.

4. Remove beef and vegetables to warm platter; keep warm.

5. Skim excess fat from broth in Dutch oven. Add enough water to broth to measure 2 cups. In tightly covered container, shake $^1/_2$ cup cold water and the flour; gradually stir into broth. Heat to boiling, stirring constantly. Boil and stir 1 minute. Serve gravy with beef and vegetables.

* 3-pounds beef bottom round, rolled rump, tip or chuck eye roast can be substituted; decrease salt to $^3/_4$ teaspoon.

1 Serving: Calories 365 (Calories from Fat 100); Fat 11g (Saturated 4g); Cholesterol 85mg; Sodium 470mg; Carbohydrate 32g (Dietary Fiber 5g); Protein 35g **% Daily Value:** Vitamin A 40%; Vitamin C 20%; Calcium 6%; Iron 28% **Exchanges:** 1$^1/_2$ Starch, 2 Vegetable, 4 Very Lean Meat, 1 Fat **Carbohydrate Choices:** 2

SLOW COOKER POT ROAST In 12-inch skillet, cook beef over medium heat until brown on all sides. In 4- to 6-quart slow cooker, place potatoes, carrots and onions. Place beef on vegetables. In small bowl, mix horseradish, salt and pepper; spread evenly over beef. Pour water into slow cooker. Cover and cook on Low heat setting 8 to 10 hours.

CREAM GRAVY POT ROAST Substitute 1 can (10.5 ounces) condensed beef broth for the 1 cup water. For the gravy in step 5, add enough half-and-half or milk, instead of water, to the broth (from the roast) to measure 2 cups. Substitute $^1/_2$ cup half-and-half or milk for the $^1/_2$ cup cold water.

GARLIC-HERB POT ROAST Decrease pepper to $^1/_2$ teaspoon. Omit horseradish. After browning beef in step 1, sprinkle with 1 tablespoon chopped fresh or 1 teaspoon dried marjoram leaves, 1 tablespoon chopped fresh or 1 teaspoon dried thyme leaves, 2 teaspoons chopped fresh or $^1/_2$ teaspoon dried oregano leaves and 4 cloves garlic, finely chopped. Substitute 1 can (10.5 ounces) condensed beef broth for the 1 cup water.

HOW TO CARVE A POT ROAST

Place roast on carving board or serving platter. Holding meat in place with meat fork, cut between muscles and around bones. Remove one section of meat at a time. Turn section so meat grain runs parallel to carving board. Cut meat across grain into $^1/_4$-inch slices.

Asado de Res
Pot Roast

PREPARACIÓN: 30 min **COCCIÓN:** 3 horas 30 min ■ **RINDE 8 PORCIONES**

El ingrediente secreto de esta carne asada es el rábano picante, pero no le añade un sabor fuerte o picante. El rábano picante se diluye durante la cocción, dejando un delicioso sabor difícil de identificar.

4 libras de pierna, paletilla o lomo de carne de res*
1 a 2 cucharaditas de sal
1 cucharadita de pimienta
1 frasco (8 onzas) de rábano picante preparado
1 taza de agua
8 papas pequeñas, cortadas por la mitad
8 zanahorias medianas, cortadas en cuartos
8 cebollas pequeñas
$^1/_2$ taza de agua fría
$^1/_4$ taza de harina regular

1. En una cacerola grande y profunda ("dutch oven") de 4 cuartos (1 galón), cocine la carne a fuego medio hasta que todos los lados estén dorados; reduzca a fuego bajo.

2. Espolvoree con sal y pimienta. Cubra toda la carne con el rábano picante. Añada 1 taza de agua a la cacerola. Caliente hasta hervir; reduzca el fuego. Tape y cocine a fuego bajo por 2 horas 30 minutos.

3. Añada las papas, zanahorias y cebollas a la cacerola. Tape y cocine a fuego bajo por 1 hora o hasta que la carne y los vegetales se ablanden.

4. Retire la carne y los vegetales y colóquelos en un recipiente tibio; mantenga el calor.

5. Quite y deseche el exceso de grasa del caldo en la cacerola. Añada suficiente agua al caldo hasta alcanzar 2 tazas. En un recipiente hermético, agite $^1/_2$ taza de agua fría y la harina; gradualmente añada al caldo mientras revuelve. Caliente hasta hervir, revolviendo constantemente. Hierva y revuelva por 1 minuto. Sirva la salsa con la carne y los vegetales.

* Se puede reemplazar por 3 libras de carne de redondo, cadera, o paletilla ("bottom round", "rolled rump", "tip" o "chuck eye roast"); disminuya la sal a $^3/_4$ de cucharadita.

1 Porción: 365 Calorías (100 Calorías de Grasa); Grasas 11g (Saturada 4g); Colesterol 85mg; Sodio 470mg; Carbohidratos 32g (Fibra Dietética 5g); Proteína 35g **% de Valores Diarios:** Vitamina A 40%; Vitamina C 20%; Calcio 6%; Hierro 28% **Intercambios:** 1$^1/_2$ Almidón, 2 Vegetales, 1 Carne Magra, 1 Grasa **Opciones de Carbohidratos:** 2

🥘 **ASADO DE RES EN OLLA DE COCCIÓN LENTA** En una sartén de 12 pulgadas, cocine la carne a fuego medio hasta que quede dorada. En una olla de cocción lenta de 4 a 6 cuartos (1–1$^1/_2$ galóns), coloque las papas, zanahorias y cebollas. Coloque la carne sobre los vegetales. En un recipiente pequeño, mezcle el rábano picante, sal, pimienta y el ajo; unte sobre la carne en forma pareja. Ponga agua en la olla de cocción lenta. Tape y cocine a fuego bajo de 8 a 10 horas.

ASADO DE RES CON SALSA CREMOSA Reemplace 1 taza de agua por 1 lata (10.5 onzas) de caldo o consomé de carne. Para la salsa en el paso 5, añada suficiente media crema o leche en vez de agua, al caldo (de la carne) hasta alcanzar 2 tazas. Reemplace $^1/_2$ taza de agua fría por $^1/_2$ taza de media crema o leche.

ASADO DE RES CON HIERBAS Y AJO Disminuya la pimienta a $^1/_2$ cucharadita. Omita el rábano picante. Después de dorar la carne en el paso 1, espolvoree 1 cucharada de mejorana fresca finamente picada o seca, 1 cucharada de tomillo fresco finamente picado o seco, 2 cucharaditas de orégano fresco finamente picado o seco y 4 dientes de ajo, finamente picados. Reemplace 1 taza de agua por 1 lata (10.5 onzas) de caldo o consomé de carne.

CÓMO CORTAR EL ASADO DE RES

Coloque la carne sobre una tabla de cortar o en un platón de servir. Corte entre los músculos y alrededor de los huesos mientras sujeta la carne con un tenedor para carne. Corte una sección de la carne a la vez. Dé vuelta a la sección de manera que la veta de la carne esté paralela a la tabla de cortar. Corte la carne a través de la veta en filetes o tajadas de $^1/_4$ pulgada.

Swiss Steak
Bistec Suizo

PREP: 15 min **COOK:** 1 hr 50 min ■ **6 SERVINGS**

You can save a little time if you like by purchasing a can of diced tomatoes. Diced tomatoes also come flavored, like roasted garlic and Italian-style, all of which will work well. See photo on page 60.

> 1¹/2-pounds beef boneless round, tip or chuck steak, about ³/4 inch thick
> 3 tablespoons all-purpose flour
> 1 teaspoon ground mustard
> ¹/2 teaspoon salt
> 2 tablespoons vegetable oil
> 1 can (14.5 ounces) whole tomatoes, undrained
> 2 cloves garlic, finely chopped
> 1 cup water
> 1 large onion, sliced
> 1 large green bell pepper, sliced

1. Cut beef into 6 serving pieces. In small bowl, mix flour, mustard and salt. Sprinkle half of the flour mixture over 1 side of beef; pound in with meat mallet. Turn beef; pound in remaining flour mixture.

2. In 10-inch skillet, heat oil over medium heat. Cook beef in oil about 15 minutes, turning once, until brown.

3. Add tomatoes and garlic to skillet, breaking up tomatoes with a fork. Heat to boiling; reduce heat. Cover and simmer about 1 hour 15 minutes, spooning sauce occasionally over beef, until beef is tender.

4. Add water, onion and bell pepper to skillet. Heat to boiling; reduce heat. Cover and simmer 5 to 8 minutes or until vegetables are tender.

1 Serving: Calories 205 (Calories from Fat 70); Fat 8g (Saturated 2g); Cholesterol 60mg; Sodium 340mg; Carbohydrate 11g (Dietary Fiber 2g); Protein 24g **% Daily Value:** Vitamin A 8%; Vitamin C 30%; Calcium 2%; Iron 16% **Exchanges:** 2 Vegetable, 3 Lean Meat **Carbohydrate Choices:** 1

SLOW COOKER SWISS STEAK Omit water. Cut beef into 6 serving pieces. In small bowl, mix flour, mustard and salt; coat beef (do not pound in). In 10-inch skillet, heat oil over medium heat. Cook beef in oil about 15 minutes, turning once, until brown. Place beef in 3¹/2- to 6-quart slow cooker. Top with onion and bell pepper. Mix tomatoes and garlic; pour over beef and vegetables. Cover and cook on Low heat setting 7 to 9 hours.

Bistec Suizo
Swiss Steak

PREPARACIÓN: 15 min **COCCIÓN:** 1 hora 50 min ■ **RINDE 6 PORCIONES**

Si desea, puede ahorrar algo de tiempo comprando una lata de tomates cortados en cubitos. Los tomates en cubitos también vienen con sabor a ajo rostizado y estilo italiano que también funcionan muy bien. Vea la foto en la página 60.

1¹/₂ libras de bistec de pierna, punta o paletilla de res ("boneless round", "tip" o "chuck steak") de aproximadamente ³/₄ pulgada de grosor

3 cucharadas de harina regular

1 cucharadita de mostaza en polvo

¹/₂ cucharadita de sal

2 cucharadas de aceite vegetal

1 lata (14.5 onzas) de tomates enteros, sin escurrir

2 dientes de ajo, finamente picados

1 taza de agua

1 cebolla grande, en rebanadas

1 pimiento verde grande, en rebanadas

1. Corte la carne en 6 porciones para servir. En un recipiente pequeño, mezcle la harina, la mostaza y la sal. Espolvoree la mitad de la mezcla de harina sobre un lado de la carne; golpee con un ablandador de carne. Dé vuelta a la carne; golpee añadiendo el resto de la mezcla de harina.

2. En una sartén de 10 pulgadas, caliente el aceite a fuego medio. Cocine la carne en aceite por unos 15 minutos, dándole vuelta una vez, hasta que quede dorada.

3. Añada los tomates y el ajo al sartén, partiendo los tomates con un tenedor. Caliente hasta hervir; luego reduzca el fuego. Tape y hierva a fuego bajo aproximadamente por 1 hora 15 minutos, agregándole salsa a la carne ocasionalmente, hasta que la carne se ablande.

4. Añada el agua, las cebollas y el pimiento verde al sartén. Caliente hasta hervir; luego reduzca el fuego. Tape y hierva a fuego bajo de 5 a 8 minutos o hasta que los vegetales estén tiernos.

1 Porción: 205 Calorías (70 Calorías de Grasa); Grasas 8g (Saturada 2g); Colesterol 60mg; Sodio 340mg; Carbohidratos 11g (Fibra Dietética 2g); Proteína 24g **% de Valores Diarios:** Vitamina A 8%; Vitamina C 30%; Calcio 2%; Hierro 16% **Intercambios:** 2 Vegetales, 3 Carnes Magras **Opciones de Carbohidratos:** 1

BISTEC SUIZO EN OLLA DE COCCIÓN LENTA Omita el agua. Corte la carne en 6 porciones para servir. En un recipiente pequeño, mezcle la harina, la mostaza y la sal; empanice la carne (no la ablande). En una sartén de 10 pulgadas, caliente el aceite a fuego medio. Cocine la carne en aceite por unos 15 minutos, dándole vuelta una vez, hasta que quede dorada. Coloque la carne en una olla de cocción lenta de 3¹/₂ a 6 cuartos de galón. Cubra con la cebolla y el pimiento verde. Mezcle los tomates y el ajo; vierta sobre la carne y los vegetales. Tape y cocine a fuego bajo de 7 a 9 horas.

Swiss Steak (page 58) ▣ **Bistec Suizo (página 59)** ▼

▼ **Beef Stroganoff (page 62)** **Carne a la Stroganoff (página 63)**

Beef Stroganoff
Carne a la Stroganoff

PREP: 20 min **COOK:** 30 min ▪ **6 SERVINGS**

Mix up your mushrooms! Instead of traditional white or button mushrooms, combine several fresh varieties such as baby portabella, shiitake and oyster mushrooms. See photo on page 61.

1 1/2 pounds beef tenderloin or boneless top loin steak, about 1/2 inch thick
2 tablespoons butter or margarine
1 1/2 cups beef broth
2 tablespoons ketchup
1 teaspoon salt
1 small clove garlic, finely chopped
3 cups sliced fresh mushrooms (8 ounces)
1 medium onion, chopped (1/2 cup)
1/4 cup all-purpose flour
1 cup sour cream or plain yogurt
Hot cooked noodles or rice, if desired

1. Cut beef across grain into about $1^1/_2 \times {}^1/_2$-inch strips. (Beef is easier to cut if partially frozen, 30 to 60 minutes.)

2. In 12-inch skillet, melt butter over medium-high heat. Cook beef in butter, stirring occasionally, until brown.

3. Reserve $^1/_3$ cup of the broth. Stir remaining broth, the ketchup, salt and garlic into beef. Heat to boiling; reduce heat. Cover and simmer about 10 minutes or until beef is tender.

4. Stir in mushrooms and onion. Heat to boiling; reduce heat. Cover and simmer about 5 minutes or until onion is tender.

5. In tightly covered container, shake reserved $^1/_3$ cup broth and the flour until mixed; gradually stir into beef mixture. Heat to boiling, stirring constantly. Boil and stir 1 minute; reduce heat to low.

6. Stir in sour cream; heat until hot. Serve over noodles.

1 Serving (about 1 cup): Calories 330 (Calories from Fat 180); Fat 20g (Saturated 10g); Cholesterol 100mg; Sodium 810mg; Carbohydrate 10g (Dietary Fiber 1g); Protein 28g **% Daily Value:** Vitamin A 10%; Vitamin C 2%; Calcium 6%; Iron 16% **Exchanges:** 2 Vegetable, 3 1/2 Lean Meat, 1 Fat **Carbohydrate Choices:** 1/2

GROUND BEEF STROGANOFF Substitute 1 pound lean (at least 80%) ground beef for the steak; omit butter. Cook ground beef in 12-inch skillet, stirring occasionally, until brown; drain. Continue as directed.

Carne a la Stroganoff
Beef Stroganoff

PREPARACIÓN: 20 min **COCCIÓN:** 30 min ▪ **RINDE 6 PORCIONES**

¡Combine los champiñones! En lugar de los champiñones blancos o de botón, combine diferentes variedades de champiñones/setas como portabella, shiitake y ostra. Vea la foto en la página 61.

1¹/₂ libras de carne lomo o solomillo deshuesado, de aproximadamente ¹/₂ pulgada de grosor
2 cucharadas de mantequilla o margarina
1¹/₂ tazas de caldo de carne
2 cucharadas de salsa de tomate "Ketchup"
1 cucharadita de sal
1 diente de ajo pequeño, finamente picado
3 tazas de champiñones frescos cortados en rebanadas (8 onzas)
1 cebolla mediana, picada (¹/₂ taza)
¹/₄ taza de harina regular
1 taza de crema agria o yogur sin sabor
Fideos o arroz cocido, si desea

1. Corte la carne a través de la veta en filetes o tajadas de 1¹/₂ × ¹/₂ pulgada. (La carne de res es más fácil de cortar si está parcialmente congelada, 30 a 60 minutos).

2. En una sartén de 12 pulgadas, derrita la mantequilla a fuego medio-alto. Cocine la carne en mantequilla, revolviendo ocasionalmente, hasta que esté dorada.

3. Reserve ¹/₃ de taza del caldo. Añada el caldo restante, la salsa "Ketchup", la sal y el ajo mientras revuelve. Caliente hasta hervir; luego reduzca el fuego. Tape y cocine a fuego bajo por 10 minutos o hasta que la carne esté tierna.

4. Añada los champiñones y la cebolla; revuelva. Caliente hasta hervir; luego reduzca el fuego. Tape y cocine a fuego bajo por 5 minutos o hasta que la cebolla esté tierna.

5. En un recipiente hermético, agite ¹/₃ taza del caldo reservado y la harina hasta que se mezclen bien; gradualmente añada a la mezcla de la carne; revuelva. Caliente hasta hervir, revolviendo constantemente. Hierva y revuelva por 1 minuto; reduzca a fuego bajo.

6. Añada la crema agria y revuelva; deje a fuego bajo hasta que esté caliente. Sirva sobre los fideos.

1 Porción (aproximadamente 1 taza): 330 Calorías (180 Calorías de Grasa); Grasas 20g (Saturada 10g); Colesterol 100mg; Sodio 810mg; Carbohidratos 10g (Fibra Dietética 1g); Proteína 28g **% de Valores Diarios:** Vitamina A 10%; Vitamina C 2%; Calcio 6%; Hierro 16% **Intercambios:** 2 Vegetales, 3¹/₂ Carnes Magras, 1 Grasa **Opciones de Carbohidratos:** ¹/₂

STROGANOFF CON CARNE MOLIDA Reemplace el bistec por 1 libra de carne molida de res magra (por lo menos al 80%); omita la mantequilla. Cocine la carne molida en una sartén de 12 pulgadas, revolviendo ocasionalmente, hasta que esté dorada; escurra. Siga los otros pasos.

Texas T-Bones
Bistecs "T-Bone" Tejanos

PREP: 10 min **GRILL:** 16 min ▪
4 SERVINGS

Crush the peppercorns in a heavy-duty resealable plastic bag using a rolling pin, meat mallet or heavy saucepan.

> 4 beef T-bone steaks, 1 inch thick (about 1 pound)
> 2 cloves garlic, cut in half
> 4 teaspoons black peppercorns, crushed
> 1/4 cup butter or margarine, softened
> 1 tablespoon Dijon mustard
> 1/2 teaspoon Worcestershire sauce
> 1/4 teaspoon lime juice
> Salt and pepper to taste, if desired

1. Heat coals or gas grill for direct heat.

2. Trim fat on beef steaks to 1/4-inch thickness. Rub garlic on beef. Press peppercorns into beef. In small bowl, mix remaining ingredients except salt and pepper; set aside.

3. Cover and grill beef over medium heat 14 to 16 minutes for medium doneness, turning once. Sprinkle with salt and pepper. Serve with butter mixture.

1 Serving: Calories 370 (Calories from Fat 215); Fat 24g (Saturated 12g); Cholesterol 130mg; Sodium 260mg; Carbohydrate 1g (Dietary Fiber 0g); Protein 37g **% Daily Value:** Vitamin A 10%; Vitamin C 0%; Calcium 2%; Iron 18% **Exchanges:** 5 Medium-Fat Meat **Carbohydrate Choices:** 0

Bistecs "T-Bone" Tejanos
Texas T-Bones

PREPARACIÓN: 10 min **PARRILLA:** 16 min ▪
RINDE 4 PORCIONES

Triture los granos de pimienta en una bolsa de plástico resistente resellable utilizando un rodillo de amasar, un ablandador de carne o una sartén pesado.

> 4 bistecs de res tipo "T-Bone" de 1 pulgada de grosor (aproximadamente 1 libra)
> 2 dientes de ajo, cortados por la mitad
> 4 cucharaditas de granos de pimienta negra, triturados
> 1/4 taza de mantequilla o margarina, suavizada
> 1 cucharada de mostaza Dijon
> 1/2 cucharadita de salsa inglesa "Worcestershire"
> 1/4 cucharadita de jugo de limón
> Sal y pimienta al gusto, si desea

1. Caliente el carbón o la parrilla a gas para obtener calor directo.

2. Quite la grasa de los bistecs a 1/4 pulgada de grosor. Frote la carne con el ajo. Presione los granos de pimienta en la carne. En un recipiente pequeño, mezcle los demás ingredientes, excepto la sal y pimienta; deje aparte.

3. Tape y ase la carne a fuego medio de 14 a 16 minutos para obtener una cocción media, volteando la carne una vez. Espolvoree con sal y pimienta. Sirva con mezcla de mantequilla.

1 Porción: 370 Calorías (215 Calorías de Grasa); Grasas 24g (Saturada 12g); Colesterol 130mg; Sodio 260mg; Carbohidratos 1g (Fibra Dietética 0g); Proteína 37g **% de Valores Diarios:** Vitamina A 10%; Vitamina C 0%; Calcio 2%; Hierro 18% **Intercambios:** 2 Carnes con Contenido Moderado de Grasa **Opciones de Carbohidratos:** 0

Beef Stew
Guiso de Carne

PREP: 15 min **COOK:** 3 hr 30 min ▪ **8 SERVINGS**

For a change, use about 3 ounces fresh shiitake mushrooms, sliced for the fresh button mushrooms. Serve this hearty all-in-one meal with warm bread and fresh fruit for an easy and tasty dinner.

1 pound beef stew meat, cut into $1/2$-inch pieces
1 medium onion, cut into eighths
1 bag (8 ounces) baby-cut carrots (about 30)
1 can (14.5 ounces) diced tomatoes, undrained
1 can (10.5 ounces) condensed beef broth
1 can (8 ounces) tomato sauce
$1/3$ cup all-purpose flour
1 tablespoon Worcestershire sauce
1 teaspoon salt
1 teaspoon sugar
1 teaspoon dried marjoram leaves
$1/4$ teaspoon pepper
12 small red potatoes ($1^{1}/2$ pounds), cut into fourths
2 cups sliced fresh mushrooms (about 5 ounces)

1. Heat oven to 325°F.

2. In ovenproof 4-quart Dutch oven, mix all ingredients except potatoes and mushrooms. Cover and bake 2 hours, stirring once.

3. Stir in potatoes and mushrooms. Cover and bake 1 hour to 1 hour 30 minutes longer or until beef and vegetables are tender.

1 Serving (about 1¼ cups): Calories 305 (Calories from Fat 65); Fat 7g (Saturated 3g); Cholesterol 35mg; Sodium 820mg; Carbohydrate 43g (Dietary Fiber 6g); Protein 18g **% Daily Value:** Vitamin A 100%; Vitamin C 28%; Calcium 6%; Iron 28% **Exchanges:** 2 Starch, 2 Vegetable, 1 Medium-Fat Meat, ½ Fat **Carbohydrate Choices:** 3

SLOW COOKER BEEF STEW Chop the onion ($1/2$ cup). Omit tomato sauce. Increase flour to $1/2$ cup. In $3^{1}/2$- to 6-quart slow cooker, mix all ingredients except beef. Add beef (do not stir). Cover and cook on Low heat setting 8 to 9 hours. Stir well.

Guiso de Carne
Beef Stew

PREPARACIÓN: 15 min **COCCIÓN:** 3 horas 30 min ■ **RINDE 8 PORCIONES**

Para variar, utilice unas 3 onzas de champiñones shiitake frescos, cortados en rebanadas en lugar de los champiñones frescos regulares. Sirva esta sustanciosa comida con pan caliente y fruta fresca, y disfrute de esta cena fácil y sabrosa.

> 1 libra de carne para guisar, cortada en trozos de $^1/_2$ pulgada
> 1 cebolla mediana, cortada en octavos
> 1 bolsa (8 onzas) de zanahorias pequeñas (aproximadamente 30)
> 1 lata (14.5 onzas) de tomates en cubitos, sin escurrir
> 1 lata (10.5 onzas) de caldo o consomé de carne
> 1 lata (8 onzas) de salsa de tomate
> $^1/_3$ taza de harina regular
> 1 cucharada de salsa inglesa "Worcestershire"
> 1 cucharadita de sal
> 1 cucharadita de azúcar
> 1 cucharadita de hojas de mejorana seca
> $^1/_4$ cucharadita de pimienta
> 12 papas rojas pequeñas (1$^1/_2$ libras), cortadas en cuartos
> 2 tazas de champiñones/hongos frescos cortados en rebanadas (aproximadamente 5 onzas)

1. Caliente el horno a 325°F.

2. En una cacerola grande y profunda ("dutch oven") de 4 cuartos (1 galón) para hornear, mezcle todos los ingredientes, excepto las papas y los hongos. Tape y hornee por 2 horas, revolviendo una vez.

3. Añada las papas y los champiñones, y revuelva. Tape y hornee por 1 hora 30 minutos más o hasta que la carne y los vegetales se ablanden.

1 Porción (aproximadamente 1$^1/_4$ tazas): 305 Calorías (65 Calorías de Grasa); Grasas 7g (Saturada 3g); Colesterol 35mg; Sodio 820mg; Carbohidratos 43g (Fibra Dietética 6g); Proteína 18g **% de Valores Diarios:** Vitamina A 100%; Vitamina C 28%; Calcio 6%; Hierro 28% **Intercambios:** 2 Almidones, 2 Vegetales, 1 Carne con Contenido Moderado de Grasa, $^1/_2$ Grasa **Opciones de Carbohidratos:** 3

🍲 GUISO DE CARNE EN OLLA DE COCCIÓN LENTA Pique la cebolla ($^1/_2$ taza). Omita la salsa de tomate. Aumente la harina a $^1/_2$ taza. En una olla de cocción lenta de 3$^1/_2$ a 6 cuartos ($^7/_8$–1$^1/_2$ galóns), mezcle todos los ingredientes, excepto la carne. Añada la carne (no revuelva). Tape y cocine a fuego bajo de 8 a 9 horas. Revuelva bien.

Stuffed Peppers
Pimientos Rellenos

PREP: 25 min **BAKE:** 1 hr ■ **6 SERVINGS**

For picture-perfect peppers, use a variety of colored peppers; red, yellow, orange or green. Choose peppers that are about the same size for even cooking.

$1/3$ cup uncooked long-grain rice
$2/3$ cup water
$1/4$ teaspoon salt
6 large bell peppers
1 pound lean (at least 80%) ground beef
2 tablespoons chopped onion
1 teaspoon salt
1 clove garlic, finely chopped
1 can (15 ounces) tomato sauce
$3/4$ cup shredded mozzarella cheese (3 ounces)

1. Heat rice, water and salt to boiling in $1^1/2$-quart saucepan, stirring once or twice. Reduce heat; cover and simmer about 15 minutes or until rice is tender and liquid is absorbed. (Do not lift cover or stir.) Remove from heat; fluff rice lightly with fork. Cover and let stand 5 minutes.

2. Meanwhile, cut thin slice from stem end of each bell pepper to remove top of pepper. Remove seeds and membranes; rinse peppers. In 4-quart Dutch oven, add enough water to cover peppers. Heat to boiling; add peppers. Cook about 5 minutes; drain.

3. In 10-inch skillet, cook beef and onion over medium heat 8 to 10 minutes, stirring occasionally, until beef is brown; drain. Stir in rice, salt, garlic and 1 cup of the tomato sauce; cook until hot.

4. Heat oven to 350°F.

5. Stuff peppers with beef mixture. Stand peppers upright in ungreased 8-inch square glass baking dish. Pour remaining tomato sauce over peppers.

6. Cover tightly with foil. Bake 45 minutes. Uncover and bake about 15 minutes longer or until peppers are tender. Sprinkle with cheese.

1 Serving: Calories 290 (Calories from Fat 125); Fat 14g (Saturated 6g); Cholesterol 50mg; Sodium 970mg; Carbohydrate 24g (Dietary Fiber 4g); Protein 21g **% Daily Value:** Vitamin A 24%; Vitamin C 100%; Calcium 14%; Iron 16% **Exchanges:** 1 Starch, 2 Medium-Fat Meat, 2 Vegetable **Carbohydrate Choices:** $1^1/2$

VEGETARIAN STUFFED PEPPERS Substitute 1 package (12 ounce) frozen veggie crumbles, thawed, for the ground beef; omit onion. Omit step 2. In 10-inch nonstick skillet, cook veggie crumbles, rice, salt, garlic and 1 cup of the tomato sauce over medium heat, stirring occasionally, until hot. Continue as directed.

Pimientos Rellenos
Stuffed Peppers

PREPARACIÓN: 25 min **HORNEAR:** 1 hora ▪ **RINDE 6 PORCIONES**

Para obtener un resultado perfecto digno de una fotografía, utilice pimientos de diversos colores: rojos, amarillos, anaranjados o verdes. Elija los pimientos aproximadamente del mismo tamaño para que la cocción sea pareja.

$^1/_3$ taza de arroz crudo de grano largo
$^2/_3$ taza de agua
$^1/_4$ cucharadita de sal
6 pimientos grandes
1 libra de carne molida de res magra (por lo menos al 80%)
2 cucharadas de cebolla picada
1 cucharadita de sal
1 diente de ajo, finamente picado
1 lata (15 onzas) de salsa de tomate
$^3/_4$ taza de queso "Mozzarella" rallado (3 onzas)

1. Caliente el arroz, el agua y la sal hasta hervir en una cacerola de $1^1/_2$ cuartos, revolviendo una o dos veces. Reduzca el calor; tape y cocine a fuego bajo por 15 minutos o hasta que el arroz esté tierno y el líquido se evapore. (No levante la tapa ni revuelva). Retire del fuego; afloje el arroz ligeramente con un tenedor. Tape y deje reposar por 5 minutos.

2. Mientras tanto, corte una rebanada fina del tallo de cada pimiento para quitar la parte superior. Quite las semillas y membranas; enjuague los pimientos. En una cacerola grande y profunda ("dutch oven") de 4 cuartos de galón, añada suficiente agua para cubrir los pimientos. Caliente hasta hervir; añada los pimientos. Cocine por unos 5 minutos; escurra.

3. En una sartén de 10 pulgadas, cocine la carne y la cebolla a fuego medio de 8 a 10 minutos, revolviendo de vez en cuando, hasta que la carne esté dorada; escurra. Añada el arroz, la sal, el ajo y 1 taza de la salsa de jitomates mientras revuelve; cocine hasta que esté caliente.

4. Caliente el horno a 350°F.

5. Rellene los pimientos con la mezcla de carne. Coloque verticalmente los pimientos en un molde cuadrado de vidrio de 8 pulgadas para hornear sin engrasar. Vierta la salsa de tomate restante sobre los pimientos.

6. Cubra herméticamente con papel de aluminio. Hornee por 45 minutos. Quite el papel de aluminio y hornee por unos 15 minutos más o hasta que los pimientos estén tiernos. Espolvoree con queso.

1 Porción: 290 Calorías (125 Calorías de Grasa); Grasas 14g (Saturada 6g); Colesterol 50mg; Sodio 970mg; Carbohidratos 24g (Fibra Dietética 4g); Proteína 21g **% de Valores Diarios:** Vitamina A 24%; Vitamina C 100%; Calcio 14%; Hierro 16% **Intercambios:** 1 Almidón, 2 Carnes con Contenido Moderado de Grasa, 2 Vegetales **Opciones de Carbohidratos:** $1^1/_2$

PIMIENTOS RELLENOS VEGETARIANOS Reemplace la carne molida por 1 paquete (12 onzas) de vegetales congelados cortados en trozos, descongelados; omita la cebolla. Omita el paso 2. En una sartén antiadherente de 10 pulgadas, cocine los trozos de vegetales, el arroz, la sal, el ajo y 1 taza de la salsa de tomate a fuego medio, revolviendo ocasionalmente, hasta que esté caliente. Siga los otros pasos.

Meat Loaf
Pastel de Carne

PREP: 20 min **BAKE:** 1 hr 15 min **STAND:** 5 min ▪ **6 SERVINGS**

Sometimes the addition of green pepper or onion in meat loaf may cause it to remain pink in the center even though beef is cooked to 160°F doneness. Always check meat loaf with a thermometer to make sure it has reached the correct temperature in the center.

1¹/₂ pounds lean (at least 80%) ground beef
1 cup milk
1 tablespoon Worcestershire sauce
1 teaspoon chopped fresh or ¹/₄ teaspoon dried sage leaves
¹/₂ teaspoon salt
¹/₂ teaspoon ground mustard
¹/₄ teaspoon pepper
1 clove garlic, finely chopped or ¹/₈ teaspoon garlic powder
1 large egg
3 slices bread, torn into small pieces
1 small onion, chopped (¹/₄ cup)
¹/₂ cup ketchup, chili sauce or barbecue sauce

1. Heat oven to 350°F.

2. In large bowl, mix all ingredients except ketchup. Spread mixture in ungreased 8 × 4-inch or 9 × 5-inch loaf pan, or shape into 9 × 5-inch loaf in ungreased 13 × 9-inch pan. Spread ketchup over top.

3. Insert ovenproof meat thermometer so tip is in center of loaf. Bake uncovered 1 hour to 1 hour 15 minutes or until thermometer reads at least 160°F and beef is no longer pink in center. Drain meat loaf.

4. Let stand 5 minutes; remove from pan.

1 Serving: Calories 320 (Calories from Fat 160); Fat 18g (Saturated 7g); Cholesterol 105mg; Sodium 610mg; Carbohydrate 15g (Dietary Fiber 1g); Protein 25g **% Daily Value:** Vitamin A 8%; Vitamin C 4%; Calcium 8%; Iron 14% **Exchanges:** 1 Starch, 3 Medium-Fat Meat, ¹/₂ Fat **Carbohydrate Choices:** 1

Pastel de Carne
Meat Loaf

PREPARACIÓN: 20 min **HORNEAR:** 1 hora 15 min **REPOSAR:** 5 min ■ **RINDE 6 PORCIONES**

A menudo si se agrega pimentón verde o cebolla al pastel de carne, puede causar que éste quede de color rosado en el centro aunque la carne se cocine hasta 160°F de cocción. Con la ayuda de un termómetro, siempre verifique que el pastel de carne haya alcanzado la temperatura correcta en el centro.

- 1 $^1/_2$ libras de carne molida de res magra (por lo menos al 80%)
- 1 taza de leche
- 1 cucharada de salsa inglesa "Worcestershire"
- 1 cucharadita de hojas de salvia fresca picada o $^1/_4$ cucharadita de salvia seca
- $^1/_2$ cucharadita de sal
- $^1/_2$ cucharadita de mostaza en polvo
- $^1/_4$ cucharadita de pimienta
- 1 diente de ajo, finamente picado o $^1/_8$ cucharadita de polvo de ajo
- 1 huevo grande
- 3 rebanadas de pan, partidas en trozos pequeños
- 1 cebolla pequeña, picada ($^1/_4$ taza)
- $^1/_2$ taza de salsa tomate "Ketchup", salsa de chile o salsa para barbacoa

1. Caliente el horno a 350°F.

2. En un recipiente grande, mezcle todos los ingredientes, excepto la salsa de tomate. Esparza la mezcla en un molde para hornear pan de 8 × 4 ó 9 × 5 pulgadas o forme un pastel de carne de 9 × 5 pulgadas en un molde para hornear de 13 × 9 pulgadas sin engrasar. Esparza la salsa de tomate encima.

3. Inserte en la carne un termómetro para hornear, de manera que la punta esté en el centro del pan. Hornee sin cubrir de 1 hora a 1 hora 15 minutos o hasta que la lectura del termómetro indique al menos 160°F y la carne ya no tenga el centro rosado. Escurra el pastel de carne.

4. Deje reposar 5 minutos; retire del molde.

1 Porción: 320 Calorías (160 Calorías de Grasa); Grasas 18g (Saturada 7g); Colesterol 105mg; Sodio 610mg; Carbohidratos 15g (Fibra Dietética 1g); Proteína 25g **% de Valores Diarios:** Vitamina A 8%; Vitamina C 4%; Calcio 8%; Hierro 14% **Intercambios:** 1 Almidón, 3 Carnes con Contenido Moderado de Grasa, $^1/_2$ Grasa **Opciones de Carbohidratos:** 1

Meat Loaf **Pastel de Carne** ▶

Herb-Crusted Pork Tenderloin
Lomo de Cerdo Cubierto de Hierbas

PREP: 15 min **BAKE:** 35 min **STAND:** 15 min ▪ **6 SERVINGS**

Some meat thermometers may be too top heavy to stand up in the pork tenderloins. If the thermometer will not stand vertically, try inserting it almost horizontally, or sideways, into the pork. Using an instant-read thermometer is another option; check for doneness at the minimum time given. Instant-read thermometers are not ovenproof and cannot be left in the pork.

2 pork tenderloins (about $3/4$ lb each)
1 cup soft bread crumbs (about $1^1/2$ slices bread)
$1/4$ cup chopped fresh parsley
2 tablespoons chopped fresh or $1/2$ teaspoon dried thyme leaves
1 tablespoon olive or vegetable oil
$1/2$ teaspoon salt
$1/2$ teaspoon fennel seed
$1/4$ teaspoon coarsely ground pepper
2 cloves garlic, finely chopped

1. Heat oven to 450°F. Spray shallow roasting pan and rack with cooking spray. Place pork tenderloins on rack in pan.

2. In small bowl, mix remaining ingredients. Spoon herb mixture evenly over pork. Insert ovenproof meat thermometer so tip is in the thickest part of pork. Cover pork loosely with foil.

3. Bake 20 minutes; remove foil. Bake uncovered 10 to 15 minutes longer or until thermometer reads 155°F. Remove from oven; cover loosely with foil. Let stand 10 to 15 minutes or until thermometer reads 160°F. (Temperature will continue to rise about 5°F and pork will be easier to carve.)

1 Serving: Calories 235 (Calories from Fat 70); Fat 8g (Saturated 2g); Cholesterol 70mg; Sodium 400mg; Carbohydrate 14g (Dietary Fiber 1g); Protein 28g **% Daily Value:** Vitamin A 4%; Vitamin C 2%; Calcium 4%; Iron 14% **Exchanges:** 1 Starch, $3^1/2$ Very Lean Meat, 1 Fat **Carbohydrate Choices:** 1

Lomo de Cerdo Cubierto de Hierbas
Herb-Crusted Pork Tenderloin

PREPARACIÓN: 15 min **HORNEAR:** 35 min **REPOSAR:** 15 min ▪ **RINDE 6 PORCIONES**

Algunos termómetros para carne pueden ser demasiado pesados para insertarlos en los lomos de cerdo. Si el termómetro no se sostiene verticalmente, intente colocarlo horizontalmente o por el costado de la carne de cerdo. La otra opción es utilizar un termómetro de lectura instantánea. Verifique la cocción en el tiempo mínimo dado. Los termómetros de lectura instantánea no son aptos para el horno y no pueden quedar insertados en la carne de cerdo mientras se cocina.

2 lomos de cerdo (aproximadamente $3/4$ libras cada uno)
1 taza de migajas de pan blando (aproximadamente $1^{1}/2$ rebanadas de pan)
$1/4$ taza de perejil fresco picado
2 cucharaditas de hojas de tomillo fresco picado o $1/2$ cucharadita de tomillo seco
1 cucharada de aceite de oliva o vegetal
$1/2$ cucharadita de sal
$1/2$ cucharadita de semillas de hinojo ("fennel")
$1/4$ cucharadita de pimienta molida
2 dientes de ajo, finamente picados

1. Caliente el horno a 450°F. Rocíe una bandeja para asar y su parrilla con aceite para cocinar. Coloque los lomos de cerdo sobre la rejilla de la bandeja.

2. En un recipiente pequeño, mezcle los ingredientes restantes. Con una cuchara, esparza la mezcla de hierbas uniformemente sobre el cerdo. Inserte el termómetro para hornear en la carne, de manera que la punta esté en la parte más gruesa del cerdo. Cubra el cerdo ligeramente con papel de aluminio.

3. Hornee por 20 minutos; retire el papel de aluminio. Hornee sin tapar de 10 a 15 minutos más o hasta que la lectura del termómetro indique 155°F. Retire del horno; cubra con papel de aluminio sin sujetar. Deje reposar de 10 a 15 minutos o hasta que la lectura del termómetro indique 160°F. (La temperatura continuará subiendo aproximadamente 5°F y así será más fácil cortar la carne de cerdo).

1 Porción: 235 Calorías (70 Calorías de Grasa); Grasas 8g (Saturadas 2g); Colesterol 70mg; Sodio 400mg; Carbohidratos 14g (Fibra Dietética 1 g); Proteína 28g **% de Valores Diarios:** Vitamina A 4%; Vitamina C 2%; Calcio 4%; Hierro 14% **Intercambios:** 1 Almidón, $3^{1}/2$ Carnes Magras, 1 Grasa **Opciones de Carbohidratos:** 1

Breaded Pork Chops
Chuletas de Cerdo Empanizadas

PREP: 10 min **COOK:** 12 min ▪ **8 SERVINGS**

The coating on these pork chops helps keep the meat moist and tender.

   $^1/_2$ cup Original Bisquick® mix
   12 saltine crackers, crushed ($^1/_2$ cup)
   1 teaspoon seasoned salt
   $^1/_4$ teaspoon pepper
   1 large egg
   2 tablespoons water
   8 pork boneless loin chops, $^1/_2$ inch thick (about 2 pounds)
   3 tablespoons vegetable oil

1. In shallow bowl, mix Bisquick mix, cracker crumbs, seasoned salt and pepper. In another shallow bowl, mix egg and water.

2. Dip pork into egg mixture, then coat with Bisquick mixture.

3. In 12-inch nonstick skillet, heat oil over medium-high heat. Cook pork in oil 10 to 12 minutes, turning once, until no longer pink in center.

1 Serving: Calories 265 (Calories from Fat 135); Fat 15g (Saturated 4g); Cholesterol 90mg; Sodium 380mg; Carbohydrate 8g; (Dietary Fiber 0g); Protein 24g **% Daily Value:** Vitamin A 0%; Vitamin C 0%; Calcium 2%; Iron 6% **Exchanges:** $^1/_2$ Starch; 3 Lean Meat, 1$^1/_2$ Fat **Carbohydrate Choices:** $^1/_2$

Chuletas de Cerdo Empanizadas
Breaded Pork Chops

PREPARACIÓN: 10 min **COCCIÓN:** 12 min ■ **RINDE 8 PORCIONES**

Empanizar estas chuletas de cerdo permite mantener la carne jugosa y tierna.

1/2 taza de Mezcla Original de Harina Bisquick
12 galletas saladas, trituradas (1/2 taza)
1 cucharadita de sal sazonada
1/4 cucharadita de pimienta
1 huevo grande
2 cucharadas de agua
8 chuletas de lomo de cerdo deshuesado, 1/2 pulgada de grosor (aproximadamente 2 libras)
3 cucharadas de aceite vegetal

1. En un recipiente poco profundo, combine la mezcla Bisquick con las migajas de galletas, la sal sazonada y la pimienta. En otro recipiente poco profundo, mezcle los huevos y el agua.

2. Sumerja el cerdo en la mezcla de huevo, luego cubra con la mezcla de harina Bisquick.

3. En una sartén de 12 pulgadas antiadherente, caliente el aceite a fuego medio-alto. Cocine el cerdo en aceite de 10 a 12 minutos, dándole vuelta una vez, hasta que ya no esté rosado en el centro.

1 Porción: 265 Calorías (135 Calorías de Grasa); Grasas 15g (Saturada 4g); Colesterol 90mg; Sodio 380mg; Carbohidratos 8g (Fibra Dietética 0g); Proteína 24g **% de Valores Diarios:** Vitamina A 0%; Vitamina C 0%; Calcio 2%; Hierro 6% **Intercambios:** 1/2 Almidón, 3 Carnes Magras, 1 1/2 Grasas **Opciones de Carbohidratos:** 1/2

Corn Bread– and Bacon-Stuffed Pork Chops

Chuletas de Cerdo Rellenas con Pan de Maíz y Tocino

PREP: 20 min **COOK:** 13 min **BAKE:** 1 hr ▪ **6 SERVINGS**

Sometimes you can find pork chops that are pre-cut with a pocket already in them. Or, you can ask your butcher to cut pockets in the chops for you. See photo on page 78.

> 6 pork rib or loin chops, 1 to 1^1/4 inches thick (about 4 pounds)
> 4 slices bacon, cut into ^{1}/2-inch pieces
> 1 medium onion, chopped (^{1}/2 cup)
> 1 small green bell pepper, chopped (^{1}/2 cup)
> 1 cup corn bread stuffing crumbs
> ^{1}/2 cup water
> ^{1}/2 cup shredded Cheddar cheese (2 ounces)
> ^{1}/2 teaspoon seasoned salt
> ^{1}/2 teaspoon dried marjoram leaves
> ^{1}/4 teaspoon pepper

1. Heat oven to 350°F.

2. Make a pocket in each pork chop by cutting into side of chop toward the bone.

3. In 12-inch skillet, cook bacon over medium heat 8 to 10 minutes, stirring occasionally, until crisp. Stir in onion and bell pepper. Cook 2 to 3 minutes, stirring occasionally, until vegetables are crisp-tender; remove from heat and drain. Stir in stuffing crumbs and water until well mixed. Stir in cheese.

4. Sprinkle both sides of pork with seasoned salt, marjoram and pepper. Fill pockets with about ^{1}/3 cup corn bread mixture. In same skillet, cook pork over medium heat, turning once, until brown. Place pork in ungreased 13 × 9-inch pan. Cover tightly with foil.

5. Bake 45 minutes. Uncover and bake about 15 minutes longer or until pork is no longer pink when cut near bone.

1 Serving: Calories 335 (Calories from Fat 180); Fat 20g (Saturated 7g); Cholesterol 90mg; Sodium 400mg; Carbohydrate 15g (Dietary Fiber 1g); Protein 25g **% Daily Value:** Vitamin A 4%; Vitamin C 10%; Calcium 10%; Iron 8% **Exchanges:** 1 Starch, 3 Medium-Fat Meat, 1 Fat **Carbohydrate Choices:** 1

CUTTING POCKET IN PORK CHOP

Make a pocket in each chop by cutting into side of chop toward the bone.

Chuletas de Cerdo Rellenas con Pan de Maíz y Tocino
Corn Bread– and Bacon-Stuffed Pork Chops

PREPARACIÓN: 20 min **COCCIÓN:** 13 min **HORNEAR:** 1 hora ▪ **RINDE 6 PORCIONES**

A veces usted puede encontrar chuletas de cerdo cortadas previamente con un bolsillo para rellenar. O bien, pida a su carnicero que le corte los bolsillitos a sus chuletas. Vea la foto en la página 78.

> 6 costillas o chuletas de cerdo, de 1 a 1¹/₄ pulgada de grosor (aproximadamente 4 libras)
>
> 4 lonjas de tocino, cortadas en trozos de ¹/₂ pulgada
>
> 1 cebolla mediana, picada (¹/₂ taza)
>
> 1 pimiento verde pequeño, picado (¹/₂ taza)
>
> 1 taza de migajas de pan de maíz para relleno
>
> ¹/₂ taza de agua
>
> ¹/₂ taza de queso "Cheddar" rallado (2 onzas)
>
> ¹/₂ cucharadita de sal sazonada
>
> ¹/₂ cucharadita de hojas de mejorana seca
>
> ¹/₄ cucharadita de pimienta

1. Caliente el horno a 350°F.

2. Haga un tajo en cada chuleta para crear un bolsillito cortando el costado de la chuleta hacia el hueso.

3. En una sartén de 12 pulgadas, cocine el tocino a fuego medio de 8 a 10 minutos, revolviendo ocasionalmente, hasta que quede crujiente. Añada la cebolla y el pimiento; revuelva. Cocine de 2 a 3 minutos, revolviendo de vez en cuando, hasta que los vegetales estén tiernos y crujientes; retire del fuego y escurra. Añada las migajas de pan para relleno y agua; revuelva hasta que esté bien mezclado. Añada el queso y revuelva.

4. Espolvoree ambos lados de las chuletas con la sal sazonada, la mejorana y la pimienta. Llene los bolsillitos con aproximadamente ¹/₃ de la mezcla de pan de maíz. En el mismo sartén, cocine el cerdo a fuego medio, volteando una vez hasta que quede dorado. Coloque el cerdo en un molde de 13 × 9 pulgadas sin engrasar. Cubra herméticamente con papel de aluminio.

5. Hornee por 45 minutos. Quite el papel de aluminio y hornee por unos 15 minutos más o hasta que el cerdo ya no esté rosado cuando lo corta cerca del hueso.

1 Porción: 335 Calorías (180 Calorías de Grasa); Grasas 20g (Saturada 7g); Colesterol 90mg; Sodio 400mg; Carbohidratos 15g (Fibra Dietética 1g); Proteína 25g **% de Valores Diarios:** Vitamina A 4%; Vitamina C 10%; Calcio 10%; Hierro 8% **Intercambios:** 1 Almidón, 3 Carnes con Contenido Moderado de Grasa, 1 Grasa **Opciones de Carbohidratos:** 1

CÓMO CORTAR LA CHULETA DE CERDO PARA CREAR EL BOLSILLITO

Haga un tajo en cada chuleta cortando el costado hacia el hueso.

Corn Bread– and Bacon-Stuffed Pork Chops (page 76)  **Chuletas de Cerdo Rellenas con Pan de Maíz y Tocino (página 77)** ▼

▼ **Saucy Ribs (page 80)**   **Costillas en Salsa (página 81)**

Saucy Ribs
Costillas en Salsa

PREP: 10 min **BAKE:** 2 hr 15 min ▪ **6 SERVINGS**

Country-style pork ribs, a meatier rib, are a good choice, too. Use 3 pounds of the country-style ribs and place them in a 13 × 9-inch pan. Cover and bake about 2 hours or until tender; drain. Pour sauce over ribs and bake, uncovered, 30 minutes longer. Spoon the sauce in the pan over the ribs before serving. See photo on page 79.

> 4¹/₂ pounds pork loin back ribs
> Spicy Barbecue Sauce or Sweet-Savory Sauce (right)

1. Heat oven to 350°F. Cut ribs into serving pieces. Place meaty sides up in rack in shallow roasting pan.

2. Bake uncovered 1 hour 30 minutes.

3. Meanwhile, make desired sauce. Brush ribs with sauce.

4. Bake uncovered about 45 minutes longer, brushing frequently with sauce, until tender.

5. Heat any remaining sauce to boiling, stirring constantly; boil and stir 1 minute. Serve sauce with ribs.

Spicy Barbecue Sauce

> ¹/₃ cup butter or margarine
> 2 tablespoons white or cider vinegar
> 2 tablespoons water
> 1 teaspoon sugar
> ¹/₂ teaspoon garlic powder
> ¹/₂ teaspoon onion powder
> ¹/₂ teaspoon pepper
> Dash of ground red pepper (cayenne)

In 1-quart saucepan, heat all ingredients over medium heat, stirring frequently, until butter is melted.

Sweet-Savory Sauce

> 1 cup chili sauce
> ³/₄ cup grape jelly
> 1 tablespoon plus 1¹/₂ teaspoons dry red wine or beef broth
> 1 teaspoon Dijon mustard

In 1-quart saucepan, heat all ingredients over medium heat, stirring occasionally, until jelly is melted.

1 Serving: Calories 735 (Calories from Fat 540); Fat 60g (Saturated 25g); Cholesterol 225mg; Sodium 220mg; Carbohydrate 1g (Dietary Fiber 0g); Protein 48g **% Daily Value:** Vitamin A 8%; Vitamin C 0%; Calcium 8%; Iron 16% **Exchanges:** 7 High-Fat Meat, 1 Fat **Carbohydrate Choices:** 0

▦ SLOW COOKER SAUCY RIBS Decrease amount of ribs to 3¹/₂ pounds. Cut ribs into 2- or 3-rib portions. Place ribs in 5- to 6-quart slow cooker. Sprinkle with ¹/₂ teaspoon salt and ¹/₄ teaspoon pepper. Pour ¹/₂ cup water into slow cooker. Cover and cook on Low heat setting 8 to 9 hours. Remove ribs. Drain and discard liquid from slow cooker. Make desired sauce; pour into bowl. Dip ribs into sauce to coat. Place ribs in slow cooker. Pour any remaining sauce over ribs. Cover and cook on Low heat setting 1 hour.

Costillas en Salsa
Saucy Ribs

PREPARACIÓN: 10 min **HORNEAR:** 2 horas 15 min ■ **RINDE 6 PORCIONES**

Las costillas de cerdo estilo sureño, una costilla con más carne, también son una buena opción. Utilice 3 libras de las costillas estilo sureño y colóquelas en un molde para hornear de 13 × 9 pulgadas. Tape y hornee por unas 2 horas o hasta que estén tiernas; escurra. Vierta la salsa sobre las costillas y hornee, sin tapar, 30 minutos más. Con una cuchara, cubra las costillas con la salsa del molde antes de servir. Vea la foto en la página 79.

4¹/₂ libras de costillas de lomo de cerdo
Salsa de Barbacoa Picante o Salsa Dulce y
    Sabrosa (derecha)

1. Caliente el horno a 350°F. Corte las costillas en porciones para servir. Coloque el lado carnoso hacia arriba sobre la parrilla de una bandeja para asar.

2. Hornee sin tapar por 1 hora 30 minutos.

3. Mientras tanto, prepare la salsa de su gusto. Aplique la salsa sobre las costillas con la ayuda de una brochita.

4. Hornee sin tapar por unos 45 minutos más, aplicando la salsa sobre las costillas con la brochita hasta que estén tiernas.

5. Caliente la salsa restante hasta hervir, revolviendo constantemente; hierva y revuelva por 1 minuto. Sirva la salsa con las costillas.

Salsa de Barbacoa Picante

¹/₃ taza de mantequilla o margarina
2 cucharadas de vinagre blanco o de manzana
2 cucharadas de agua
1 cucharadita de azúcar
¹/₂ cucharadita de polvo de ajo
¹/₂ cucharadita de polvo de cebolla
¹/₂ cucharadita de pimienta
Una pizca de pimentón rojo en polvo (pimienta
    de Cayena)

En una sartén de 1 cuarto (¹/₄ galón), caliente todos los ingredientes a fuego medio, revolviendo constantemente, hasta que la mantequilla se derrita.

Salsa Dulce Sabrosa

1 taza de salsa de chile
³/₄ taza de jalea de uva
1 cucharada más 1¹/₂ cucharadita de vino rojo
    seco o caldo de carne
1 cucharadita de mostaza Dijon

En una sartén de 1 cuarto (¹/₄ galón), caliente todos los ingredientes a fuego medio, revolviendo constantemente, hasta que la jalea se derrita.

1 Porción: 735 Calorías (540 Calorías de Grasa); Grasas 60g (Saturada 25g); Colesterol 225mg; Sodio 220mg; Carbohidratos 1g (Fibra Dietética 0g); Proteína 48g **% de Valores Diarios:** Vitamina A 8%; Vitamina C 0%; Calcio 8%; Hierro 16% **Intercambios:** 7 Carnes con Alto Contenido de Grasa, 1 Grasa **Opciones de Carbohidratos:** 0

▨ **COSTILLAS CON SALSA EN OLLA DE COCCIÓN LENTA** Disminuya la cantidad de costillas a 3¹/₂ libras. Corte y distribuya las costillas en porciones de 2 ó 3 costillas. Coloque las costillas en una olla de cocción lenta de 5 a 6 cuartos de galón. Espolvoree con ¹/₂ cucharadita de sal y ¹/₄ cucharadita de pimienta. Vierta ¹/₂ taza de agua en la olla de cocción lenta. Tape y cocine a fuego bajo de 8 a 9 horas. Retire las costillas. Escurra y deseche el líquido de la olla de cocción lenta. Prepare la salsa de su gusto; vierta en un recipiente. Sumerja las costillas en la salsa para que se cubran. Coloque las costillas en la olla de cocción lenta. Vierta la salsa restante sobre las costillas. Tape y cocine a fuego bajo por 1 hora.

Pineapple Glazed Baked Ham
Jamón al Horno con Glaseado de Piña

PREP: 10 min **BAKE:** 1 hr 30 min **STAND:** 15 min ▪ **10 SERVINGS**

Garnish the platter of ham slices with pineapple slices, kiwi fruit slices and maraschino cherries for a pretty presentation.

> 6-pound fully cooked smoked bone-in ham
> Pineapple Glaze (below)

1. Heat oven to 325°F. Place ham on rack in shallow roasting pan. Insert meat thermometer in thickest part of ham. Bake uncovered 1 hour 30 minutes or until thermometer reads 135°F to 140°F.

2. Make Pineapple Glaze. Brush glaze over ham during last 45 minutes of baking.

3. Remove ham from oven; cover with tent made with foil. Let stand 10 to 15 minutes for easier carving.

Pineapple Glaze

> 1 cup packed brown sugar
> 1 tablespoon cornstarch
> 1/4 teaspoon salt
> 1 can (8 ounces) crushed pineapple in syrup, undrained
> 2 tablespoons lemon juice
> 1 tablespoon yellow mustard

Mix brown sugar, cornstarch and salt in 1-quart saucepan. Stir in pineapple, lemon juice and mustard. Cook over medium heat, stirring constantly, until mixture thickens and boils. Boil and stir 1 minute.

1 Serving: Calories 290 (Calories from Fat 65); Fat 7g (Saturated 2g); Cholesterol 70mg; Sodium 1,660mg; Carbohydrate 27g (Dietary Fiber 0g); Protein 28g **% Daily Value:** Vitamin A 0%; Vitamin C 0%; Calcium 2%; Iron 10% **Exchanges:** 1 Other Carbohydrate, 4 Lean Meat **Carbohydrate Choices:** 1

BROWN SUGAR-ORANGE GLAZED BAKED HAM Omit Pineapple Glaze. Bake ham as directed. In small bowl, mix 1/2 cup packed brown sugar, 2 tablespoons orange or pineapple juice and 1/2 teaspoon ground mustard. Brush glaze over ham during last 45 minutes of baking.

HOW TO CARVE A WHOLE HAM

1. Place ham, fat side up, shank to your right, on carving board or platter. (Face shank to your left if you are left-handed.) Cut a few slices from thin side. Turn ham, cut side down, so it rests on flat cut side.

2. Make vertical slices down the leg bone, then cut horizontally along bone to release slices.

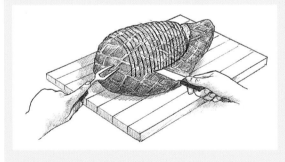

Jamón al Horno con Glaseado de Piña
Pineapple Glazed Baked Ham

PREPARACIÓN: 10 min **HORNEAR:** 1 hora 30 minutos **REPOSAR:** 15 min ▪ **RINDE 10 PORCIONES**

Adorne el platón para el jamón con rebanadas de piña, kiwi y cerezas al maraschino (cerezas para cóctel) hasta lograr una presentación decorativa.

> 6 libras de jamón ahumado con hueso cocido
> Glaseado de Piña (vea abajo)

1. Caliente el horno a 325°F. Coloque el jamón sobre la parrilla de una bandeja para asar poco profunda. Inserte el termómetro para carne en la parte más gruesa del jamón. Hornee sin tapar por 1 hora 30 minutos o hasta que la lectura del termómetro indique 135°F a 140°F.

2. Prepare el Glaseado de Piña. Con la ayuda de una brochita, cubra el jamón con el glaseado durante los últimos 45 minutos de la cocción.

3. Retire el jamón del horno; cubra con papel aluminio sin que esté en contacto con el jamón. Deje reposar de 10 a 15 minutos para que sea más fácil cortar.

Glaseado de Piña

> 1 taza de azúcar morena comprimida
> 1 cucharada de almidón de maíz
> $^1/_4$ cucharadita de sal
> 1 lata (8 onzas) de piña en almíbar triturada, sin escurrir
> 2 cucharadas de jugo de limón
> 1 cucharada de mostaza amarilla

Mezcle el azúcar morena, el almidón de maíz y la sal en una cacerola de 1 cuarto ($^1/_4$ galón). Añada la piña, el jugo de limón y la mostaza; revuelva. Cocine a fuego medio, revolviendo constantemente, hasta que la mezcla se espese y hierva. Hierva y revuelva por 1 minuto.

1 Porción: 290 Calorías (65 Calorías de Grasa); Grasas 7g (Saturada 2g); Colesterol 70mg; Sodio 1,660mg; Carbohidratos 27g (Fibra Dietética 0g); Proteína 28g **% de Valores Diarios:** Vitamina A 0%; Vitamina C 0%; Calcio 2%; Hierro 10% **Intercambios:** 1 Otros Carbohidratos, 4 Carnes Magras
Opciones de Carbohidratos: 1

JAMÓN AL HORNO CON GLASEADO DE AZÚCAR MORENA Y NARANJAS Omita el Glaseado de Piña. Prepare el jamón siguiendo los pasos anteriores. En un recipiente pequeño, mezcle $^1/_2$ taza de azúcar morena comprimida, 2 cucharadas de jugo de naranja o piña y $^1/_2$ cucharadita de mostaza molida. Con una brochita, cubra el jamón con el glaseado durante los últimos 45 minutos de la cocción.

CÓMO TRINCHAR UN JAMÓN ENTERO

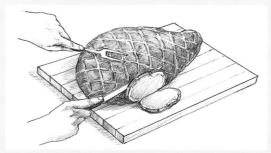

1. Coloque el jamón con la grasa hacia arriba y la porción de la carne hacia su derecha, sobre la tabla de cortar o platón para servir. (Coloque la porción de la carne hacia su izquierda si es zurdo). Corte unas rebanadas del lado delgado. Dé vuelta al jamón, con el corte hacia abajo de manera que descanse sobre el lado plano cortado.

2. Haga rebanadas verticales a lo largo del hueso de la pierna, luego corte horizontalmente a lo largo del hueso para que salgan las rebanadas.

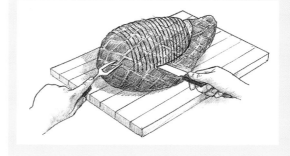

Ham and Scalloped Potatoes
Jamón y Papas en Escalope

PREP: 20 min **BAKE:** 1 hr 40 min **STAND:** 5 min ▪ **6 SERVINGS**

This is a terrific way to use leftover ham. For added flavor and color, toss about $^1/_2$ cup chopped green or red bell pepper in the casserole with the ham and potatoes.

3 tablespoons butter or margarine
1 small onion, finely chopped ($^1/_4$ cup)
3 tablespoons all-purpose flour
1 teaspoon salt
$^1/_4$ teaspoon pepper
2$^1/_2$ cups milk
6 medium peeled or unpeeled potatoes, thinly sliced (6 cups)
1$^1/_2$ cups cubed fully cooked ham
1 tablespoon butter or margarine

1. Heat oven to 350°F. Spray 2-quart casserole with cooking spray.

2. In 2-quart saucepan, melt 3 tablespoons butter over medium heat. Cook onion in butter about 2 minutes, stirring occasionally, until tender. Stir in flour, salt and pepper. Cook, stirring constantly, until smooth and bubbly; remove from heat. Stir in milk. Heat to boiling, stirring constantly. Boil and stir 1 minute.

3. Mix potatoes and ham in casserole; gently press down so surface is even. Pour sauce over potato mixture. Cut 1 tablespoon butter into small pieces; sprinkle over potatoes.

4. Cover and bake 30 minutes. Uncover and bake 1 hour to 1 hour 10 minutes longer or until potatoes are tender. Let stand 5 to 10 minutes before serving (sauce thickens as it stands).

1 Serving: Calories 305 (Calories from Fat 115); Fat 13g (Saturated 7g); Cholesterol 50mg; Sodium 1,000mg; Carbohydrate 33g (Dietary Fiber 2g); Protein 14g **% Daily Value:** Vitamin A 10%; Vitamin C 8%; Calcium 14%; Iron 6% **Exchanges:** 1$^1/_2$ Starch, $^1/_2$ Milk, 1 Medium-Fat Meat, 1$^1/_2$ Fat **Carbohydrate Choices:** 2

Jamón y Papas en Escalope
Ham and Scalloped Potatoes

PREPARACIÓN: 20 min **HORNEAR:** 1 hora 40 min **REPOSAR:** 5 min ▪ **RINDE 6 PORCIONES**

Ésta es una manera fantástica de utilizar el jamón sobrante. Para más sabor y color, añada a la cacerola aproximadamente ¹/₂ taza de pimiento verde o rojo picado y mezcle con el jamón y las papas.

3 cucharadas de mantequilla o margarina
1 cebolla pequeña, finamente picada (¹/₄ taza)
3 cucharadas de harina regular
1 cucharadita de sal
¹/₄ cucharadita de pimienta
2¹/₂ tazas de leche
6 papas medianas peladas o sin pelar, cortadas en rebanadas finas (6 tazas)
1¹/₂ tazas de jamón cocido en cubos.
1 cucharada de mantequilla o margarina

1. Caliente el horno a 350°F. Rocíe una cacerola de 2 cuartos (¹/₂ galón) con aceite para cocinar.

2. En una sartén de 2 cuartos de galón, derrita 3 cucharadas de mantequilla a fuego medio. Cocine la cebolla en mantequilla por unos 2 minutos, revolviendo ocasionalmente, hasta que esté tierna. Añada la harina, sal y pimienta; revuelva. Cocine, revolviendo constantemente, hasta que la mezcla esté suave y se formen burbujas; retire del fuego. Añada la leche y revuelva. Caliente hasta hervir, revolviendo constantemente. Hierva y revuelva por 1 minuto.

3. Mezcle las papas y el jamón en la cacerola; presione suavemente hacia abajo de manera que la superficie esté uniforme. Vierta la salsa sobre la mezcla de papas. Corte 1 cucharada de mantequilla en trocitos; espolvoree sobre las papas.

4. Tape y hornee por 30 minutos. Destape y hornee de 1 hora a 1 hora 10 minutos más, o hasta que las papas estén tiernas. Deje reposar de 5 a 10 minutos antes de servir (la salsa se espesa mientras reposa).

1 Porción: 305 Calorías (115 Calorías de Grasa); Grasas 13g (Saturadas 7g); Colesterol 50mg; Sodio 1,000mg; Carbohidratos 33g (Fibra Dietética 2g); Proteína 14g **% de Valores Diarios:** Vitamina A 10%; Vitamina C 8%; Calcio 14%; Hierro 6% **Intercambios:** 1¹/₂ Almidones, ¹/₂ Leche, 1 Carne con Contenido Moderado de Grasa, 1¹/₂ Grasas **Opciones de Carbohidratos:** 2

Herb and Garlic Roast Leg of Lamb

Pierna de Cordero Asada con Hierbas y Ajo

PREP: 15 min **BAKE:** 2 hr 15 hr **STAND:** 20 min ▪ **10 TO 12** SERVINGS

Kosher salt is free of additives and is coarser grained than regular table salt. However, if you don't have kosher salt, table salt can be used and tastes just as good.

1/4 cup finely chopped fresh parsley
1 tablespoon chopped fresh or 1 teaspoon dried rosemary leaves, crumbled
1 tablespoon chopped fresh or 1 teaspoon dried thyme leaves, crumbled
3 tablespoons olive or vegetable oil
2 teaspoons kosher salt
1/2 teaspoon pepper
2 cloves garlic, finely chopped
5- to 6-pound boneless leg of lamb

1. Heat oven to 325°F.

2. In small bowl, stir all ingredients except lamb until well mixed.

3. Place lamb in shallow roasting pan (keep netting or string on lamb). Spread herb mixture over entire surface of lamb. Insert meat thermometer so tip is in thickest part of lamb and does not rest in fat.

4. Bake uncovered 2 hours 5 minutes to 2 hours 15 minutes for medium-rare or until thermometer reads 140°F. (For medium doneness, bake until thermometer reads 155°F.)

5. Remove from oven; cover loosely with foil. Let stand 15 to 20 minutes or until thermometer reads 145°F (or 160°F for medium doneness). Remove netting or string before serving. Serve with pan juices if desired.

1 Serving: Calories 370 (Calories from Fat 180); Fat 20g (Saturated 6g); Cholesterol 160mg; Sodium 590mg; Carbohydrate 0g (Dietary Fiber 0g); Protein 48g **% Daily Value:** Vitamin A 2%; Vitamin C 2%; Calcium 2%; Iron 22% **Exchanges:** 7 Lean Meat **Carbohydrate Choices:** 0

Pierna de Cordero Asada con Hierbas y Ajo
Herb and Garlic Roast Leg of Lamb

PREPARACIÓN: 15 min **HORNEAR:** 2 horas 15 min **REPOSAR:** 20 min ▪ **RINDE 10 A 12 PORCIONES**

La sal kosher no tiene aditivos y tiene granos más gruesos que la sal de mesa regular. Sin embargo, si usted no tiene sal kosher, puede utilizar la sal de mesa y el sabor será igualmente bueno.

- $1/4$ taza de perejil fresco finamente picado
- 1 cucharada de hojas de romero fresco picadas o 1 cucharadita de hojas de romero seco, trituradas
- 1 cucharada de hojas de tomillo fresco picadas o 1 cucharadita de hojas de tomillo seco, trituradas
- 3 cucharadas de aceite de oliva o vegetal
- 2 cucharaditas de sal kosher
- $1/2$ cucharadita de pimienta
- 2 dientes de ajo, picados finamente
- 5 a 6 libras de pierna de cordero deshuesada

1. Caliente el horno a 325°F.

2. En un recipiente pequeño, mezcle todos los ingredientes, excepto el cordero, y revuelva hasta que queden bien mezclados.

3. Coloque el cordero en una bandeja para asar poco profunda (deje el cordero con su red o cordón). Esparza la mezcla de hierbas sobre toda la superficie del cordero. Inserte el termómetro para carne de manera que la punta esté en la parte más gruesa del cordero y no en la grasa.

4. Hornee sin tapar de 2 horas 5 minutos a 2 horas 15 minutos para una cocción ligera para término medio a crudo o hasta que la lectura del termómetro indique 140°F. (Para una cocción media, hornee hasta que la lectura del termómetro indique 155°F).

5. Retire del horno; cubra con papel de aluminio sin sujetar. Deje reposar de 15 a 20 minutos o hasta que la lectura del termómetro indique 145°F (o 160°F para una cocción a término medio). Retire la red o el cordón antes de servir. Si desea, sirva con los jugos de la bandeja.

1 Porción: 370 Calorías (180 Calorías de Grasa); Grasas 20 g (Saturada 6g); Colesterol 160mg; Sodio 590mg; Carbohidratos 0g (Fibra Dietética 0g); Proteína 48g **% de Valores Diarios:** Vitamina A 2%; Vitamina C 2%; Calcio 2%; Hierro 22% **Intercambios:** 7 Carnes Magras **Opciones de Carbohidratos:** 0

Herb Roast Chicken and Vegetables
Pollo Rostizado con Hierbas y Vegetales

PREP: 20 min **BAKE:** 1 hr 30 min **STAND:** 15 min ▪ **6 SERVINGS**

If you don't have a roasting pan, you can use a broiler pan or a 13 × 9-inch baking pan. For easy cleanup, line the inside of the pan with foil before adding the chicken. See photo on page 54.

¹/₄ cup olive or vegetable oil
2 tablespoons chopped fresh or 1 teaspoon dried thyme leaves
2 tablespoons chopped fresh or 1 teaspoon dried marjoram leaves
¹/₂ teaspoon salt
¹/₄ teaspoon coarsely ground pepper
1 lemon
4- to 5-pound whole roasting chicken
6 small red potatoes, cut in half
1 cup baby-cut carrots
¹/₂ pound green beans

1. Heat oven to 375°F.

2. In small bowl, mix oil, thyme, marjoram, salt and pepper. Grate 1 teaspoon peel from lemon; stir peel into oil mixture. Cut lemon into fourths; place in cavity of chicken.

3. Fold wings of chicken across back so tips are touching. Tie or skewer legs to tail. On rack in shallow roasting pan, place chicken, breast side up. Brush some of the oil mixture on chicken. Insert ovenproof meat thermometer in chicken so tip is in thickest part of inside thigh muscle and does not touch bone.

4. Bake uncovered 45 minutes. Arrange potatoes, carrots and green beans around chicken; brush oil mixture on chicken and vegetables. Bake uncovered 30 to 45 minutes longer or until thermometer reads 180°F and legs move easily when lifted or twisted. Remove from oven. Let stand about 15 minutes for easiest carving. Remove lemon and discard.

5. Place chicken on platter; arrange vegetables around chicken. Serve with pan drippings.

1 Serving: Calories 475 (Calories from fat 225); Fat 25g (Saturated 6g); Cholesterol 110mg; Sodium 320mg; Carbohydrate 27g; (Dietary Fiber 4g); Protein 39g **% Daily Value:** Vitamin A 72%; Vitamin C 12%; Calcium 6%; Iron 20% **Exchanges:** 1 Starch, 2 Vegetable, 4¹/₂ Lean Meat **Carbohydrate Choices:** 2

Pollo Rostizado con Hierbas y Vegetales
Herb Roast Chicken and Vegetables

PREPARACIÓN: 20 min **HORNEAR:** 1 hora 30 min **REPOSAR:** 15 min ■ **RINDE 6 PORCIONES**

Si no tiene un molde para rostizar, puede utilizar una bandeja para asar o un molde de 13 × 9 pulgadas para hornear. Para limpiarlo fácilmente, recubra el interior del molde o la bandeja con papel de aluminio antes de colocar el pollo. Vea la foto en la página 54.

> 1/4 taza de aceite de oliva o vegetal
> 2 cucharadas de hojas de tomillo fresco picado o 1 cucharadita de tomillo seco
> 2 cucharadas de hojas de mejorana fresca picada o 1 cucharadita de mejorana deshidratada
> 1/2 cucharadita de sal
> 1/4 cucharadita de pimienta molida
> 1 limón amarillo o dulce
> 1 pollo entero de 4 a 5 libras para asar
> 6 papas rojas pequeñas, cortadas por la mitad
> 1 taza de zanahorias pequeñas
> 1/2 libra de habichuelas tiernas (ejotes)*

1. Caliente el horno a 375°F.

2. En un recipiente pequeño, mezcle el aceite, tomillo, mejorana, sal y pimienta. Ralle 1 cucharadita de cáscara de limón; añada la cáscara rallada a la mezcla de aceite; revuelva. Corte el limón en cuartos; colóquelos en la cavidad del pollo.

3. Doble las alas del pollo cruzándolas hacia atrás, de manera que las puntas se toquen. Amarre o coloque un palillo para brocheta entre las piernas y el rabo. En la rejilla de una bandeja para asar poco profunda, coloque el pollo, con la pechuga hacia arriba. Con la ayuda de una brochita, esparza la mezcla de aceite sobre el pollo. Inserte en el pollo un termómetro para hornear carne, de manera que la punta esté en la parte interna más gruesa del músculo del muslo sin que toque el hueso.

4. Hornee sin cubrir por 45 minutos. Coloque las papas, zanahorias y habichuelas tiernas (ejotes) alrededor del pollo; esparza la mezcla de aceite con una brochita sobre el pollo y los vegetales. Hornee sin tapar de 30 a 45 minutos más o hasta que la lectura del termómetro indique 180°F y las piernas se mueven fácilmente cuando se las levanta o tuerce. Retire del horno. Deje reposar por unos 15 minutos para que sea más fácil de cortar. Retire el limón y deséchelo.

5. Coloque el pollo en un platón; acomode las verduras alrededor del pollo. Sirva con el jugo de la cazuela.

* Habichuelas: también conocidas como ejotes, porotos verdes, judías verdes o vainitas verdes.

1 Porción: 475 Calorías (225 Calorías de Grasa); Grasas 25g (Saturada 6g); Colesterol 110mg; Sodio 320mg; Carbohidratos 27g (Fibra Dietética 4g); Proteína 39g **% de Valores Diarios:** Vitamina A 72%; Vitamina C 12%; Calcio 6%; Hierro 20% **Intercambios:** 1 Almidón, 2 Vegetales, 4 1/2 Carnes Magras **Opciones de Carbohidratos:** 2

Skillet-Fried Chicken
Pollo Frito a la Sartén

PREP: 10 min **COOK:** 35 min ▪ **6 SERVINGS**

You probably won't have any leftovers, but if you do, tote extra pieces of fried-chicken to work or pack for an impromptu picnic.

$^1/_2$ cup all-purpose flour
1 tablespoon paprika
1$^1/_2$ teaspoons salt
$^1/_2$ teaspoon pepper
3- to 3$^1/_2$-pound cut-up broiler-fryer chicken
Vegetable oil

1. In shallow dish, mix flour, paprika, salt and pepper. Coat chicken with flour mixture.

2. In 12-inch nonstick skillet, heat oil ($^1/_4$ inch) over medium-high heat. Cook chicken in oil, skin sides down, about 10 minutes or until light brown on all sides; reduce heat to low. Turn chicken skin sides up.

3. Simmer uncovered about 20 minutes, without turning, until juice of chicken is no longer pink when centers of thickest pieces are cut (170°F for breasts; 180°F for thighs and legs).

1 Serving: Calories 350 (Calories from Fat 205); Fat 23g (Saturated 5g); Cholesterol 85mg; Sodium 670mg; Carbohydrate 9g (Dietary Fiber 1g); Protein 28g **% Daily Value:** Vitamin A 16%; Vitamin C 0%; Calcium 2%; Iron 10% **Exchanges:** $^1/_2$ Starch, 4 Medium-Fat Meat **Carbohydrate Choices:** $^1/_2$

BUTTERMILK FRIED CHICKEN Increase flour to 1 cup. Dip chicken into 1 cup buttermilk before coating with flour mixture.

Pollo Frito a la Sartén
Skillet-Fried Chicken

PREPARACIÓN: 10 min **COCCIÓN:** 35 min ▪ **RINDE 6 PORCIONES**

Probablemente no le sobrará comida, pero si le sobra, lleve unas piezas de pollo frito al trabajo o a un día de campo improvisado.

1/2 taza de harina regular
1 cucharada de paprika
1 1/2 cucharadita de sal
1/2 cucharadita de pimienta
3 a 3 1/2 libras de pollo para freír o asar cortado en piezas
Aceite vegetal

1. En un plato poco profundo, mezcle la harina, paprika, sal y pimienta. Cubra el pollo con la mezcla de harina.

2. En una sartén de 12 pulgadas antiadherente, caliente el aceite ($1/4$ pulgada) a fuego medio-alto. Cocine el pollo en aceite, con la piel hacia abajo por unos 10 minutos o hasta que esté ligeramente dorado por todos lados; reduzca el fuego a bajo. Dé vuelta el pollo con el pellejo hacia arriba.

3. Deje cocinar a fuego bajo por unos 20 minutos, sin darle vuelta, hasta que el jugo del pollo ya no esté rosado cuando se corta el centro de las piezas más gruesas (170°F temperatura para pechugas; 180°F para muslos y piecnas).

1 Porción: 350 Calorías (205 Calorías de Grasa); Grasas 23g (Saturada 5g); Colesterol 85mg; Sodio 670mg; Carbohidratos 9g (Fibra Dietética 1g); Proteína 28g **% de Valores Diarios:** Vitamina A 16%; Vitamina C 0%; Calcio 2%; Hierro 10% **Intercambios:** 1/2 Almidón, 4 Carnes con Contenido Moderado de Grasa **Opciones de Carbohidratos:** 1/2

POLLO FRITO EN LECHE ("BUTTERMILK") Aumente la harina a 1 taza. Sumerja el pollo en 1 taza de suero de leche antes de cubrirlo con la mezcla de harina.

Oven-Fried Chicken
Pollo Frito al Horno

PREP: 10 min **BAKE:** 1 hr ■ **6 SERVINGS**

Prefer crunchy-coated chicken? Then substitute 1 cup cornflake crumbs for the 1/2 cup flour. Dip chicken into 1/4 cup butter or margarine, melted, before coating with crumb mixture.

> 1/4 cup butter or margarine
> 1/2 cup all-purpose flour
> 1 teaspoon paprika
> 1/2 teaspoon salt
> 1/4 teaspoon pepper
> 3- to 3 1/2-pound cut-up broiler-fryer chicken

1. Heat oven to 425°F. Melt butter in 13 × 9-inch pan in oven.

2. In shallow dish, mix flour, paprika, salt and pepper. Coat chicken with flour mixture. Place chicken, skin side down, in pan.

3. Bake uncovered 30 minutes. Turn chicken; bake about 30 minutes longer or until juice is no longer pink when centers of thickest pieces are cut (170°F for breasts; 180°F for thighs and legs).

1 Serving: Calories 335 (Calories from Fat 190); Fat 21g (Saturated 8g); Cholesterol 105mg; Sodium 320mg; Carbohydrate 8g (Dietary Fiber 0g); Protein 28g **% Daily Value:** Vitamin A 10%; Vitamin C 0%; Calcium 2%; Iron 10% **Exchanges:** 1/2 Starch, 4 Medium-Fat Meat **Carbohydrate Choices:** 1/2

OVEN-FRIED CHICKEN STRIPS Substitute 1 1/2 pounds boneless skinless chicken breast halves, cut crosswise into 1 1/2-inch strips, for the broiler-fryer chicken. Decrease butter to 2 tablespoons. After coating chicken with flour mixture in step 2, toss with melted butter in pan. Bake uncovered 15 minutes. Turn strips; bake 10 to 15 minutes longer or until no longer pink in center.

Pollo Frito al Horno
Oven-Fried Chicken

PREPARACIÓN: 10 min **HORNEAR:** 1 hora ■ **RINDE 6 PORCIONES**

¿Prefiere el pollo crujiente? Reemplace 1/2 taza de harina por 1 taza de hojuelas de maíz ("cornflakes") trituradas. Sumerja el pollo en 1/4 de taza de mantequilla o margarina, derretida, antes de cubrirlo con la mezcla de hojuelas de maíz trituradas.

> 1/4 taza de mantequilla o margarina
> 1/2 taza de harina regular
> 1 cucharadita de paprika
> 1/2 cucharadita de sal
> 1/4 cucharadita de pimienta
> 3 a 3 1/2 libras de pollo para freír o asar cortado en piezas

1. Caliente el horno a 425°F. Derrita la mantequilla en un molde de 13 × 9 pulgadas para hornear.

2. En un plato poco profundo, mezcle la harina, paprika, sal y pimienta. Cubra el pollo con la mezcla de harina. Coloque el pollo, con la piel hacia abajo, en el molde.

3. Hornee sin cubrir por 30 minutos. Dé vuelta el pollo; hornee por unos 30 minutos más o hasta que el jugo del pollo ya no esté rosado cuando se corta el centro de las piezas más gruesas (170°F temperatura para pechugas; 180°F para muslos y piecnas).

1 Porción: 335 Calorías (190 Calorías de Grasa); Grasas 21g (Saturada 8g); Colesterol 105mg; Sodio 320mg; Carbohidratos 8g (Fibra Dietética 0g); Proteína 28g **% de Valores Diarios:** Vitamina A 10%; Vitamina C 0%; Calcio 2%; Hierro 10% **Intercambios:** 1/2 Almidón, 4 Carnes con Contenido Moderado de Grasa **Opciones de Carbohidratos:** 1/2

TIRAS DE POLLO FRITO AL HORNO Reemplace el pollo para asar o freír por 1 1/2 libras de mitades de pechuga de pollo sin pellejo y deshuesadas. Córtelas transversalmente en lonjas de 1 1/2 pulgadas. Disminuya la mantequilla a 2 cucharadas. Luego de cubrir el pollo con la mezcla de harina del paso 2, revuélvalo con la mantequilla derretida en el molde. Hornee sin tapar por 15 minutos. Dé vuelta a las lonjas, hornee de 10 a 15 minutos más o hasta que el pollo ya no esté rosado en el centro.

Oven-Fried Chicken **Pollo Frito al Horno** ▶

Honey-Mustard Chicken
Pollo con Miel y Mostaza

PREP: 5 min **BAKE:** 1 hr ■
6 SERVINGS

The easy 5-minute prep makes this recipe great for older kids who can handle a super simple meal.

    3- to 3¹/₂-pound cut-up broiler-fryer chicken
    ¹/₃ cup country-style Dijon mustard
    3 tablespoons honey
    1 tablespoon mustard seed
    ¹/₂ teaspoon freshly ground pepper

1. Heat oven to 375°F.

2. In ungreased 13 × 9-inch pan, place chicken, skin side down. In small bowl, mix remaining ingredients. Brush some of the mustard mixture on chicken.

3. Cover and bake 30 minutes. Turn chicken; brush with mustard mixture. Bake uncovered about 30 minutes longer or until juice of chicken is no longer pink when centers of thickest pieces are cut (170°F for breasts; 180°F for thighs and legs). (If chicken begins to brown too quickly, cover with foil.)

1 Serving: Calories285 (Calories from Fat 135); Fat 15g (Saturated 4g); Cholesterol 85mg; Sodium 410mg; Carbohydrate 10g (Dietary Fiber 0g); Protein 28g **% Daily Value:** Vitamin A 2%; Vitamin C 0%; Calcium 2%; Iron 8% **Exchanges:** ¹/₂ Other Carbohydrates, 4 Lean Meat, 1 Fat **Carbohydrate Choices:** ¹/₂

Pollo con Miel y Mostaza
Honey-Mustard Chicken

PREPARACIÓN: 5 min **HORNEAR:** 1 hora ■
RINDE 6 PORCIONES

La fácil preparación en 5 minutos hace que esta receta sea ideal para los niños grandes que pueden preparar una comida muy sencilla.

    3 a 3¹/₂ libras de pollo en piezas para
        asar o freír
    ¹/₃ taza de mostaza Dijon estilo campestre
    3 cucharadas de miel
    1 cucharada de semillas de mostaza
    ¹/₂ cucharadita de pimienta recién molida

1. Caliente el horno a 375°F.

2. Coloque el pollo en el molde de 13 × 9 pulgadas sin engrasar, con los lados del pellejo hacia abajo. En un recipiente pequeño, mezcle los demás ingredientes. Esparza parte de la mezcla de mostaza sobre el pollo con la ayuda de una brochita.

3. Tape y hornee por 30 minutos. Dé vuelta al pollo; esparza la mezcla de mostaza con la brochita. Hornee sin tapar por unos 30 minutos más o hasta que el jugo del pollo ya no esté rosado cuando se corta el centro de las piezas más gruesas (170°F temperatura para pechugas; 180°F para muslos y piecnas). (Si el pollo comienza a dorarse demasiado rápido, cubra con papel de aluminio).

1 Porción: 285 Calorías (135 Calorías de Grasa); Grasas 15g (Saturada 4g); Colesterol 85mg; Sodio 410mg; Carbohidratos 10g (Fibra Dietética 0g); Proteína 28g **% de Valores Diarios:** Vitamina A 2%; Vitamina C 0%; Calcio 2%; Hierro 8% **Intercambios:** ¹/₂ Otros Carbohidratos, 4 Carnes Magras, 1 Grasa **Opciones de Carbohidratos:** ¹/₂

Zesty Roasted Chicken and Potatoes

Sabroso Asado de Pollo y Papas

PREP: 10 min **BAKE:** 35 min ◼
6 SERVINGS

Small red potatoes are about $1^1/2$ inches in diameter. Their texture is velvety, their skins very tender and they hold their shape better than baking potatoes, which are starchy and more mealy. These potatoes are usually not peeled.

6 boneless skinless chicken breast halves (about $1^3/4$ pounds)
1 pound small red potatoes, cut into fourths
$1/3$ cup mayonnaise or salad dressing
3 tablespoons Dijon mustard
$1/2$ teaspoon pepper
2 cloves garlic, finely chopped
Chopped fresh chives, if desired

1. Heat oven to 350°F. Spray 15 × 10 × 1-inch pan with cooking spray.

2. Place chicken and potatoes in pan. In small bowl, mix remaining ingredients except chives; brush over chicken and potatoes.

3. Bake uncovered 30 to 35 minutes or until potatoes are tender and juice of chicken is no longer pink when centers of thickest pieces are cut (170°F). Sprinkle with chives.

1 Serving: Calories 300 (Calories from Fat 125); Fat 14g (Saturated 3g); Cholesterol 80mg; Sodium 330mg; Carbohydrate 14g (Dietary Fiber 1g); Protein 29g **% Daily Value:** Vitamin A 0%; Vitamin C 4%; Calcium 2%; Iron 10% **Exchanges:** 1 Starch, 4 Lean Meat **Carbohydrate Choices:** 1

Sabroso Asado de Pollo y Papas

Zesty Roasted Chicken and Potatoes

PREPARACIÓN: 10 min **HORNEAR:** 35 min ◼
RINDE 6 PORCIONES

Las papas rojas pequeñas tienen aproximadamente $1^1/2$ pulgadas de diámetro. La textura es aterciopelada, la cáscara es tierna y conservan mejor la forma que las papas para hornear, que tienen más almidón y son más pesadas. Por lo general, estas papas no se pelan.

6 mitades de pechuga de pollo sin pellejo y sin hueso (aproximadamente $1^3/4$ libras)
1 libra de papas rojas pequeñas, cortadas en cuartos
$1/3$ taza de mayonesa o aderezo para ensaladas
3 cucharadas de mostaza Dijon
$1/2$ cucharadita de pimienta
2 dientes de ajo, finamente picados
Cebollinos frescos picados, si desea

1. Caliente el horno a 350°F. Rocíe un molde de 15 × 10 × 1 pulgadas con aceite para cocinar.

2. Coloque el pollo y las papas en el molde. En un recipiente pequeño, mezcle los demás ingredientes, excepto los cebollinos; esparza la mezcla sobre el pollo y las papas con la ayuda de una brochita.

3. Hornee sin tapar de 30 a 35 minutos o hasta que las papas se ablanden y el jugo del pollo ya no esté rosado cuando se corta el centro de las piezas más gruesas (170°F). Espolvoree con los cebollinos.

1 Porción: 300 Calorías (125 Calorías de Grasa); Grasas 14g (Saturada 3g); Colesterol 80mg; Sodio 330mg; Carbohidratos 14g (Fibra Dietética 1 g); Proteína 29g **% de Valores Diarios:** Vitamina A 0%; Vitamina C 4%; Calcio 2%; Hierro 10% **Intercambios:** 1 Almidón, 4 Carnes Magras **Opciones de Carbohidratos:** 1

Chicken and Dumplings
Pollo con Bolitas de Masa

PREP: 20 min **COOK:** 2 hr 45 min ▪ **4 TO 6 SERVINGS**

To test the chicken for doneness, use a knife to cut into the center of the thickest part of the chicken to see if the juice is no longer pink. Only test once or twice so the juices of the chicken stay in the chicken.

3- to 3^1/2-pound cut-up broiler-fryer chicken
2 medium stalks celery (with leaves), cut up (about 1 cup)
1 medium carrot, sliced (^{1}/2 cup)
1 small onion, sliced
2 tablespoons chopped fresh parsley or 2 teaspoons parsley flakes
1 teaspoon salt
^{1}/8 teaspoon pepper
5 cups water
2^1/2 cups Original Bisquick mix
^{2}/3 cup milk

1. Remove excess fat from chicken. In 4-quart Dutch oven, place chicken, giblets, neck, celery, carrot, onion, parsley, salt, pepper and water. Cover and heat to boiling; reduce heat. Simmer about 2 hours or until juice of chicken is no longer pink when centers of thickest pieces are cut.

2. Remove chicken and vegetables from Dutch oven. Discard giblets and neck. Skim ^{1}/2 cup fat from broth; reserve. Transfer broth to large bowl; reserve 4 cups (reserve remaining broth for another use).

3. In Dutch oven, heat reserved ^{1}/2 cup fat over low heat. Stir in ^{1}/2 cup of the Bisquick mix. Cook, stirring constantly, until mixture is smooth and bubbly; remove from heat. Stir in reserved 4 cups broth. Heat to boiling, stirring constantly. Boil and stir 1 minute. Add chicken and vegetables; reduce heat to low. Heat about 20 minutes or until hot.

4. In medium bowl, stir remaining 2 cups Bisquick and the milk with fork or wire whisk until soft dough forms. Drop dough by spoonfuls onto hot chicken mixture (do not drop directly into liquid). Cook uncovered over low heat 10 minutes. Cover and cook 10 minutes longer.

1 Serving: Calories 810 (Calories from Fat 485); Fat 54g (Saturated 16g); Cholesterol 115mg; Sodium 1,780mg; Carbohydrate 48g (Dietary Fiber 1g); Protein 34g **% Daily Value:** Vitamin A 8%; Vitamin C 2%; Calcium 20%; Iron 22% **Exchanges:** 3 Starch, 3^1/2 Medium-Fat Meat, 6 Fat **Carbohydrate Choices:** 3

Pollo con Bolitas de Masa
Chicken and Dumplings

PREPARACIÓN: 20 min **COCCIÓN:** 2 horas 45 min ▪ **RINDE 4 A 6 PORCIONES**

Para verificar la cocción del pollo, corte el centro de la pieza de pollo más gruesa con un cuchillo y compruebe que el jugo ya no esté rosado. Haga la prueba sólo una o dos veces para que los jugos queden en el pollo.

3 a 3^1/$_2$ libras de pollo para asar o freír cortado en piezas
2 tallos medianos de apio (con las hojas), cortados (aproximadamente 1 taza)
1 zanahoria mediana, cortada en rebanadas (^{1}/$_2$ taza)
1 cebolla pequeña, cortada en rebanadas
2 cucharadas de hojas de perejil fresco picado o 2 cucharaditas de perejil seco
1 cucharadita de sal
^{1}/$_8$ cucharadita de pimienta
5 tazas de agua
2^1/$_2$ tazas de la mezcla de harina Original Bisquick
^{2}/$_3$ taza de leche

1. Quite y deseche el exceso de grasa del pollo. En una cacerola grande y profunda ("dutch oven") de 4 cuartos (1 galón), coloque el pollo, las menudencias, el pescuezo, el apio, la zanahoria, la cebolla, el perejil, la sal, la pimienta y el agua. Tape y caliente hasta hervir; reduzca a fuego bajo. Deje cocinar a fuego bajo por unas 2 horas o hasta que el jugo del pollo ya no esté rosado cuando se corta el centro de las piezas más gruesas.

2. Retire el pollo y los vegetales de la cacerola. Deseche las menudencias y el pescuezo. Separe ^{1}/$_2$ taza de grasa del caldo; resérvela. Transfiera el caldo a un recipiente grande; aparte 4 tazas (reserve el caldo restante para otro uso).

3. En la cacerola, caliente ^{1}/$_2$ taza de la grasa reservada a fuego bajo. Añada ^{1}/$_2$ taza de la mezcla de harina Bisquick y revuelva. Cocine, revolviendo constantemente, hasta que la mezcla esté suave y se formen burbujas; retire del fuego. Añada las 4 tazas del caldo reservado; revuelva. Caliente hasta hervir, revolviendo constantemente. Hierva y revuelva por 1 minuto. Añada el pollo y los vegetales; reduzca a fuego bajo. Deje en el fuego por unos 20 minutos o hasta que esté caliente.

4. En un recipiente mediano, añada las 2 tazas de Bisquick restantes y la leche, y revuelva con un tenedor o batidor de mano hasta que se forme una masa suave. Con una cuchara, deje caer bolitas de masa en la mezcla caliente del pollo (no directamente sobre el líquido). Cocine sin tapar a fuego bajo por 10 minutos. Tape y cocine por 10 minutos más.

1 Porción: 810 Calorías (485 Calorías de Grasa); Grasas 54g (Saturada 16g); Colesterol 115mg; Sodio 1,780mg; Carbohidratos 48g (Fibra Dietética 1 g); Proteína 34g **% de Valores Diarios:** Vitamina A 8%; Vitamina C 2%; Calcio 20%; Hierro 22% **Intercambios:** 3 Almidones, 3^1/$_2$ Carnes con Contenido Moderado de Grasa, 6 Grasas **Opciones de Carbohidratos:** 3

Chicken-Rice Skillet
Arroz con Pollo a la Sartén

PREP: 5 min **COOK:** 10 min **STAND:** 5 min ▪ **4 SERVINGS**

You can use any one-pound bag of your favorite frozen vegetable combination in this delicious skillet meal.

1 tablespoon vegetable oil
1¼ pounds boneless skinless chicken breast halves, cut into 1-inch pieces
2 cups water
1 tablespoon butter or margarine
1 bag (1 pound) frozen broccoli, red peppers, onions and mushrooms, (or other combination) thawed and drained
2 cups uncooked instant rice
1 teaspoon salt
¼ teaspoon pepper
1 cup shredded Cheddar cheese (4 ounces)

1. In 12-inch skillet, heat oil over medium-high heat. Cook chicken in oil 3 to 4 minutes, stirring occasionally, until no longer pink in center.

2. Add water and butter; heat to boiling. Stir in vegetables, rice, salt and pepper. Sprinkle with cheese; remove from heat.

3. Cover and let stand about 5 minutes or until water is absorbed.

1 Serving: Calories 585 (Calories from Fat 190); Fat 21g (Saturated 10g); Cholesterol 125mg; Sodium 870mg; Carbohydrate 54g (Dietary Fiber 3g); Protein 45g **% Daily Value:** Vitamin A 50%; Vitamin C 54%; Calcium 20%; Iron 22% **Exchanges:** 3 Starch, 2 Vegetable, 4½ Lean Meat, 1 Fat **Carbohydrate Choices:** 3½

Arroz con Pollo a la Sartén
Chicken-Rice Skillet

PREPARACIÓN: 5 min **COCCIÓN:** 10 min **REPOSAR:** 5 min ■ **RINDE 4 PORCIONES**

En esta deliciosa comida usted puede utilizar cualquier bolsa de una libra de la combinación de vegetales congelados que usted prefiera.

- 1 cucharada de aceite vegetal
- 1¼ libras de mitades de pechugas de pollo sin pellejo y sin hueso, cortadas en trozos de 1 pulgada
- 2 tazas de agua
- 1 cucharada de mantequilla o margarina
- 1 bolsa (1 libra) de brócoli, pimientos rojos, cebollas y champiñones congelados, (ó otra combinación de verduras) descongelados y escurridos
- 2 tazas de arroz instantáneo crudo
- 1 cucharadita de sal
- ¼ cucharadita de pimienta
- 1 taza de queso "Cheddar" rallado (4 onzas)

1. En una sartén de 12 pulgadas, caliente el aceite a fuego medio-alto. Cocine el pollo en aceite de 3 a 4 minutos, dándole vuelta una vez, hasta que ya no esté rosado en el centro.

2. Añada agua y mantequilla; caliente hasta hervir. Añada las verduras, el arroz, la sal y pimienta; revuelva. Espolvoree con queso; retire del fuego.

3. Tape y deje reposar por unos 5 minutos o hasta que el agua se evapore.

1 Porción: 585 Calorías (190 Calorías de Grasa); Grasas 21g (Saturadas 10g); Colesterol 125mg; Sodio 870mg; Carbohidratos 54g (Fibra Dietética 3g); Proteína 45g **% de Valores Diarios:** Vitamina A 50%; Vitamina C 54%; Calcio 20%; Hierro 22% **Intercambios:** 3 Almidones, 2 Vegetales, 4½ Carnes Magras, 1 Grasa
Opciones de Carbohidratos: 3½

Chicken Pot Pie
Tarta/"Pie" de Pollo

PREP: 40 min **BAKE:** 35 min ▪ **6 SERVINGS**

If time is short, make this all-time favorite using one package of refrigerated ready-to-use pie crusts rather than making it from scratch.

1 box (10 ounces) frozen peas and carrots
$1/3$ cup butter or margarine
$1/3$ cup all-purpose flour
$1/3$ cup chopped onion
$1/2$ teaspoon salt
$1/4$ teaspoon pepper
$13/4$ cups chicken broth
$2/3$ cup milk
$21/2$ to 3 cups cut-up cooked chicken or turkey
Pastry for Two-Crust Pie (page 236)

1. Rinse frozen peas and carrots in cold water to separate; drain.

2. In 2-quart saucepan, melt butter over medium heat. Stir in flour, onion, salt and pepper. Cook, stirring constantly, until mixture is bubbly; remove from heat. Stir in broth and milk. Heat to boiling, stirring constantly. Boil and stir 1 minute. Stir in chicken and peas and carrots; remove from heat.

3. Heat oven to 425°F.

4. Make pastry. Roll two-thirds of the pastry into 13-inch square. Ease into ungreased 9-inch square pan. Pour chicken mixture into pastry-lined pan.

5. Roll remaining pastry into 11-inch square. Cut out designs with 1-inch cookie cutter. Place square over chicken mixture. Arrange cutouts on pastry. Turn edges of pastry under and flute.

6. Bake about 35 minutes or until golden brown.

1 Serving (about 1 cup): Calories 665 (Calories from Fat 385); Fat 43g (Saturated 15g); Cholesterol 80mg; Sodium 1,050mg; Carbohydrate 45g (Dietary Fiber 3g); Protein 25g **% Daily Value:** Vitamin A 100%; Vitamin C 4%; Calcium 6%; Iron 20% **Exchanges:** $21/2$ Starch, 1 Vegetable, 2 Medium-Fat Meat, $61/2$ Fat **Carbohydrate Choices:** 3

TUNA POT PIE Substitute 1 can (12 ounces) tuna, drained, for the chicken.

Tarta/"Pie" de Pollo
Chicken Pot Pie

PREPARACIÓN: 40 min **HORNEAR:** 35 min ■ **RINDE 6 PORCIONES**

Si no tiene mucho tiempo, prepare esta receta favorita utilizando una masa para tartas refrigerada lista para usar, en vez de prepararla en casa.

1 caja (10 onzas) de guisantes/chícharos y zanahorias congelados
$^1/_3$ taza de mantequilla o margarina
$^1/_3$ taza de harina regular
$^1/_3$ taza de cebolla picada
$^1/_2$ cucharadita de sal
$^1/_4$ cucharadita de pimienta
$1^3/_4$ tazas de caldo o consomé de pollo
$^2/_3$ taza de leche
$2^1/_2$ a 3 tazas de pollo o pavo cocido cortado en trocitos
Masa para tarta /"pie" de corteza doble (página 237)

1. Enjuague los guisantes y zanahorias congelados en agua fría para separarlos; escurra.

2. En una cacerola de 2 cuartos ($^1/_2$ galón), derrita la mantequilla a fuego medio. Añada la harina, la cebolla, sal y pimienta; revuelva. Cocine, revolviendo constantemente, hasta que la mezcla esté suave y se formen burbujas; retire del fuego. Añada el caldo y la leche; revuelva. Caliente hasta hervir, revolviendo constantemente. Hierva y revuelva por 1 minuto. Añada el pollo, los guisantes y las zanahorias, y revuelva; retire del fuego.

3. Caliente el horno a 425°F.

4. Prepare la masa. Con un rodillo, extienda dos tercios de la masa y forme un cuadrado de 13 pulgadas. Coloque la masa cuidadosamente en un molde cuadrado de 9 pulgadas sin engrasar. Vierta la mezcla de pollo en el molde cubierto de masa.

5. Con un rodillo, extienda la masa restante y forme un cuadrado de 11 pulgadas. Forme figuras con un cortador para galletas de 1 pulgada. Coloque el cuadrado sobre la mezcla del pollo. Coloque las figuras sobre la masa. Doble hacia abajo los bordes de la masa y forme pliegues.

6. Hornee por unos 35 minutos o más hasta que se dore bien.

1 Porción (aproximadamente 1 taza): 665 Calorías (385 Calorías de Grasa); Grasas 43g (Saturada 15g); Colesterol 80mg; Sodio 1,050mg; Carbohidratos 45g (Fibra Dietética 3g); Proteína 25g **% de Valores Diarios:** Vitamina A 100%; Vitamina C 4%; Calcio 6%; Hierro 20% **Intercambios:** $2^1/_2$ Almidones, 1 Vegetales, 2 Carnes con Contenido Moderado de Grasa, $6^1/_2$ Grasas **Opciones de Carbohidratos:** 3

TARTA/"PIE" DE ATÚN Reemplace el pollo con 1 lata (12 onzas) de atún escurrido.

Roast Turkey
Pavo Rostizado

PREP: 20 min **BAKE:** 3 hr 30 min **STAND:** 15 min ▪ **8 TO 10 SERVINGS**

Using frozen turkey is a great solution—just remember to allow extra time to thaw it. To thaw a 12- to 14-pound whole turkey, place turkey (in its original wrap) in a baking pan in the refrigerator for two to three days.

> 12- to 14-pound turkey, thawed if frozen
> Bread Stuffing (page 106), if desired
> 3 tablespoons butter or margarine, melted
> Giblet Gravy (page 104), if desired

1. Heat oven to 325°F. Remove bag of giblets and neck; reserve for Giblet Gravy. Rinse cavity; pat dry with paper towels.

2. Make Bread Stuffing. Stuff turkey just before roasting, not ahead of time. Fill neck cavity lightly with stuffing; fasten neck skin to back of turkey with skewer. Fold wings across back of turkey so tips are touching. Fill body cavity lightly with stuffing. (Do not pack stuffing because it will expand during roasting). Place any remaining stuffing in a 1- or 2-quart casserole that has been greased with shortening or sprayed with cooking spray; cover and refrigerate. Bake stuffing in casserole with turkey for the last 35 to 40 minutes of baking or until heated through.

3. Tuck legs under band of skin at tail, or tie together with heavy string, then tie to tail. On rack in shallow roasting pan, place turkey, breast side up. Brush butter over turkey. Insert ovenproof meat thermometer so tip is in thickest part of inside thigh muscle and does not touch bone. (Do not add water or cover turkey.)

4. For an unstuffed turkey, bake uncovered 3 hours to 3 hours 45 minutes. For a stuffed turkey, bake uncovered 3 hours 30 minutes to 4 hours. After baking about 2 hours, place a tent of foil loosely over turkey when it begins to turn golden and cut band of skin or remove tie holding legs to allow inside of thighs to cook through.

5. Turkey is done when thermometer reads 180°F and legs move easily when lifted or twisted. Thermometer placed in center of stuffing will read 165°F when done. If a meat thermometer is not used, begin testing for doneness after about 2 hours 30 minutes. When turkey is done, place on warm platter and cover with foil to keep warm. Let stand about 15 minutes for easiest carving.

6. Make gravy; serve with turkey. Cover and refrigerate any remaining turkey, stuffing and gravy separately.

Pavo Rostizado
Roast Turkey

PREPARACIÓN: 20 min **HORNEAR:** 3 horas 30 min **REPOSAR:** 15 min ▪ **RINDE 8 A 10 PORCIONES**

El pavo congelado es una solución fantástica—sólo recuerde que descongelarlo requiere más tiempo. Para descongelar un pavo entero de 12 a 14 libras, coloque el pavo (en la envoltura original) en una cacerola para hornear y manténgalo en el refrigerador de dos a tres días.

> 12 a 14 libras de pavo, descongelado si no lo compró fresco
> Relleno de Pan (página 107), si desea
> 3 cucharadas de mantequilla o margarina, derretida
> Salsa de las Menudencias (página 105), si desea

1. Caliente el horno a 325°F. Retire la bolsa de las menudencias y el pescuezo; guárdelos para preparar la Salsa de las Menudencias. Enjuague la cavidad del pavo, seque con toallas de papel.

2. Prepare el Relleno de Pan. Rellene el pavo justo antes de rostizarlo, no con mucha anticipación. Llene ligeramente la cavidad del pescuezo con el relleno; fije el pellejo del pescuezo hacia la parte posterior del pavo mediante un palillo para brocheta. Doble las alas del pavo cruzándolas hacia atrás, de manera que las puntas se toquen. Llene ligeramente la cavidad del cuerpo con el relleno. (No comprima el relleno porque se expandirá durante la cocción). Coloque el relleno restante en una cacerola de 1 ó 2 cuartos ($^1/_4$–$^1/_2$ galón) previamente engrasada con manteca vegetal o aceite para cocinar en aerosol; tape y refrigere. Hornee el relleno en la cacerola con el pavo durante los últimos 35 a 40 minutos de hornear o hasta que esté caliente totalmente.

3. Pliegue las patas debajo de la banda de piel en el rabo o amárrelas con un cordón fuerte, luego átelas al rabo. En la rejilla de una bandeja para asar/hornear poco profunda, coloque el pavo, con la pechuga hacia arriba. Esparza la mantequilla sobre el pavo con la ayuda de una brochita. Inserte el termómetro para hornear carne en el pavo, de manera que la punta esté en la parte más gruesa del músculo interno del muslo, sin tocar el hueso. (No añada agua ni cubra el pavo).

4. Para un pavo sin relleno, hornee sin cubrir de 3 horas a 3 horas 45 minutos. Para un pavo con relleno, hornee sin cubrir de 3 horas 30 minutos a 4 horas. Después de hornear por unas 2 horas, cubra aflojadamente el pavo con papel de aluminio cuando comience a dorarse y corte la banda de piel o quite el cordón que sujeta las patas para que el interior de los muslos se cocine bien.

5. El pavo está listo cuando la lectura del termómetro indique 180°F y las piernas se mueven fácilmente cuando se las levanta o tuerce. Cuando el pavo esté listo, la lectura del termómetro colocado en el centro del relleno indicará 165°F. Si no utiliza un termómetro para carnes, comience a controlar la cocción del pavo al cabo de 2 horas 30 minutos. Cuando el pavo esté listo, colóquelo en una platón tibio y cúbralo con papel de aluminio para mantenerlo caliente. Deje reposar por unos 15 minutos para que sea más fácil de cortar.

6. Prepare la salsa; sírvala con el pavo. Tape y refrigere el pavo restante, el relleno y la salsa por separado.

Giblet Gravy

Giblets and neck (from turkey)
Drippings from cooked turkey
2 tablespoons all-purpose flour
1 cup liquid (giblet broth, broth, water)
Salt and pepper to taste
Browning sauce, if desired

1. Place giblets (except liver which has a strong flavor) and neck in 2-quart saucepan. Add 4 cups water; season with salt and pepper. Simmer over low heat 1 to 2 hours or until tender. Drain giblets, reserving 1 cup broth. Remove meat from neck and finely chop with giblets; reserve.

2. After removing turkey from pan, pour drippings (turkey juices and fat) into bowl or glass measuring cup, leaving brown particles in pan. Skim 2 tablespoons of fat from the top of the drippings and return fat to the pan. Discard any remaining fat; reserve remaining drippings.

3. Stir flour into fat in cooking pan. Cook over low heat, stirring constantly and scraping up brown particles, until mixture is smooth and bubbly; remove from heat. Gradually stir in reserved drippings plus reserved giblet broth. Heat to boiling, stirring constantly. Boil and stir 1 minute. Stir in giblet mixture and salt and pepper. Stir in a few drops browning sauce if a darker color is desired. Heat until hot.

1 Serving: Calories 400 (Calories from Fat 230); Fat 25g (Saturated 6g); Cholesterol 150mg; Sodium 150mg; Carbohydrate 0g (Dietary Fiber 0g); Protein 45g **% Daily Value:** Vitamin A 8%; Vitamin C 0%; Calcium 2%; Iron 10% **Exchanges:** 6$\frac{1}{2}$ Lean Meat, 1 Fat **Carbohydrate Choices:** 0

Salsa de Menudencias

Menudencias y pescuezo (del pavo)
Jugos del pavo cocid
2 cucharadas de harina regular
1 taza de líquido (caldo de las menudencias, caldo, agua)
Sal y pimienta, si desea
Salsa para dorar carne, si desea

1. Coloque las menudencias (excepto el hígado que tiene un sabor muy fuerte) y el pescuezo en una cacerola de 2 cuartos ($1/2$ galón). Añada 4 tazas de agua; sazone con sal y pimienta. Cocine a fuego bajo de 1 a 2 horas o hasta que estén tiernas. Escurra las menudencias reservando 1 taza de caldo. Retire la carne del pescuezo y píquela finamente con las menudencias; reserve.

2. Después de retirar el pavo de la bandeja, vierta los jugos y la grasa del pavo en un recipiente o taza de vidrio para medir, dejando las partículas doradas en la cacerola. Quite y reserve 2 cucharadas de grasa que queda flotando encima de los jugos y vuelva a colocar la grasa en la cazuela. Deseche la grasa restante; reserve los jugos restantes.

3. Añada la harina a la grasa en la cacerola; revuelva. Cocine a fuego bajo, revolviendo constantemente y raspando las partículas doradas, hasta que la mezcla esté suave y se formen burbujas; retire del fuego. Añada gradualmente los jugos reservados más el caldo de las menudencias reservado; revuelva. Caliente hasta hervir, revolviendo constantemente. Hierva y revuelva por 1 minuto. Añada la mezcla de menudencias, sal y pimienta; revuelva. Añada unas gotas de la salsa para dorar carne si desea obtener un color más oscuro; revuelva. Mantenga en el fuego hasta que esté caliente.

1 Porción: 400 Calorías (230 Calorías de Grasa); Grasas 25g (Saturada 6g); Colesterol 150mg; Sodio 150mg; Carbohidratos 0g (Fibra Dietética 0g); Proteína 45g **% de Valores Diarios:** Vitamina A 8%; Vitamina C 0%; Calcio 2%; Hierro 10% **Intercambios:** $6^1/2$ Carnes Magras, 1 Grasa **Opciones de Carbohidratos:** 0

Bread Stuffing
Relleno de Pan

PREP: 15 min **COOK:** 5 min **BAKE:** 40 min ▪ **10 SERVINGS, 1/2 CUP EACH**

For a softer, moister stuffing, use soft-textured bread; for a firmer, drier stuffing, use firm-textured bread.

3/4 cup butter or margarine
2 large stalks celery (with leaves), chopped (1 1/2 cups)
1 large onion, chopped (1 cup)
10 cups soft bread cubes (about 15 slices bread)
1 1/2 teaspoons chopped fresh or 1/2 teaspoon dried thyme leaves
1 teaspoon salt
1/2 teaspoon ground sage
1/4 teaspoon pepper

1. In 4-quart Dutch oven, melt butter over medium-high heat. Cook celery and onion in butter, stirring occasionally, until tender; remove from heat.

2. In large bowl, toss celery mixture and remaining ingredients. After stuffing turkey, place any remaining stuffing in a 1- or 2-quart casserole that has been greased with shortening or sprayed with cooking spray; cover and refrigerate. Bake stuffing in casserole with turkey for the last 35 to 40 minutes of baking or until heated through.

1 Serving (about 1/2 cup): Calories 215 (Calories from Fat 135); Fat 15g (Saturated 9g); Cholesterol 40mg; Sodium 530mg; Carbohydrate 18g (Dietary Fiber 1g); Protein 3g **% Daily Value:** Vitamin A 10%; Vitamin C 2%; Calcium 4%; Iron 6% **Exchanges:** 1 Starch, 3 Fat **Carbohydrate Choices:** 1

CORN BREAD STUFFING Substitute corn bread cubes for the soft bread cubes.

GIBLET STUFFING Place giblets (except liver which has a strong flavor) and neck from turkey in 2-quart saucepan. Add enough water to cover; season with salt and pepper. Simmer over low heat 1 to 2 hours or until tender. Drain giblets. Remove meat from neck and finely chop with giblets; add with the remaining stuffing ingredients.

SAUSAGE STUFFING Omit salt. In 10-inch skillet, cook 1 pound bulk pork sausage over medium heat, stirring occasionally, until no longer pink; drain, reserving drippings. Substitute drippings for part of the butter. Add cooked sausage with the remaining stuffing ingredients.

Relleno de Pan
Bread Stuffing

PREPARACIÓN: 15 min **COCCIÓN:** 5 min **HORNEAR:** 40 min ▪ **RINDE 10 PORCIONES, ¹/₂ TAZA CADA UNA**

Para obtener un relleno más suave y húmedo, utilice pan de textura suave; si desea un relleno más firme y seco, utilice pan de textura dura.

³/₄ taza de mantequilla o margarina
2 tallos medianos de apio (con las hojas), picados (1¹/₂ tazas)
1 cebolla grande, picada (1 taza)
10 tazas de cubitos de pan suave (aproximadamente 15 rebanadas de pan)
1¹/₂ cucharadas de hojas de tomillo fresco picado o ¹/₂ cucharadita de tomillo seco
1 cucharadita de sal
¹/₂ cucharadita de salvia en polvo
¹/₄ cucharadita de pimienta

1. En una cacerola grande y profunda ("dutch oven") de 4 cuartos (1 galón), derrita la mantequilla a fuego medio-alto. Cocine el apio y la cebolla en mantequilla, revolviendo ocasionalmente, hasta que estén tiernos; retire del fuego.

2. En un recipiente grande, revuelva la mezcla de apio con los demás ingredientes. Después de rellenar el pavo, coloque el relleno sobrante en una cacerola de 1 ó 2 cuartos (¹/₄–¹/₂ galón) previamente engrasada con manteca vegetal o aceite para cocinar en aerosol; tape y refrigere. Hornee el relleno en la cacerola con el pavo durante los últimos 35 a 40 minutos de hornear o hasta que esté caliente totalmente.

1 Porción (aproximadamente ¹/₂ taza): 215 Calorías (135 Calorías de Grasa); Grasas 15g (Saturada 9g); Colesterol 40mg; Sodio 530mg; Carbohidratos 18g (Fibra Dietética 1g); Proteína 3g **% de Valores Diarios:** Vitamina A 10%; Vitamina C 2%; Calcio 4%; Hierro 6% **Intercambios:** 1 Almidón, 3 Grasas **Opciones de Carbohidratos:** 1

RELLENO DE PAN DE MAÍZ Reemplace los cubitos de pan suave por cubitos de pan de maíz.

RELLENO CON MENUDENCIAS Coloque las menudencias (excepto el hígado que tiene un sabor muy fuerte) y el pescuezo del pavo en una cacerola de 2 cuartos (¹/₂ galón). Añada suficiente agua hasta cubrir; sazone con sal y pimienta. Cocine a fuego bajo de 1 a 2 horas o hasta que estén tiernas. Escurra las menudencias. Retire la carne del pescuezo y píquela finamente junto con las menudencias; añada los demás ingredientes del relleno.

RELLENO CON SALCHICHAS Omita la sal. En una sartén de 10 pulgadas, cocine 1 libra de salchichas de cerdo a fuego medio, revolviendo ocasionalmente, hasta que ya no estén de color rosado; escurra, reservando los jugos. Reemplace los jugos con parte de la mantequilla. Añada las salchichas cocidas con los demás ingredientes del relleno.

Turkey Divan
Diván de Pavo

PREP: 35 min **BROIL:** 3 min ■ **6 SERVINGS**

If you want to use frozen broccoli, use 2 boxes (9 ounces each) frozen broccoli spears, cooked and drained, for the fresh broccoli. See photo on page 110.

1¹/₂ pounds broccoli
¹/₄ cup butter or margarine
¹/₄ cup all-purpose flour
¹/₈ teaspoon ground nutmeg
1¹/₂ cups chicken broth
1 cup grated Parmesan cheese
¹/₂ cup whipping (heavy) cream
2 tablespoons dry white wine or chicken broth
6 large slices cooked turkey or chicken breast, ¹/₄ inch thick (³/₄ pounds)

1. Cut broccoli lengthwise into ¹/₂-inch-wide spears. In 2-quart saucepan, heat 1 inch water (salted if desired) to boiling. Add broccoli. Heat to boiling. Boil uncovered 5 minutes; drain and keep warm.

2. In same saucepan, melt butter over medium heat. Stir in flour and nutmeg. Cook, stirring constantly, until smooth and bubbly; remove from heat. Stir in broth. Heat to boiling, stirring constantly. Boil and stir 1 minute; remove from heat. Stir in ¹/₂ cup of the cheese, the whipping cream and wine.

3. Place hot broccoli in ungreased 11 × 7-inch glass baking dish. Top with turkey. Pour cheese sauce over turkey. Sprinkle with remaining ¹/₂ cup cheese.

4. Set oven control to broil. Broil with top 3 to 5 inches from heat about 3 minutes or until cheese is bubbly and light brown.

1 Serving: Calories 290 (Calories from Fat 170); Fat 19g (Saturated 11g); Cholesterol 90mg; Sodium 670mg; Carbohydrate 9g (Dietary Fiber 2g); Protein 23g **% Daily Value:** Vitamin A 20%; Vitamin C 54%; Calcium 24%; Iron 10% **Exchanges:** 2 Vegetable, 3 Lean Meat, 2 Fat **Carbohydrate Choices:** ¹/₂

Diván de Pavo
Turkey Divan

PREPARACIÓN: 35 min **ASAR A LA PARRILLA:** 3 min ▪ **RINDE 6 PORCIONES**

Si usted desea utilizar brócoli congelado, utilice 2 cajas (9 onzas cada una) de trozos de brócoli congelado, cocido y escurrido, en vez del brócoli fresco. Vea la foto en la página 110.

1^1/$_2$ libras de brócoli
^{1}/$_4$ taza de mantequilla o margarina
^{1}/$_4$ taza de harina regular
^{1}/$_8$ cucharadita de nuez moscada en polvo
1^1/$_2$ tazas de caldo o consomé de pollo
1 taza de queso Parmesano rallado
^{1}/$_2$ taza de crema para batir (espesa)
2 cucharadas de vino blanco seco o caldo de pollo
6 rebanadas grandes de pechuga de pavo o pollo cocido, ^{1}/$_4$ pulgada
    de grosor (^{3}/$_4$ libra)

1. Corte el brócoli a lo largo en trozos de ^{1}/$_2$ pulgada de ancho. En una cacerola de 2 cuartos (^{1}/$_2$ galón), caliente 1 pulgada de agua (con sal si desea) hasta hervir. Añada el brócoli. Caliente hasta hervir. Hierva sin tapar por 5 minutos; escurra, aparte y mantenga caliente.

2. En la misma cacerola, derrita la mantequilla a fuego medio. Añada la harina y la nuez moscada; revuelva. Cocine, revolviendo constantemente, hasta que la mezcla esté suave y se formen burbujas; retire del fuego. Añada el caldo y revuelva. Caliente hasta hervir, revolviendo constantemente. Hierva y revuelva por 1 minuto; retire del fuego. Añada ^{1}/$_2$ taza de queso, la crema para batir y el vino; revuelva.

3. Coloque el brócoli caliente en un molde de vidrio de 11 × 7 pulgadas para horno. Corone con el pavo. Vierta la salsa de queso sobre el pavo. Espolvoree con la ^{1}/$_2$ taza de queso restante.

4. Coloque el horno en la función de asar (broil). Ase al horno con la parte superior a una distancia de 3 a 5 pulgadas del calor por unos 3 minutos o hasta que en el queso se formen burbujas y esté ligeramente dorado.

1 Porción: 290 Calorías (170 Calorías de Grasa); Grasas 19g (Saturada 11g); Colesterol 90mg; Sodio 670mg; Carbohidratos 9g (Fibra Dietética 2g); Proteína 23g **% de Valores Diarios:** Vitamina A 20%; Vitamina C 54%; Calcio 24%; Hierro 10% **Intercambios:** 2 Vegetales, 3 Carnes Magras, 2 Grasas **Opciones de Carbohidratos:** ^{1}/$_2$

Turkey Divan (page 108) ▣ **Diván de Pavo (página 109)** ▼

▼ **Pecan-Crusted Fish Fillets (page 112)** 　▣　 **Filetes de Pescado Cubiertos con Nueces (página 113)**

Pecan-Crusted Fish Fillets

Filetes de Pescado Cubiertos con Nueces

PREP: 15 min **COOK:** 10 min ▪ **4 SERVINGS**

The pecans are chopped to add texture to this delicate fish and don't release as much oil as ground pecans. Because the fish is delicate, you may need to use two pancake turners to turn the fish over to help prevent it from breaking into pieces. See photo on page 111.

1 cup finely chopped pecans (not ground)
1/4 cup dry bread crumbs
2 teaspoons grated lemon peel
1 large egg
1 tablespoon milk
1 pound sole, orange roughy, walleye pike or other delicate- to medium-texture
    fish fillets, about 1/2 inch thick
1/2 teaspoon salt
1/4 teaspoon pepper
2 tablespoons vegetable oil
Lemon wedges

1. In shallow dish, mix pecans, bread crumbs and lemon peel. In small bowl, beat egg and milk with fork or wire whisk until blended.

2. Cut fish into 4 serving pieces. Sprinkle both sides of fish with salt and pepper. Coat fish with egg mixture, then coat well with pecan mixture, pressing lightly into fish.

3. In 12-inch nonstick skillet, heat oil over medium heat. Add fish. Reduce heat to medium-low. Cook 6 to 10 minutes, carefully turning once with 2 pancake turners, until fish flakes easily with fork and is brown. Serve with lemon wedges.

1 Serving: Calories 350 (Calories from Fat 225); Fat 25g (Saturated 3g); Cholesterol 105mg; Sodium 450mg; Carbohydrate 9g (Dietary Fiber 3g); Protein 24g **% Daily Value:** Vitamin A 2%; Vitamin C 0%; Calcium 6%; Iron 8% **Exchanges:** 1/2 Starch, 3 Lean Meat, 3 Fat **Carbohydrate Choices:** 1/2

Filetes de Pescado Cubiertos con Nueces
Pecan-Crusted Fish Fillets

PREPARACIÓN: 15 min **COCCIÓN:** 10 min ■ **RINDE 4 PORCIONES**

Se pican las nueces para añadir textura a este delicado pescado y además, porque no sueltan tanto aceite como las nueces molidas. Debido a que el pescado es delicado, conviene utilizar dos espátulas de panqueques ("pancakes") para darle vuelta el pescado y evitar que se quiebre. Vea la foto en la página 111.

1 taza de nueces finamente picadas (no molidas)
$1/4$ taza de migajas de pan seco
2 cucharaditas de cáscara de limón rallada
1 huevo grande
1 cucharada de leche
1 libra de filetes de bacalao, orange roughy, perca ("walleye pike") o de otro
    pescado de textura media, aproximadamente $1/2$ pulgada de grosor
$1/2$ cucharadita de sal
$1/4$ cucharadita de pimienta
2 cucharadas de aceite vegetal
Limón amarillo o dulce en gajos

1. En un plato poco profundo, mezcle las nueces, las migas de pan y la cáscara del limón. En un recipiente pequeño, bata el huevo y la leche con un tenedor o batidor de mano hasta que estén bien mezclados.

2. Corte el pescado en 4 porciones para servir. Espolvoree ambos lados del pescado con sal y pimienta. Cubra el pescado con la mezcla de huevo, luego cubra bien con la mezcla de nueces, presionando levemente sobre el pescado.

3. En una sartén antiadherente de 12 pulgadas, caliente el aceite a fuego medio. Añada el pescado. Reduzca el fuego a medio-bajo. Cocine de 6 a 10 minutos, dándole vuelta cuidadosamente con las 2 espátulas para panqueques hasta que el pescado se pueda partir con un tenedor y esté dorado. Sirva con los gajos de limón.

1 Porción: 350 Calorías (225 Calorías de Grasa); Grasas 25g (Saturada 3g); Colesterol 105mg; Sodio 450mg; Carbohidratos 9g (Fibra Dietética 3g); Proteína 24g **% de Valores Diarios:** Vitamina A 2%; Vitamina C 0%; Calcio 6%; Hierro 8% **Intercambios:** $1/2$ Almidón, 3 Carnes Magras, 3 Grasas **Opciones de Carbohidratos:** $1/2$

Beer Batter-Fried Fish
Pescado Empanizado con Cerveza

PREP: 15 min **COOK:** 4 min per batch ▪ **4 SERVINGS**

Try this battered fish sandwiched between burger buns. Spread the cut side of buns with Tartar Sauce and add lettuce leaves and tomato slices for a delicious fish sandwich.

Tartar Sauce (below), if desired
Vegetable oil
1 pound cod, walleye pike, sole or other delicate- to medium-texture fish fillets, about 3/4 inch thick
3 to 4 tablespoons Original Bisquick mix
1 cup Original Bisquick mix
1/2 cup regular or nonalcoholic beer
1 large egg
1/2 teaspoon salt

1. Make Tartar Sauce. In 4-quart Dutch oven or deep fryer, heat oil (1 1/2 inches) to 350°F. Cut fish into 8 serving pieces. Lightly coat fish with 3 to 4 tablespoons Bisquick mix.

2. In medium bowl, mix remaining ingredients with hand beater until smooth. (If batter is too thick, stir in additional beer, 1 tablespoon at a time, until desired consistency.) Dip fish into batter, letting excess drip into bowl.

3. Fry batches of fish in oil about 4 minutes, turning once, until golden brown. Remove with slotted spoon; drain on paper towels. Serve hot with tartar sauce.

Tartar Sauce

1 cup mayonnaise or salad dressing
2 tablespoons finely chopped dill pickle or pickle relish
1 tablespoon chopped fresh parsley
2 teaspoons chopped pimiento
1 teaspoon grated onion

In small bowl, mix all ingredients. Cover and refrigerate about 1 hour or until chilled.

1 Serving: Calories 280 (Calories from Fat 100); Fat 11g (Saturated 2g); Cholesterol 100mg; Sodium 710mg; Carbohydrate 20g (Dietary Fiber 1g); Protein 25g **% Daily Value:** Vitamin A 2%; Vitamin C 0%; Calcium 6%; Iron 6% **Exchanges:** 1 Starch, 3 Lean Meat, 1/2 Fat **Carbohydrate Choices:** 1

Pescado Empanizado con Cerveza
Beer Batter-Fried Fish

PREPARACIÓN: 15 min **COCCIÓN:** 4 min por tanda ■ **RINDE 4 PORCIONES**

Pruebe este pescado empanizado como sándwich entre dos panecillos para hamburguesa. Esparza la salsa tártara sobre el lado cortado de los panecillos y añada hojas de lechuga y rebanadas de tomate para preparar un delicioso sándwich de pescado.

Salsa Tártara (vea abajo), si desea
Aceite vegetal
1 libra de filetes de bacalao, perca ("walleye pike"), lenguado u otro pescado de textura delicada a media, aproximadamente 3/4 pulgada de grosor
3 a 4 cucharadas de mezcla de harina Original Bisquick
1 taza de mezcla de harina Original Bisquick
1/2 taza de cerveza regular o sin alcohol
1 huevo grande
1/2 cucharadita de sal

1. Prepare la Salsa Tártara. En una cacerola grande y profunda ("dutch oven") de 4 cuartos (1 galón) o sartén profundo, caliente el aceite (1 1/2 pulgadas) a 350°F. Corte el pescado en 8 porciones para servir. Cubra ligeramente el pescado con 3 a 4 cucharadas de la mezcla Bisquick.

2. En un recipiente mediano, mezcle los demás ingredientes con el batidor de mano hasta que la mezcla quede suave. (Si la mezcla es demasiado espesa, añada más cerveza, 1 cucharada a la vez y revuelva hasta obtener la consistencia deseada). Sumerja el pescado en la mezcla, dejando que el excedente de la mezcla gotee en el recipiente.

3. Fría las porciones de pescado en aceite por unos 4 minutos, dándoles la vuelta una vez, hasta que queden doradas. Retire con una cuchara con ranuras; escurra sobre toallas de papel. Sirva caliente con la salsa tártara.

Salsa Tártara

1 taza de mayonesa o aderezo para ensaladas
2 cucharadas de pepinillos a la vinagreta de eneldo finamente picados o condimento de pepinillos dulces picados ("relish")
1 cucharada de perejil fresco picado
2 cucharaditas de pimiento picado
1 cucharadita de cebolla picada

En un recipiente pequeño, mezcle todos los ingredientes. Tape y refrigere por aproximadamente 1 hora o hasta que la salsa esté fría.

1 Porción: 280 Calorías (100 Calorías de Grasa); Grasas 11g (Saturada 2g); Colesterol 100mg; Sodio 710mg; Carbohidratos 20g (Fibra Dietética 1g); Proteína 25g **% de Valores Diarios:** Vitamina A 2%; Vitamina C 0%; Calcio 6%; Hierro 6% **Intercambios:** 1 Almidón, 3 Carnes Magras, 1/2 Grasa **Opciones de Carbohidratos:** 1

Snapper with Sautéed Tomato-Pepper Sauce

Pargo/Huachinango con Salsa de Tomate y Pimientos Salteados

PREP: 8 min **COOK:** 12 min ■ **4 SERVINGS**

For a slightly sweeter-tasting sauce, use a red, yellow or orange bell pepper.

1 pound red snapper, cod or other medium-firm fish fillets ($1/2$ inch thick)
1 large tomato, chopped (1 cup)
1 small green bell pepper, chopped ($1/2$ cup)
1 small onion, sliced
2 tablespoons finely chopped fresh cilantro or parsley
$1/4$ teaspoon salt
$1/4$ cup dry white wine or chicken broth

1. If fish fillets are large, cut into 4 serving pieces. Heat 10-inch nonstick skillet over medium heat.

2. Arrange fish, skin sides down, in single layer in skillet. Cook uncovered 4 to 6 minutes, turning once, until fish flakes easily with fork. Remove fish to warm platter; keep warm.

3. In same skillet, cook remaining ingredients except wine over medium heat 3 to 5 minutes, stirring frequently, until bell pepper and onion are crisp-tender. Stir in wine; cook about 1 minute or until hot. Spoon tomato mixture over fish.

1 Serving: Calories 125 (Calories from Fat 20); Fat 2g (Saturated 0g); Cholesterol 60mg; Sodium 250mg; Carbohydrate 5g (Dietary Fiber 1g); Protein 22g **% Daily Value:** Vitamin A 10%; Vitamin C 22%; Calcium 2%; Iron 4% **Exchanges:** 1 Vegetable, 3 Very Lean Meat **Carbohydrate Choices:** 0

Pargo/Huachinango con Salsa de Tomate y Pimientos Salteados

Snapper with Sautéed Tomato-Pepper Sauce

PREPARACIÓN: 8 min **COCCIÓN:** 12 min ■ **RINDE 4 PORCIONES**

Para obtener una salsa de un sabor ligeramente más dulce, utilice un pimiento rojo, amarillo o anaranjado.

> 1 libra de filetes de pargo/huachinango, bacalao u otro pescado de firmeza media ($^1/_2$ pulgada de grosor)
> 1 tomate grande, picado (1 taza)
> 1 pimiento verde pequeño, picado ($^1/_2$ taza)
> 1 cebolla pequeña, cortada en rebanadas
> 2 cucharadas de perejil o cilantro fresco finamente picado
> $^1/_4$ cucharadita de sal
> $^1/_4$ taza de vino blanco seco o caldo de pollo

1. Si los filetes de pescado son grandes, córtelos en 4 porciones para servir. Caliente una sartén antiadherente de 10 pulgadas a fuego medio.

2. Coloque una capa de filetes de pescado, con la piel hacia abajo en el sartén. Cocine sin tapar de 4 a 6 minutos, dándole la vuelta una vez, hasta que el pescado se pueda desmenuzar fácilmente con un tenedor. Retire el pescado y colóquelo en un platón tibio para servir; mantenga caliente.

3. En el mismo sartén, cocine los demás ingredientes, excepto el vino, a fuego medio de 3 a 5 minutos, revolviendo frecuentemente, hasta que el pimiento y la cebolla estén tiernos/crujientes. Añada el vino y revuelva; cocine aproximadamente por 1 minuto o hasta que esté caliente. Con una cuchara, vierta la mezcla del tomate sobre el pescado.

1 Porción: 125 Calorías (20 Calorías de Grasa); Grasas 2g (Saturada 0g); Colesterol 60mg; Sodio 250mg; Carbohidratos 5g (Fibra Dietética 1g); Proteína 22g **% de Valores Diarios:** Vitamina A 10%; Vitamina C 22%; Calcio 2%; Hierro 4% **Intercambios:** 1 Vegetal, 3 Carnes Magras **Opciones de Carbohidratos:** 0

Cold Poached Salmon with Herb Mayonnaise

Salmón Frío Escalfado con Mayonesa de Hierbas

PREP: **25 min** COOK: **19 min** CHILL: **2 hr** ■ **6 SERVINGS**

Because the salmon is chilled until served, you'll have time to make the delicious herb-infused mayonnaise.

2 cups water
1 cup dry white wine, nonalcoholic white wine or apple juice
1 teaspoon salt
1/4 teaspoon dried thyme leaves
1/4 teaspoon dried oregano leaves
1/8 teaspoon ground red pepper (cayenne)
1 small onion, sliced
4 black peppercorns
4 sprigs cilantro
2 pounds salmon or other medium-firm fish fillets
Herb Mayonnaise (below)
Lemon wedges, if desired

1. Heat all ingredients except fish, Herb Mayonnaise and lemon wedges to boiling in 12-inch skillet; reduce heat to low. Cover and simmer 5 minutes.

2. Cut fish into 6 serving pieces. Place fish in skillet; add water to cover if necessary. Heat to boiling; reduce heat to low. Simmer uncovered about 14 minutes or until fish flakes easily with fork.

3. Carefully remove fish with slotted spatula; drain on wire rack. Cover and refrigerate about 2 hours or until chilled.

4. Make Herb Mayonnaise. Serve fish with Herb Mayonnaise and lemon wedges.

Herb Mayonnaise

3/4 cup mayonnaise or salad dressing
1 1/2 tablespoons chopped fresh or 1 1/2 teaspoons dried dill weed or tarragon leaves
1 tablespoon chopped fresh chives
1 tablespoon chopped fresh parsley
1 tablespoon lemon juice
1 1/2 teaspoons Dijon mustard
Dash of ground red pepper (cayenne)

Mix all ingredients. Cover and refrigerate until serving.

1 Serving: Calories 415 (Calories from Fat 280); Fat 31g (Saturated 6g); Cholesterol 115mg; Sodium 380mg; Carbohydrate 1g (Dietary Fiber 0g); Protein 33g **% Daily Value:** Vitamin A 6%; Vitamin C 2%; Calcium 2%; Iron 6% **Exchanges:** 4 Medium-Fat Meat, 2 1/2 Fat **Carbohydrate Choices:** 0

Salmón Frío Escalfado con Mayonesa de Hierbas
Cold Poached Salmon with Herb Mayonnaise

PREPARACIÓN: 25 min **COCCIÓN:** 19 min **REFRIGERACIÓN:** 2 horas ■ **RINDE 6 PORCIONES**

Debido a que el salmón se refrigera hasta el momento de servir, tendrá tiempo de preparar la deliciosa mayonesa con hierbas.

2 tazas de agua
1 taza de vino blanco seco, vino blanco sin alcohol o jugo de manzana
1 cucharadita de sal
1/4 cucharadita de hojas de tomillo seco
1/4 cucharadita de hojas de orégano seco
1/8 cucharadita de pimentón rojo en polvo (pimienta de Cayena)
1 cebolla pequeña, cortada en rebanadas
4 granos de pimienta negra
4 ramos de cilantro
2 libras de filetes de salmón u otro pescado de firmeza media a dura
Mayonesa de Hierbas (vea abajo)
Limón amarillo o dulce en gajos, si desea

1. En una sartén de 12 pulgadas, caliente todos los ingredientes, excepto el pescado, la Mayonesa de Hierbas y los gajos de limón, hasta hervir; reduzca a fuego bajo. Tape y cocine a fuego bajo por 5 minutos.

2. Corte el pescado en 6 porciones para servir. Coloque el pescado en una sartén; añada agua hasta cubrir, si fuera necesario. Caliente hasta hervir; luego reduzca el fuego. Cocine a fuego bajo sin tapar por unos 14 minutos o hasta que el pescado se pueda partir fácilmente con un tenedor.

3. Retire cuidadosamente el pescado con una espátula con ranuras; escurra sobre una parrilla metálica. Tape y refrigere por unas 2 horas o hasta que esté bien frío.

4. Prepare la Mayonesa de Hierbas. Sirva el pescado con la Mayonesa de Hierbas y los gajos de limón.

Mayonesa de Hierbas

3/4 taza de mayonesa o aderezo para ensaladas
1 1/2 cucharadas de eneldo o estragón fresco o 1 1/2 cucharaditas de eneldo
   o estragón seco
1 cucharada de cebollinos frescos picados
1 cucharada de perejil fresco picado
1 cucharada de jugo de limón dulce o amarillo
1 1/2 cucharaditas de mostaza Dijon
Una pizca de pimentón rojo en polvo (pimienta de Cayana)

Mezcle todos los ingredientes. Tape y refrigere hasta el momento de servir.

1 Porción: 415 Calorías (280 Calorías de Grasa); Grasas 31g (Saturada 6g); Colesterol 115mg; Sodio 380mg; Carbohidratos 1g (Fibra Dietética 0g); Proteína 33g **% de Valores Diarios:** Vitamina A 6%; Vitamina C 2%; Calcio 2%; Hierro 6% **Intercambios:** 4 Carnes con Contenido Moderado de Grasa, 2 1/2 Grasas **Opciones de Carbohidratos:** 0

Salmon Burgers with Sour Cream–Dill Sauce

Hamburguesas de Salmón con Salsa Cremosa de Eneldo

PREP: 20 min **COOK:** 8 min ■ **4 SERVINGS**

These burgers, and the sauce, can be made ahead. Make patties in the morning or the night before then cover and refrigerate until ready to cook.

Sour Cream–Dill Sauce (below)
1 large egg
2 tablespoons milk
1 can (14.75 ounces) red or pink salmon, drained, skin and bones removed and salmon flaked
2 medium green onions, chopped (2 tablespoons)
1 cup soft bread crumbs (about 1$\frac{1}{2}$ slices bread)
$\frac{1}{4}$ teaspoon salt
1 tablespoon vegetable oil

1. Make Sour Cream-Dill Sauce; refrigerate.

2. Beat egg and milk in medium bowl with spoon. Stir in remaining ingredients except oil. Shape mixture into 4 patties, about 4 inches in diameter

3. Heat oil in 10-inch nonstick skillet over medium heat. Cook patties in oil about 8 minutes, turning once, until golden brown. Serve with sauce.

Sour Cream–Dill Sauce

$\frac{1}{3}$ cup sour cream
3 tablespoons mayonnaise or salad dressing
$\frac{3}{4}$ teaspoon dried dill weed

Mix all ingredients.

1 Serving: Calories 390 (Calories from Fat 205); Fat 23g (Saturated 6g); Cholesterol 125mg; Sodium 930mg; Carbohydrate 22g (Dietary Fiber 1g); Protein 24g **% Daily Value:** Vitamin A 6%; Vitamin C 0%; Calcium 30%; Iron 16% **Exchanges:** 1$\frac{1}{2}$ Starch, 3 Medium-Fat Meat, 1 Fat **Carbohydrate Choices:** 1$\frac{1}{2}$

Hamburguesas de Salmón con Salsa Cremosa de Eneldo
Salmon Burgers with Sour Cream–Dill Sauce

PREPARACIÓN: 20 min **COCCIÓN:** 8 min ■ **RINDE 4 PORCIONES**

Estas hamburguesas y la salsa pueden prepararse con anticipación. Prepare las hamburguesas por la mañana o la noche anterior. Luego cubra y refrigere hasta el momento de cocinarlas.

Salsa Cremosa de Eneldo (vea abajo)
1 huevo grande
2 cucharadas de leche
1 lata (14.75 onzas) de salmón rojo o rosado, escurrido, sin piel ni huesos y el salmón desmenuzado
2 cebollitas verdes medianas, picadas (2 cucharadas)
1 taza de migajas de pan suave (aproximadamente 1^1/$_2$ rebanadas de pan)
^{1}/$_4$ cucharadita de sal
1 cucharada de aceite vegetal

1. Prepare la Salsa Cremosa de Eneldo; refrigere.

2. En un recipiente mediano, bata el huevo y la leche con una cuchara. Añada los ingredientes restantes, excepto el aceite, y revuelva. Forme las hamburguesas de unas 4 pulgadas de diámetro con la mezcla.

3. Caliente el aceite en una sartén antiadherente de 10 pulgadas a fuego medio. Cocine las hamburguesas en aceite unos 8 minutos, dándoles vuelta una vez, hasta que queden doradas. Sirva con la salsa.

Salsa Cremosa de Eneldo

^{1}/$_3$ taza de crema agria
3 cucharadas de mayonesa o aderezo para ensaladas
^{3}/$_4$ cucharadita de eneldo seco

Mezcle todos los ingredientes.

1 Porción: 390 Calorías (205 Calorías de Grasa); Grasas 23g (Saturada 6g); Colesterol 125mg; Sodio 930mg; Carbohidratos 22g (Fibra Dietética 1g); Proteína 24g **% de Valores Diarios:** Vitamina A 6%; Vitamina C 0%; Calcio 30%; Hierro 16% **Intercambios:** 1^1/$_2$ Almidón, 3 Carnes con Contenido Moderado de Grasa, 1 Grasa **Opciones de Carbohidratos:** 1^1/$_2$

Tuna-Pasta Casserole
Cacerola de Pasta y Atún

PREP: 20 min **BAKE:** 30 min ▪ **6 SERVINGS**

If you prefer not to use the Crumb Topping, sprinkle the casserole with ²/₃ cup crushed potato chips.

Crumb Topping (below)
1¹/₄ cups uncooked medium pasta shells or elbow macaroni (about 3 to 4 ounces)
2 tablespoons butter or margarine
2 tablespoons all-purpose flour
³/₄ teaspoon salt
2 cups milk
1 cup shredded sharp process American or Cheddar cheese (4 ounces)
2 cups cooked broccoli flowerets or 1 cup frozen (thawed) green peas
2 cans (6 ounces each) tuna in water, drained

1. Heat oven to 350°F. Make Crumb Topping; set aside.

2. Cook and drain pasta as directed on package.

3. While pasta is cooking, melt butter in 1¹/₂-quart saucepan over low heat. Stir in flour and salt. Cook over medium heat, stirring constantly, until smooth and bubbly; remove from heat. Gradually stir in milk. Heat to boiling, stirring constantly. Boil and stir 1 minute. Stir in cheese until melted.

4. Mix pasta, broccoli, tuna and sauce in ungreased 2-quart casserole. Cover and bake about 25 minutes or until hot and bubbly. Sprinkle with topping. Bake uncovered about 5 minutes or until topping is toasted.

Crumb Topping

Mix together ²/₃ cup dry bread crumbs or crushed cereal (Wheaties®, Total® or Country® Corn Flakes) and 1 tablespoon butter or margarine, melted.

1 Serving: Calories 375 (Calories from Fat 125); Fat 14g (Saturated 8g); Cholesterol 55mg; Sodium 910mg; Carbohydrate 38g (Dietary Fiber 2g); Protein 25g **% Daily Value:** Vitamin A 24%; Vitamin C 10%; Calcium 24%; Iron 16% **Exchanges:** 2 Starch, 1 Vegetable, 2 Medium-Fat Meat, 1 Fat **Carbohydrate Choices:** 2¹/₂

SALMON-PASTA CASSEROLE Substitute 1 can (14.75 ounces) red or pink salmon, drained, skin and bones removed and salmon flaked, for the tuna.

Cacerola de Pasta y Atún
Tuna-Pasta Casserole

PREPARACIÓN: 20 min **HORNEAR:** 30 min ▪ **RINDE 6 PORCIONES**

Si prefiere no utilizar el Decorado de Migajas, espolvoree la cacerola con 2/3 taza de papitas trituradas.

Decorado de Migajas (vea abajo)
1 1/4 tazas de macarrones curvos tipo coditos u otras pastas medianas (aproximadamente 3 a 4 onzas)
2 cucharadas de mantequilla o margarina
2 cucharadas de harina regular
3/4 cucharadita de sal
2 tazas de leche
1 taza de queso "Cheddar" fuerte ("sharp") o americano procesado rallado (4 onzas)
2 tazas de florecitas de brócoli cocidas o 1 taza de guisantes verdes congelados (descongelados)
2 latas (6 onzas c/u) de atún en agua, escurridas

1. Caliente el horno a 350°F. Prepare el Decorado de Migajas; deje aparte.

2. Cocine y escurra la pasta siguiendo las instrucciones del paquete.

3. Mientras la pasta se cocina, derrita la mantequilla en una cacerola de 1 1/2 cuartos (3/8 galón) a fuego bajo. Añada la harina y la sal; revuelva. Cocine a fuego medio, revolviendo constantemente, hasta que la mezcla esté suave y se formen burbujas; retire del fuego. Añada la leche gradualmente y revuelva. Caliente hasta hervir, revolviendo constantemente. Hierva y revuelva por 1 minuto. Añada el queso y revuelva hasta que se derrita.

4. Mezcle la pasta, el brócoli, el atún y la salsa en una cacerola de 2 cuartos de galón sin engrasar. Tape y hornee por 25 minutos o hasta que esté caliente y se formen burbujas. Espolvoree con el decorado. Hornee sin tapar por unos 5 minutos o hasta que el decorado se tueste.

Decorado de Migajas

Mezcle 2/3 taza de pan rallado o cereal triturado ("Wheaties", "Total" o "Country Cornflakes") y 1 cucharada de mantequilla o margarina, derretida.

1 Porción: 375 Calorías (125 Calorías de Grasa); Grasas 14g (Saturada 8g); Colesterol 55mg; Sodio 910mg; Carbohidratos 38g (Fibra Dietética 2g); Proteína 25g **% de Valores Diarios:** Vitamina A 24%; Vitamina C 10%; Calcio 24%; Hierro 16% **Intercambios:** 2 Almidones, 1 Vegetal, 2 Carnes con Contenido Moderado de Grasa, 1 Grasa **Opciones de Carbohidratos:** 2 1/2

CACEROLA PASTA Y SALMÓN Reemplace el atún por 1 lata (14.75 onzas) de salmón rojo o rosado, escurrido, sin piel ni huesos y el salmón desmenuzado.

Shrimp Scampi
Camarones Scampi

PREP: 30 min **COOK:** 3 min ▪ **6 SERVINGS**

PREPARACIÓN: 30 min **COCCIÓN:** 3 min ▪ **RINDE 6 PORCIONES**

For a heartier meal, serve the shrimp over fettuccine. Cook and drain 8 ounces uncooked fettuccine as directed on package. Serve shrimp mixture over fettuccine and sprinkle with cheese.

Para una comida más sustanciosa, sirva los camarones sobre fideos tipo "fettuccine". Cocine y escurra 8 onzas de fettuccine crudo siguiendo las instrucciones del paquete. Sirva la mezcla de camarones sobre los fideos y espolvoree con queso.

1¹/2 pounds uncooked medium shrimp in shells, thawed if frozen
2 tablespoons olive or vegetable oil
1 tablespoon chopped fresh parsley
2 tablespoons lemon juice
¹/4 teaspoon salt
2 medium green onions, thinly sliced (2 tablespoons)
2 cloves garlic, finely chopped
Grated Parmesan cheese, if desired

1¹/2 libras de camarones medianos crudos con cáscara, descongelados (si están congelados)
2 cucharadas de aceite de oliva o vegetal
1 cucharada de perejil fresco picado
2 cucharadas de jugo de limón dulce o amarillo
¹/4 cucharadita de sal
2 cebollitas verdes medianas, finamente picadas (2 cucharadas)
2 dientes de ajo, finamente picados
Queso Parmesano rallado, si desea

1. Peel shrimp. Make a shallow cut lengthwise down back of each shrimp; wash out vein.

2. In 10-inch skillet, heat oil over medium heat. Cook shrimp and remaining ingredients except cheese in oil 2 to 3 minutes, stirring frequently, until shrimp are pink and firm; remove from heat. Sprinkle with cheese and chopped parsley, if desired.

1. Pele los camarones. Haga un corte poco profundo a lo largo de la parte trasera de cada camarón; desvene.

2. En una sartén de 10 pulgadas, caliente el aceite a fuego medio. Cocine en aceite los camarones y los demás ingredientes, excepto el queso, de 2 a 3 minutos, revolviendo frecuentemente, hasta que los camarones estén rosados y firmes; retire del fuego. Espolvoree con queso y perejil picado, si desea.

1 Serving: Calories 90 (Calories from Fat 35); Fat 4g (Saturated 1g); Cholesterol 105mg; Sodium 220mg; Carbohydrate 1g (Dietary Fiber 0g); Protein 12g **% Daily Value:** Vitamin A 4%; Vitamin C 4%; Calcium 2%; Iron 10% **Exchanges:** 2 Very Lean Meat, ¹/2 Fat **Carbohydrate Choices:** 0

1 Porción: 90 Calorías 90 (35 Calorías de Grasa); Grasas 4g (Saturada 1g); Colesterol 105mg; Sodio 220mg; Carbohidratos 1g (Fibra Dietética 0g); Proteína 12g **% de Valores Diarios:** Vitamina A 4%; Vitamina C 4%; Calcio 2%; Hierro 10% **Intercambios:** 2 Carnes Magras, ¹/2 Grasa **Opciones de Carbohidratos:** 0

Shrimp Creole
Camarones a la Criolla

PREP: 30 min **COOK:** 30 min ▪ **6 SERVINGS**

Creole is a southern style of American cooking that has its roots in African, Spanish and French cuisines.

2 pounds uncooked medium shrimp in shells, thawed if frozen
1/4 cup butter or margarine
3 medium onions, chopped (1 1/2 cups)
2 medium green bell peppers, finely chopped (2 cups)
2 medium stalks celery, finely chopped (1 cup)
2 cloves garlic, finely chopped
1 cup water
2 teaspoons chopped fresh parsley
1 1/2 teaspoons salt
1/4 teaspoon ground red pepper (cayenne)
2 dried bay leaves
1 can (15 ounces) tomato sauce
6 cups hot cooked rice

1. Peel shrimp. Make a shallow cut lengthwise down back of each shrimp; wash out vein. Cover and refrigerate.

2. In 3-quart saucepan, melt butter over medium heat. Cook onions, bell peppers, celery and garlic in butter about 10 minutes, stirring occasionally, until onions are tender.

3. Stir in remaining ingredients except rice and shrimp. Heat to boiling; reduce heat to low. Simmer uncovered 10 minutes.

4. Stir in shrimp. Heat to boiling; reduce heat to medium. Cover and cook 4 to 6 minutes, stirring occasionally, until shrimp are pink and firm. Remove bay leaves. Serve shrimp mixture over rice.

1 Serving: Calories 380 (Calories from Fat 80); Fat 9g (Saturated 5g); Cholesterol 160mg; Sodium 1,280mg; Carbohydrate 54g (Dietary Fiber 3g); Protein 21g **% Daily Value:** Vitamin A 26%; Vitamin C 42%; Calcium 6%; Iron 28% **Exchanges:** 3 Starch, 2 Vegetable, 1 Lean Meat, 1 Fat **Carbohydrate Choices:** 3 1/2

Camarones a la Criolla
Shrimp Creole

PREPARACIÓN: 30 min **COCCIÓN:** 30 min ▪ **RINDE 6 PORCIONES**

A la criolla es un estilo sureño de la cocina americana que tiene su origen en las cocinas de Africa, España y Francia.

2 libras de camarones medianos crudos con cáscara, descongelados (si están congelados)
$1/4$ taza de mantequilla o margarina
3 cebollas medianas, picadas ($1^{1}/_2$ tazas)
2 pimientos verdes medianos, finamente picados (2 tazas)
2 tallos medianos de apio, finamente picados (1 taza)
2 dientes de ajo, finamente picados
1 taza de agua
2 cucharaditas de perejil fresco picado
$1^{1}/_2$ cucharaditas de sal
$1/4$ cucharadita de pimentón rojo en polvo (pimienta de Cayena)
2 hojas secas de laurel
1 lata (15 onzas) de salsa de tomate
6 tazas de arroz cocido caliente

1. Pele los camarones. Haga un corte poco profundo a lo largo de la parte trasera de cada camarón; desvene. Tape y refrigere.

2. En una cacerola de 3 cuartos ($3/4$ galón), derrita la mantequilla a fuego medio. Cocine las cebollas, los pimientos, el perejil y el ajo en mantequilla por unos 10 minutos, revolviendo ocasionalmente, hasta que las cebollas estén tiernas.

3. Añada los demás ingredientes, excepto el arroz y los camarones; revuelva. Caliente hasta hervir; luego reduzca el fuego. Cocine sin tapar a fuego bajo por 10 minutos.

4. Añada los camarones y revuelva. Caliente hasta hervir; luego reduzca el fuego a medio. Tape y cocine de 4 a 6 minutos, revolviendo ocasionalmente, hasta que los camarones estén rosados y firmes. Retire las hojas de laurel. Sirva la mezcla de camarones sobre el arroz.

1 Porción: 380 Calorías (80 Calorías de Grasa); Grasas 9g (Saturada 5g); Colesterol 160mg; Sodio 1,280mg; Carbohidratos 54g (Fibra Dietética 3g); Proteína 21g **% de Valores Diarios:** Vitamina A 26%; Vitamina C 42%; Calcio 6%; Hierro 28% **Intercambios:** 3 Almidones, 2 Vegetales, 1 Carne Magra, 1 Grasa **Opciones de Carbohidratos:** $3^{1}/_2$

CHAPTER 3

Eggs, Beans, Rice and Pasta

CAPÍTULO 3

Huevos, Frijoles, Arroz y Pasta

◀ **Potato, Bacon and Egg Scramble (page 130)**   ▦   **Huevos Revueltos con Papa y Tocino (página 131)**

Potato, Bacon and Egg Scramble
Huevos Revueltos con Papa y Tocino

PREP: 10 min **COOK:** 10 min ▪ **5 SERVINGS**

Serve this delicious egg and potato scramble with toast or tortillas and fresh fruit for an easy meal ready in less than 30 minutes. See photo on page 128.

> 1 pound small red potatoes (6 or 7), cubed
> 6 large eggs
> 1/3 cup milk
> 1/4 teaspoon salt
> 1/8 teaspoon pepper
> 2 tablespoons butter or margarine
> 4 medium green onions, sliced (1/4 cup)
> 5 slices bacon, crisply cooked and crumbled

1. In 2-quart saucepan, heat 1 inch water to boiling. Add potatoes. Cover and heat to boiling; reduce heat to medium-low. Cook 6 to 8 minutes or until potatoes are tender; drain.

2. In medium bowl, beat eggs, milk, salt and pepper with fork or wire whisk until well mixed; set aside.

3. In 10-inch skillet, melt butter over medium-high heat. Cook potatoes in butter 3 to 5 minutes, turning occasionally, until light brown. Stir in onions. Cook 1 minute, stirring constantly.

4. Pour egg mixture into skillet with potatoes and onions. As mixture begins to set at bottom and side, gently lift cooked portions with spatula so that thin, uncooked portion can flow to bottom. Avoid constant stirring. Cook 3 to 4 minutes or until eggs are thickened throughout but still moist. Sprinkle with bacon.

1 Serving: Calories 255 (Calories from Fat 135); Fat 15g (Saturated 6g); Cholesterol 275mg; Sodium 340mg; Carbohydrate 20g (Dietary Fiber 2g); Protein 12g **% Daily Value:** Vitamin A 12%; Vitamin C 14%; Calcium 8%; Iron 16% **Exchanges:** 1 Starch, 1 Vegetable, 1 High-Fat Meat, 1 Fat **Carbohydrate Choices:** 1

Huevos Revueltos con Papa y Tocino
Potato, Bacon and Egg Scramble

PREPARACIÓN: 10 min **COCCIÓN:** 10 min ■ **RINDE 5 PORCIONES**

Sirva estos deliciosos huevos revueltos con pan tostado o tortillas y fruta fresca para una comida fácil de preparar en menos de 30 minutos. Vea la foto en la página 128.

> 1 libra de papas rojas pequeñas (de 6 a 7), en cubitos
> 6 huevos grandes
> $1/3$ taza de leche
> $1/4$ cucharadita de sal
> $1/8$ cucharadita de pimienta
> 2 cucharadas de mantequilla o margarina
> 4 cebollitas verdes medianas, picadas ($1/4$ taza)
> 5 lonjas de tocino, cocido, crujiente y en trocitos

1. En una cacerola de 2 cuartos ($1/2$ galón), caliente 1 pulgada de agua hasta hervir. Agregue las papas. Tape y caliente hasta que hierva; reduzca el fuego a medio-bajo. Cocine de 6 a 8 minutos o hasta que las papas se ablanden; escurra.

2. En un recipiente mediano, bata los huevos, la leche, sal y pimienta con un tenedor o un batidor de alambre hasta que se mezclen bien; aparte.

3. En una sartén de 10 pulgadas, derrita la mantequilla a fuego medio-alto. Cocine las papas en la mantequilla de 3 a 5 minutos, revolviendo ocasionalmente, hasta que se doren ligeramente. Agregue las cebollitas. Cocine por 1 minuto, revolviendo constantemente.

4. Vierta la mezcla de huevo en el sartén con las papas y las cebollas. Cuando la mezcla comience a espesar en el fondo y los lados del sartén, levante suavemente con una espátula las porciones que ya estén cocinadas para dejar que la mezcla todavía cruda se esparza hacia el fondo. Evite revolver constantemente. Cocine de 3 a 4 minutos o hasta que los huevos espesen completamente sin que queden secos. Espolvoree con tocino.

1 Porción: 255 Calorías (135 Calorías de Grasa); Grasas 15g (Saturada 6g); Colesterol 275mg; Sodio 340mg; Carbohidratos 20g (Fibra Dietética 2g); Proteína 12g **% de Valores Diarios:** Vitamina A 12%; Vitamina C 14%; Calcio 8%; Hierro16% **Intercambios:** 1 Almidón, 1 Vegetal, 1 Carne con Alto Contenido de Grasa, 1 Grasa **Opciones de Carbohidratos:** 1

Omelet
Omelet o Tortilla de Huevo

PREP: 10 min ▪ **1 SERVING**

Serving an omelet on a warm plate is a nice touch. Just rinse the serving plate with hot water to warm it, then dry it thoroughly.

> 2 teaspoons butter or margarine
> 2 large eggs, beaten

1. In 8-inch omelet pan or skillet, heat butter over medium-high heat just until butter is hot and sizzling. As butter melts, tilt pan to coat bottom.

2. Quickly pour eggs into pan. While rapidly sliding pan back and forth over heat, quickly stir with fork to spread eggs continuously over bottom of pan as they thicken. Let stand over heat a few seconds to lightly brown bottom of omelet. Do not overcook; omelet will continue to cook after folding.

3. Tilt pan and run spatula under edge of omelet, then jerk pan sharply to loosen eggs from bottom of pan. Fold portion of omelet just to center. Allow for a portion of the omelet to slide up side of pan. Turn omelet onto warm plate, flipping folded portion of omelet over so it rolls over the bottom. Tuck sides of omelet under if necessary.

1 Serving: Calories 215 (Calories from Fat 160); Fat 18g (Saturated 8g); Cholesterol 445mg; Sodium 170mg; Carbohydrate 1g (Dietary Fiber 0g); Protein 13g **% Daily Value:** Vitamin A 16%; Vitamin C 0%; Calcium 4%; Iron 6% **Exchanges:** 2 Medium-Fat Meat, 1¹/₂ Fat **Carbohydrate Choices:** 0

CHEESE OMELET Before folding omelet, sprinkle with ¹/₄ cup shredded Cheddar, Monterey Jack or Swiss cheese or ¹/₄ cup crumbled blue cheese.

DENVER OMELET Before adding eggs to pan, cook 2 tablespoons chopped fully cooked ham, 1 tablespoon finely chopped bell pepper and 1 tablespoon finely chopped onion in butter about 2 minutes, stirring frequently. Continue as directed in step 2.

HAM AND CHEESE OMELET Before folding omelet, sprinkle with 2 tablespoons shredded Cheddar, Monterey Jack or Swiss cheese and 2 tablespoons finely chopped fully cooked smoked ham or deli ham slices.

Omelet o Tortilla de Huevo
Omelet

PREPARACIÓN: 10 min ▪ **RINDE 1 PORCIÓN**

Servir un "omelet" o tortilla de huevo en un plato tibio es un fino detalle. Sólo enjuague el plato con agua bien caliente hasta que esté caliente, luego séquelo bien.

> 2 cucharaditas de mantequilla o margarina
> 2 huevos grandes, batidos

1. En una sartén de 8 pulgadas, caliente la mantequilla a fuego medio-alto justo hasta que esté caliente y chisporroteante. A medida que la mantequilla se derrite, incline el sartén para que la mantequilla cubra todo el fondo del sartén.

2. Rápidamente, vierta los huevos en el sartén. Mientras desliza rápidamente el sartén hacia adelante y hacia atrás sobre el fuego, revuelva la mezcla inmediatamente con un tenedor para que el huevo se esparza y espese de manera uniforme en el fondo del sartén. Deje reposar sobre el fuego unos cuantos segundos para que el "omelet" se dore ligeramente por abajo. No lo cocine demasiado; el "omelet" seguirá cocinándose cuando lo doble.

3. Incline el sartén y despegue las orillas del omelet con una espátula, luego dele una rápida sacudida al sartén para aflojar el huevo del fondo. Doble el omelet a la mitad. Permita que las orillas del omelet se deslicen hacia los lados del sartén. Voltee el omelet sobre un plato tibio, volteando la porción doblada del "omelet" encima para que ruede hacia el fondo. Doble las orillas del "omelet" hacia abajo, si es necesario.

1 Porción: 215 Calorías (160 Calorías de Grasa); Grasas 18g (Saturada 8g); Colesterol 445mg; Sodio 170mg; Carbohidratos 1g (Fibra Dietética 0g); Proteína 13g **% de Valores Diarios:** Vitamina A 16%; Vitamina C 0%; Calcio 4%; Hierro 6% **Intercambios:** 2 Carnes con Contenido Moderado de Grasa, 1½ Grasa **Opciones de Carbohidratos:** 0

OMELET DE QUESO Antes de doblar el "omelet", espolvoree con ¼ de taza de queso rallado "Cheddar", "Monterey Jack" o Suizo, o con ¼ de taza de queso "Roquefort" desmoronado.

OMELET ESTILO DENVER Antes de agregar los huevos al sartén, sofría en mantequilla 2 cucharadas de jamón cocido finamente picado, 1 cucharada de pimiento verde finamente picado y 1 cucharada de cebolla finamente picada por 2 minutos, revolviendo frecuentemente. Continúe como se indica en el paso 2.

OMELET DE JAMÓN Y QUESO Antes de doblar el "omelet", espolvoree con 2 cucharadas de queso rallado "Cheddar", "Monterey Jack" o Suizo y 2 cucharadas de jamón ahumado finamente picado o jamón de "delicatessen" en rebanadas.

Eggs Benedict
Huevos Benedictos

PREP: 30 min ▪ **6 SERVINGS**

This classic brunch dish was created years ago and named after Mr. and Mrs. LeGrand Benedict, patrons of Delmonico's Restaurant in New York, after they complained there was nothing new on the lunch menu! See photo on page 136.

Hollandaise Sauce (below)
3 English muffins
3 tablespoons butter or margarine, softened
1 teaspoon butter or margarine
6 thin slices Canadian-style bacon or fully cooked ham
6 large eggs
Paprika, if desired

1. Make Hollandaise Sauce; keep warm.

2. Split English muffins; toast. Spread each muffin half with some of the 3 tablespoons butter; keep warm.

3. In 10-inch skillet, melt 1 teaspoon butter over medium heat. Cook bacon in butter until light brown on both sides; keep warm.

4. In skillet or saucepan, heat 2 to 3 inches water to boiling; reduce to simmering. Break cold eggs, one at a time, into custard cup or saucer. Holding dish close to water's surface, carefully slip eggs into water. Cook 3 to 5 minutes or until whites and yolks are firm, not runny. Remove with slotted spoon.

5. Place 1 slice bacon on each muffin half. Top with egg. Spoon warm Hollandaise Sauce over eggs. Sprinkle with paprika.

Hollandaise Sauce

3 large egg yolks
1 tablespoon lemon juice
$1/2$ cup firm butter (do not use margarine)

In $1^1/2$-quart saucepan, vigorously stir egg yolks and lemon juice with wire whisk. Add $1/4$ cup of the butter. Heat over very low heat, stirring constantly with wire whisk, until butter is melted. Add remaining $1/4$ cup butter. Continue stirring vigorously until butter is melted and sauce is thickened. (Be sure butter melts slowly so eggs have time to cook and thicken sauce without curdling.) If the sauce curdles (mixture begins to separate), add about 1 tablespoon boiling water and beat vigorously with wire whisk or hand beater until it's smooth. Serve immediately.

1 Serving: Calories 415 (Calories from Fat 295); Fat 33g (Saturated 17g); Cholesterol 400mg; Sodium 670mg; Carbohydrate 14g (Dietary Fiber 1g); Protein 15g **% Daily Value:** Vitamin A 26%; Vitamin C 0%; Calcium 10%; Iron 10% **Exchanges:** 1 Starch, 1$1/2$ High-Fat Meat, 4 Fat **Carbohydrate Choices:** 1

Huevos Benedictos
Eggs Benedict

PREPARACIÓN: 30 min ▪ **RINDE 6 PORCIONES**

¡Este clásico platillo de desayuno-almuerzo fue creado hace muchos años y le debe su nombre al Sr. y la Sra. LeGrand Benedict, clientes del Restaurante Delmonico's en Nueva York, quienes se quejaron por no haber nada nuevo en el menú! Vea la foto en la página 136.

Salsa Holandesa (vea abajo)
3 panecillos ingleses (English muffins)
3 cucharadas de mantequilla o margarina, suavizada
1 cucharadita de mantequilla o margarina
6 rebanadas finas de tocino estilo canadiense o jamón cocido
6 huevos grandes
Paprika, si desea

1. Prepare la Salsa Holandesa; manténgala caliente.

2. Parta los panecillos por la mitad; tuéstelos. Unte parte de las 3 cucharadas de mantequilla sobre los panecillos; manténgalos calientes.

3. En una sartén de 10 pulgadas, derrita 1 cucharadita de mantequilla a fuego medio. Cocine el jamón en la mantequilla hasta que se dore ligeramente por ambos lados; manténgalo caliente.

4. En una olla o sartén, caliente de 2 a 3 pulgadas de agua hasta que hierva; reduzca a fuego bajo. Quiebre los huevos refrigerados, uno a la vez, en una tacita o molde para flan. Sosteniendo la tacita cerca del agua caliente, cuidadosamente deslice los huevos en el agua. Cocínelos de 3 a 5 minutos o hasta que las claras y yemas estén firmes, no blandas. Retire con una espumadera.

5. Coloque 1 rebanada de jamón en cada mitad de "muffin". Ponga el huevo encima. Con una cuchara, agregue la salsa Holandesa caliente sobre los huevos. Espolvoree con paprika.

Salsa Holandesa

3 yemas grandes de huevo
1 cucharada de jugo de limón
$1/2$ taza de mantequilla dura (no use margarina)

En una cacerola de $1^1/2$ cuartos ($3/8$ galón), bata vigorosamente las yemas de huevo y el jugo de limón con un batidor de alambre. Agregue $1/4$ de taza de mantequilla. Caliente a fuego bajo, revolviendo constantemente con el batidor de alambre, hasta que la mantequilla se derrita. Agregue el otro $1/4$ de taza de mantequilla. Continúe revolviendo vigorosamente hasta que la mantequilla se derrita y la salsa espese. (Asegúrese que la mantequilla se derrita lentamente para que los huevos tengan tiempo de cocerse y la salsa se espese sin cuajarse). Si la salsa se cuaja (la mezcla comienza a separarse), agregue 1 cucharada de agua hirviendo y bata vigorosamente con el batidor de alambre o con una batidora manual hasta que la mezcla esté suave. Sirva inmediatamente.

1 Porción: 415 Calorías (295 Calorías de Grasa); Grasas 33g (Saturada 17g); Colesterol 400mg; Sodio 670mg; Carbohidratos 14g (Fibra Dietética 1g); Proteína 15g **% de Valores Diarios:** Vitamina A 26%; Vitamina C 0%; Calcio 10%; Hierro 10% **Intercambios:** 1 Almidón, $1^1/2$ Carne con Alto Contenido de Grasa, 4 Grasas **Opciones de Carbohidratos:** 1

Eggs Benedict (page 134)   **Huevos Benedictos (página 135)** ▼

▼ **Savory Herb Frittata (page 138)** **Sabrosa Frittata de Hierbas Aromáticas (página 139)**

Savory Herb Frittata
Sabrosa Frittata de Hierbas Aromáticas

PREP: 10 min **COOK:** 16 min ▪ **6 SERVINGS**

Frittata is the Italian word for "omelet," but it differs from a classic French omelet in several ways. The ingredients are cooked with the eggs instead of being folded inside the omelet. Frittatas are also cooked over a lower heat for a longer period of time than regular omelets. Additional ingredients, such as herbs or tomatoes, may be sprinkled on top. See Photo on page 138.

8 large eggs
1 tablespoon chopped fresh or $1/2$ teaspoon dried basil leaves
1 tablespoon chopped fresh or $1/2$ teaspoon dried mint leaves
1 tablespoon chopped fresh or $1/2$ teaspoon dried sage leaves
1 tablespoon freshly grated Parmesan cheese
$1/2$ teaspoon salt
$1/8$ teaspoon pepper
$1/4$ cup diced fully cooked ham (2 ounces)
1 tablespoon butter or margarine
1 small onion, finely chopped ($1/4$ cup)

1. In medium bowl, beat all ingredients except ham, butter and onion thoroughly with fork or wire whisk until well mixed. Stir in ham.

2. In 10-inch nonstick skillet, melt butter over medium-high heat. Cook onion in butter 4 to 5 minutes, stirring frequently, until crisp-tender; reduce heat to medium-low.

3. Pour egg mixture into skillet. Cover and cook 9 to 11 minutes or until eggs are set around edge and light brown on bottom. Cut into wedges.

1 Serving: Calories 140 (Calories from Fat 90); Fat 10g (Saturated 4g); Cholesterol 290mg; Sodium 390mg; Carbohydrate 2g (Dietary Fiber 0g); Protein 10g **% Daily Value:** Vitamin A 10%; Vitamin C 0%; Calcium 6%; Iron 6% **Exchanges:** 1$1/2$ Medium-Fat Meat, $1/2$ Fat **Carbohydrate Choices:** 0

Sabrosa Frittata de Hierbas Aromáticas
Savory Herb Frittata

PREPARACIÓN: 10 min **COCCIÓN:** 16 min ▪ **RINDE 6 PORCIONES**

La palabra Frittata *en italiano significa "omelet" o tortilla de huevo, pero es diferente al clásico "omelet" francés en varias maneras. Los ingredientes se cocinan junto con los huevos en vez de doblarse dentro del omelet. Las "Frittatas" también se cocinan a fuego más bajo y por más tiempo que los "omelets" regulares. También se pueden espolvorear por encima ingredientes adicionales como tomates o hierbas aromáticas. Vea la foto en la página 137.*

> 8 huevos grandes
> 1 cucharada de hojas de laurel fresco picado o $^1/_2$ cucharadita hojas de laurel seco
> 1 cucharada de menta fresca picada o $^1/_2$ cucharadita de hojas de menta seca
> 1 cucharada de salvia fresca picada o $^1/_2$ cucharadita de hojas de salvia seca
> 1 cucharada de queso Parmesano recién rallado
> $^1/_2$ cucharadita de sal
> $^1/_8$ cucharadita de pimienta
> $^1/_4$ taza de jamón cocido cortado en cubitos (2 onzas)
> 1 cucharada de mantequilla o margarina
> 1 cebolla pequeña, finamente picada ($^1/_4$ taza)

1. En un recipiente mediano, bata bien todos los ingredientes, excepto el jamón, la mantequilla y la cebolla, con un tenedor o batidor de alambre hasta que se mezclen bien. Agregue el jamón y mezcle.

2. En una sartén de 10 pulgadas antiadherente, derrita la mantequilla a fuego medio-alto. Cocine la cebolla en la mantequilla de 4 a 5 minutos, revolviendo frecuentemente, hasta que esté entre crujiente y blanda; reduzca el fuego a medio-bajo.

3. Vierta la mezcla de huevo en el sartén. Tape y cocine de 9 a 11 minutos o hasta que los huevos se cocinen en las orillas y se doren un poco en el fondo. Corte en triángulos.

1 Porción: 140 Calorías (90 Calorías de Grasa); Grasas 10g (Saturada 4g); Colesterol 290mg; Sodio 390mg; Carbohidratos 2g (Fibra Dietética 0g); Proteína 10g **% de Valores Diarios:** Vitamina A 10%; Vitamina C 0%; Calcio 6%; Hierro 6%
Intercambios: 1$^1/_2$ Carne con Contenido Moderado de Grasa, $^1/_2$ Grasa **Opciones de Carbohidratos:** 0

Ham and Cheddar Strata
Strata de Jamón y Queso "Cheddar"

PREP: 15 min **BAKE:** 1 hr 10 min **STAND:** 10 min ▪ **8 SERVINGS**

If you like, you can make this strata ahead of time. Follow the directions through step 3, then cover and refrigerate up to 24 hours.

12 slices bread
2 cups cut-up fully cooked smoked ham (about 10 ounces)
2 cups shredded Cheddar cheese (8 ounces)
8 medium green onions, sliced ($1/2$ cup)
6 large eggs
2 cups milk
1 teaspoon ground mustard
$1/4$ teaspoon red pepper sauce
Paprika

1. Heat oven to 300°F. Spray 13 × 9-inch glass baking dish with cooking spray.

2. Trim crusts from bread. Arrange 6 slices bread in baking dish. Layer ham, cheese and onions on bread in dish. Cut remaining bread slices diagonally in half; arrange on onions.

3. In medium bowl, beat eggs, milk, mustard and pepper sauce with fork or wire whisk; pour evenly over bread. Sprinkle with paprika.

4. Bake uncovered 1 hour to 1 hour 10 minutes or until center is set and bread is golden brown. Let stand 10 minutes before cutting.

1 Serving: Calories 345 (Calories from Fat 170); Fat 19g (Saturated 9g); Cholesterol 215mg; Sodium 930mg; Carbohydrate 20g (Dietary Fiber 1g); Protein 24g **% Daily Value:** Vitamin A 14%; Vitamin C 2%; Calcium 28%; Iron 12% **Exchanges:** 1 Starch, 3 Medium-Fat Meat, 1 Fat **Carbohydrate Choices:** 1

Strata de Jamón y Queso "Cheddar"
Ham and Cheddar Strata

PREPARACIÓN: 15 min **HORNEAR:** 1 hora 10 min **REPOSAR:** 10 min ▪ **RINDE 8 PORCIONES**

Si desea, usted puede preparar esta "strata" con anticipación. Siga las instrucciones hasta el paso 3, luego tape y refrigere hasta por 24 horas.

> 12 rebanadas de pan
> 2 tazas de jamón ahumado cocido picado (aproximadamente 10 onzas)
> 2 tazas de queso "Cheddar" rallado (8 onzas)
> 8 cebollitas verdes medianas, picadas ($1/2$ taza)
> 6 huevos grandes
> 2 tazas de leche
> 1 cucharadita de mostaza en polvo
> $1/4$ cucharadita de salsa picante roja
> Paprika

1. Caliente el horno a 300°F. Rocíe un molde para hornear de 13 × 9 pulgadas con aceite para cocinar.

2. Córteles las orillas al pan. Acomode 6 rebanadas de pan en el molde. Coloque una capa de jamón, una de queso y otra de cebollitas verdes sobre el pan en el molde. Corte las demás rebanadas de pan diagonalmente a la mitad; acomode el pan sobre las cebollas.

3. En un recipiente mediano, bata los huevos, la leche, la mostaza y la salsa picante con un tenedor o batidor de alambre; vierta la mezcla uniformemente sobre el pan. Espolvoree con paprika.

4. Hornee sin cubrir de 1 hora a 1 hora 10 minutos o hasta que el centro se cocine y el pan se dore. Deje reposar por 10 minutos antes de cortar.

1 Porción: 345 Calorías (170 Calorías de Grasa); Grasas 19g (Saturada 9g); Colesterol 215mg; Sodio 930mg; Carbohidratos 20g (Fibra Dietética 1g); Proteína 24g **% de Valores Diarios:** Vitamina A 14%; Vitamina C 2%; Calcio 28%; Hierro 12% **Intercambios:** 1 Almidón, 3 Carnes con Contenido Moderado de Grasa, 1 Grasa **Opciones de Carbohidratos:** 1

Ham, Vegetable and Cheese Frittata
Frittata de Jamón, Vegetales y Queso

PREP: 15 min **COOK:** 15 min ▪ **4 SERVINGS**

If you can't find an Italian-style cheese blend, you can use mozzarella or Monterey Jack as a substitute.

1 tablespoon butter or margarine
1/2 cup thinly sliced red bell pepper
1/2 cup thinly sliced onion
1/2 cup chopped zucchini
1 cup chopped cooked ham
4 large eggs
1/4 cup milk
1/4 teaspoon salt
Dash of pepper
1 medium roma (plum) tomato, sliced
1/4 cup shredded Italian-style cheese blend (1 ounce)
1 tablespoon sliced fresh basil leaves, if desired

1. In 10-inch nonstick skillet, melt butter over medium heat. Cook bell pepper, onion, zucchini and ham in butter 3 to 4 minutes, stirring occasionally, until vegetables are crisp-tender and ham is starting to brown.

2. Meanwhile, in small bowl, beat eggs, milk, salt and pepper with fork or wire whisk until well mixed.

3. Pour egg mixture over ham mixture. Cook over medium heat 6 to 8 minutes, stirring gently, until eggs are almost set. Reduce heat to low. Top with tomato slices and cheese. Cover and cook 2 to 3 minutes or until cheese is melted and eggs are completely set. Sprinkle with basil. Cut into wedges.

1 Serving: Calories 205 (Calories from Fat 115); Fat 13g (Saturated 5g); Cholesterol 245mg; Sodium 780mg; Carbohydrate 5g (Dietary Fiber 1g); Protein 17g **% Daily Value:** Vitamin A 26%; Vitamin C 22%; Calcium 10%; Iron 6% **Exchanges:** 1 Vegetable, 2 Medium-Fat Meat, 1/2 Fat **Carbohydrate Choices:** 0

Frittata de Jamón, Vegetales y Queso
Ham, Vegetable and Cheese Frittata

PREPARACIÓN: 15 min **COCCIÓN:** 15 min ▪ **RINDE 4 PORCIONES**

Si no puede encontrar una combinación de quesos estilo italiano, usted puede usar queso "Mozzarella" o "Monterey Jack" como sustitutos.

1 cucharada de mantequilla o margarina
$^1/_2$ taza de pimiento rojo, finamente rebanado
$^1/_2$ taza de cebolla, finamente rebanada
$^1/_2$ taza de calabacín, picado
1 taza de jamón cocido picado
4 huevos grandes
$^1/_4$ taza de leche
$^1/_4$ cucharadita de sal
Pizca de pimienta
1 tomate Roma (tomate ciruela), en rebanadas
$^1/_4$ taza de combinación de quesos estilo italiano (1 onza)
1 cucharada de hojas de laurel fresco, si desea

1. En una sartén antiadherente de 10 pulgadas, derrita la mantequilla a fuego medio. Cocine el pimiento rojo, la cebolla, el calabacín y el jamón en mantequilla de 3 a 4 minutos, revolviendo ocasionalmente, hasta que los vegetales estén entre crujientes y blandos y el jamón se comience a dorar.

2. Mientras tanto, en un recipiente pequeño, bata los huevos, la leche, sal y pimienta con un tenedor o batidor de alambre hasta que se mezclen bien.

3. Vierta la mezcla de huevo sobre la mezcla de jamón. Cocine a fuego medio de 6 a 8 minutos, revolviendo suavemente, hasta que los huevos estén casi listos. Reduzca a fuego bajo. Cubra con las rebanadas de tomate y el queso. Tape y cocine de 2 a 3 minutos o hasta que el queso se derrita y los huevos estén completamente cocidos. Espolvoree con el laurel. Corte en triángulos.

1 Porción: 205 Calorías (115 Calorías de Grasa); Grasas 13g (Saturada 5g); Colesterol 245mg; Sodio 780mg; Carbohidratos 5g (Fibra Dietética 1g); Proteína 17g **% de Valores Diarios:** Vitamina A 26%; Vitamina C 22%; Calcio 10%; Hierro 6% **Intercambios:** 1 Vegetal, 2 Carnes con Contenido Moderado de Grasa, $^1/_2$ Grasa **Opciones de Carbohidratos:** 0

Quiche Lorraine
Quiche Lorraine

PREP: 25 min **BAKE:** 1 hr 4 min **STAND:** 10 min ▪ **6 SERVINGS**

Hands down, this is one of the best quiches you'll ever taste! The velvety-smooth filling is rich and flavorful, and prebaking the crust prevents it from becoming soggy.

Pastry for One-Crust Pie (page 236)
8 slices bacon, crisply cooked and crumbled ($^1/_2$ cup)
1 cup shredded Swiss cheese (4 ounces)
$^1/_3$ cup finely chopped onion
4 large eggs
2 cups whipping (heavy) cream or half-and-half
$^1/_4$ teaspoon salt
$^1/_4$ teaspoon pepper
$^1/_8$ teaspoon ground red pepper (cayenne)

1. Heat oven to 425°F. Make pastry; after folding pastry into fourths, place in 9-inch quiche dish or pie plate. Unfold and ease into dish, pressing firmly against bottom and side.

2. Carefully line pastry with a double thickness of foil, gently pressing foil to bottom and side of pastry. Let foil extend over edge to prevent excessive browning. Bake 10 minutes; carefully remove foil and bake 2 to 4 minutes longer or until pastry just begins to brown and has become set. If crust bubbles, gently push bubbles down with back of spoon.

3. Sprinkle bacon, cheese and onion in pie crust. In large bowl, beat eggs slightly with fork or wire whisk. Beat in remaining ingredients. Pour into pie crust.

4. Reduce oven temperature to 325°F. Bake 45 to 50 minutes or until knife inserted in center comes out clean. Let stand 10 minutes before serving.

1 Serving: Calories 600 (Calories from Fat 460); Fat 51g (Saturated 25g); Cholesterol 255mg; Sodium 550mg; Carbohydrate 20g (Dietary Fiber 1g); Protein 16g **% Daily Value:** Vitamin A 24%; Vitamin C 0%; Calcium 26%; Iron 8% **Exchanges:** 1 Starch, 1$^1/_2$ High-Fat Meat, 1 Vegetable, 8 Fat **Carbohydrate Choices:** 1

SEAFOOD QUICHE Substitute 1 cup chopped cooked crabmeat (patted dry), shrimp, seafood sticks (imitation crabmeat) or salmon for the bacon. Use $^1/_3$ cup finely chopped green onions; increase salt to $^1/_2$ teaspoon.

Quiche Lorraine
Quiche Lorraine

PREPARACIÓN: 25 min **HORNEAR:** 1 hora 4 min **REPOSAR:** 10 min ▪ **RINDE 6 PORCIONES**

¡Sin duda, éste es uno de los mejores "quiches" que usted probará! El relleno suave y aterciopelado es rico y sabroso, y el hornear la masa con anticipación previene que quede crudo o se humedezca demasiado.

> Masa para "pie" de corteza sencilla (página 237)
> 8 rebanadas de tocino, cocido, crujiente y en trocitos ($1/2$ taza)
> 1 taza de queso Suizo rallado (4 onzas)
> $1/3$ taza de cebolla finamente picada
> 4 huevos grandes
> 2 tazas de crema para batir (entera) o media crema "half & half"
> $1/4$ cucharadita de sal
> $1/4$ cucharadita de pimienta
> $1/8$ cucharadita de pimentón rojo en polvo (pimienta de Cayena)

1. Caliente el horno a 425°F. Prepare la masa; luego de doblar la masa en cuartos, coloque en un molde para quiche o para tartas de 9 pulgadas. Desdoble y acomode en el molde, presionando firmemente contra el fondo y los lados.

2. Ponga cuidadosamente una capa doble de papel aluminio sobre la masa, presionando el papel aluminio contra el fondo y los lados de la masa. Extienda el papel aluminio sobre los bordes para prevenir que se doren en exceso. Hornee 10 minutos; retire cuidadosamente el papel aluminio y hornee de 2 a 4 minutos más o hasta que la masa se comience a dorar y esté lista. Si en la masa se forman burbujas, presione suavemente las burbujas contra el fondo con el revés de una cuchara.

3. Espolvoree el tocino, el queso y la cebolla sobre la masa. En un recipiente grande, bata los huevos ligeramente con un tenedor o un batidor de alambre. Agregue los demás ingredientes y siga batiendo. Vierta la mezcla sobre la masa.

4. Baje la temperatura del horno a 325°F. Hornee de 45 a 50 minutos o hasta que al insertar un cuchillo en el centro, salga limpio. Deje reposar por 10 minutos antes de servir.

1 Porción: 600 Calorías (460 Calorías de Grasa); Grasas 51g (Saturada 25g); Colesterol 255mg; Sodio 550mg; Carbohidratos 20g (Fibra Dietética 1g); Proteína 16g **% de Valores Diarios:** Vitamina A 24%; Vitamina C 0%; Calcio 26%; Hierro 8% **Intercambios:** 1 Almidón, $1^1/2$ Carne con Alto Contenido de Grasa, 1 Vegetal, 8 Grasas **Opciones de Carbohidratos:** 1

QUICHE DE MARISCOS Sustituya 1 taza de carne de cangrejo picada (séquela con papel toalla o una toallita), camarones, palitos de mariscos (imitación de carne de cangrejo) o salmón por el tocino. Use $1/3$ taza de cebollitas verdes finamente picadas; aumente la sal a $1/2$ cucharadita.

Three-Bean Casserole
Cacerola con Tres Clases de Frijoles/Habichuelas

PREP: 20 min **BAKE:** 45 min ▪ **8 SERVINGS**

If you'd like to put a slightly different twist on this hearty casserole, use a pound of ground beef for the pork sausage and 1 cup barbecue sauce for the tomato sauce.

1 pound bulk pork sausage
2 medium stalks celery, sliced (1 cup)
1 medium onion, chopped ($1/2$ cup)
1 large clove garlic, finely chopped
2 cans (21 ounces each) baked beans (any variety)
1 can (15 to 16 ounces) lima or butter beans, drained
1 can (15 to 16 ounces) kidney beans, drained
1 can (8 ounces) tomato sauce
1 tablespoon ground mustard
2 tablespoons honey or packed brown sugar
1 tablespoon white or cider vinegar
$1/4$ teaspoon red pepper sauce

1. Heat oven to 400°F.

2. In 10-inch skillet, cook sausage, celery, onion and garlic over medium heat 8 to 10 minutes, stirring occasionally, until sausage is no longer pink; drain.

3. Mix sausage mixture and remaining ingredients in ungreased 3-quart casserole. Bake uncovered about 45 minutes, stirring once, until hot and bubbly.

1 Serving (about 1$1/3$ cups): Calories 365 (Calories from Fat 90); Fat 10g (Saturated 3g); Cholesterol 20mg; Sodium 1,400mg; Carbohydrate 62g (Dietary Fiber 15g); Protein 22g **% Daily Value:** Vitamin A 32%; Vitamin C 8%; Calcium 12%; Iron 22% **Exchanges:** 4 Starch, 1 Fat **Carbohydrate Choices:** 4

Cacerola con Tres Clases de Frijoles/Habichuelas
Three-Bean Casserole

PREPARACIÓN: 20 min **HORNEAR:** 45 min ▪ **RINDE 8 PORCIONES**

Si desea hacerle una pequeña variación a esta clásica cacerola, use una libra de carne molida de res en vez de la salchicha de cerdo y 1 taza de salsa para barbacoa en lugar de la salsa de tomate.

1 libra de salchicha de cerdo
2 tallos medianos de apio, picados (1 taza)
1 cebolla mediana, picada ($^1/_2$ taza)
1 diente de ajo grande, finamente picado
2 tazas (21 onzas cada una) de frijoles cocidos ("baked beans" en cualquier variedad)
1 lata (15 a 16 onzas) de habas, alubias o judías verdes ("lima beans" o "butter beans"), escurridas
1 lata (15 a 16 onzas) de frijoles rojos ("kidney beans"), escurridos
1 lata (8 onzas) de salsa de tomate
1 cucharada de mostaza en polvo
2 cucharadas de miel o azúcar morena comprimida
1 cucharada de vinagre blanco o de manzana
$^1/_4$ cucharadita de salsa picante roja

1. Caliente el horno a 400°F.

2. En una sartén de 10 pulgadas, cocine la salchicha, el apio, cebolla y ajo a fuego medio de 8 a 10 minutos, revolviendo ocasionalmente, hasta que la salchicha ya no esté de color rosado; escurra.

3. Revuelva la mezcla de salchicha con los demás ingredientes en una cacerola de 3 cuartos sin engrasar. Hornee sin tapar por 45 minutos, revolviendo la mezcla una sola vez, hasta que esté caliente y se formen burbujas.

1 Porción (aproximadamente 1$^1/_3$ tazas): 365 Calorías (90 Calorías de Grasa); Grasas 10g (Saturada 3g); Colesterol 20mg; Sodio 1,400mg; Carbohidratos 62g (Fibra Dietética 15g); Proteína 22g **% de Valores Diarios:** Vitamina A 32%; Vitamina C 8%; Calcio 12%; Hierro 22% **Intercambios:** 4 Almidones, 1 Grasa **Opciones de Carbohidratos:** 4

Cheesy Broccoli-Rice Bake

Arroz al Horno con Brócoli y Queso

PREP: 15 min **BAKE:** 35 min ▪ **8 SERVINGS**

The meatless casserole can be jazzed up by adding a 4-ounce can of chopped green chilies. Stir in with the broccoli and rice.

2 tablespoons butter or margarine
1 large onion, chopped (1 cup)
1 package (1 pound) pasteurized prepared cheese product loaf, cut into cubes
1 can (10.75 ounces) condensed cream of mushroom soup
$2/3$ cup milk
$1/4$ teaspoon pepper, if desired
2 cups $1/2$-inch pieces broccoli flowerets
3 cups cooked rice
1 cup fine soft bread crumbs (about $1^1/2$ slices bread)
2 tablespoons butter or margarine, melted

1. Heat oven to 350°F. Spray 13 × 9-inch glass baking dish with cooking spray.

2. In 10-inch skillet, melt 2 tablespoons butter over medium-high heat. Cook onion in butter, stirring occasionally, until crisp-tender; reduce heat to medium. Stir in cheese, soup, milk and pepper. Cook, stirring frequently, until cheese is melted.

3. Stir in broccoli and rice. Spoon into baking dish. In small bowl, mix bread crumbs and 2 tablespoons melted butter; sprinkle over rice mixture.

4. Bake uncovered 30 to 35 minutes or until light brown on top and bubbly around edges.

1 Serving: Calories 415 (Calories from Fat 245); Fat 27g (Saturated 16g); Cholesterol 70mg; Sodium 1,150mg; Carbohydrate 26g (Dietary Fiber 1g); Protein 17g **% Daily Value:** Vitamin A 24%; Vitamin C 18%; Calcium 36%; Iron 8% **Exchanges:** $1^1/2$ Starch, 1 Vegetable, $1^1/2$ Medium-Fat Meat, $3^1/2$ Fat **Carbohydrate Choices:** 2

Arroz al Horno con Brócoli y Queso
Cheesy Broccoli-Rice Bake

PREPARACIÓN: 15 min **HORNEAR:** 35 min ■ **RINDE 8 PORCIONES**

Esta cacerola vegetariana puede verse más alegre agregando una lata de 4 onzas de chiles verdes picados. Agréguela junto con el brócoli y el arroz.

2 cucharadas de mantequilla o margarina

1 cebolla grande, picada (1 taza)

1 paquete (1 libra) producto de queso pasteurizado en barra, cortado en cubitos

1 lata (10.75 onzas) sopa de crema de champiñones condensada

$^2/_3$ taza de leche

$^1/_4$ cucharadita de pimienta, si desea

2 tazas de florecitas de brócoli cortadas en piezas de $^1/_2$ pulgada

3 tazas de arroz cocido

1 taza de finas migajas de pan suave (aproximadamente $1^1/_2$ rebanadas de pan)

2 cucharadas de mantequilla o margarina, derretida

1. Caliente el horno a 350°F. Rocíe un molde para hornear de 13 × 9 pulgadas con aceite de cocinar.

2. En una sartén de 10 pulgadas, derrita 2 cucharadas de mantequilla a fuego medio-alto. Cocine la cebolla en mantequilla, revolviendo ocasionalmente, hasta que esté entre crujiente y blanda; reduzca a fuego medio. Agregue el queso, la sopa, la leche y la pimienta, y mezcle. Cocine, revolviendo con frecuencia, hasta que el queso se derrita.

3. Agregue el brócoli y el arroz y revuelva. Ponga la mezcla en el molde. En un recipiente pequeño, mezcle las migajas de pan y 2 cucharadas de mantequilla derretida; salpique sobre la mezcla de arroz.

4. Hornee sin cubrir de 30 a 35 minutos o hasta que se dore un poco por encima y se formen burbujas en los lados.

1 Porción: 415 Calorías (245 Calorías de Grasa); Grasas 27g (Saturada 16g); Colesterol 70mg; Sodio 1,150mg; Carbohidratos 26g (Fibra Dietética 1g); Proteína 17g **% de Valores Diarios:** Vitamina A 24%; Vitamina C 18%; Calcio 36%; Hierro 8% **Intercambios:** $1^1/_2$ Almidones, 1 Vegetal, $1^1/_2$ Carnes con Contenido Moderado de Grasa, $3^1/_2$ Grasas **Opciones de Carbohidratos:** 2

Red Beans and Rice

Arroz con Frijoles/Habichuelas

PREP: 10 min **COOK:** 1 hr 45 min **STAND:** 5 min ■ **8 SERVINGS**

If you don't have the time to cook the beans, substitute one 15- to 16-ounce can of red kidney beans (drained and liquid reserved) for the dried kidney beans. Be sure to omit the 3 cups water and step 1. See photo on page 152.

> 1 cup dried kidney beans (8 ounces), sorted and rinsed
> 3 cups water
> 2 ounces salt pork (with rind), diced, or 3 slices bacon, cut up
> 1 medium onion, chopped (^{1}/$_2$ cup)
> 1 medium green bell pepper, chopped (1 cup)
> 1 cup uncooked regular long-grain rice
> 1 teaspoon salt

1. In 3-quart saucepan, heat beans and water to boiling. Boil uncovered 2 minutes; reduce heat. Cover and simmer 1 hour to 1 hour 15 minutes or until tender (do not boil or beans will fall apart).

2. Drain beans, reserving liquid. In 10-inch skillet, cook salt pork over medium heat, stirring occasionally, until crisp. Stir in onion and bell pepper. Cook, stirring occasionally, until onion is tender.

3. Add enough water to bean liquid, if necessary, to measure 2 cups. Add bean liquid, salt pork mixture, rice and salt to beans in 3-quart saucepan. Heat to boiling, stirring once or twice; reduce heat. Cover and simmer 14 minutes (do not lift cover or stir); remove from heat. Fluff with fork. Cover and let steam 5 to 10 minutes.

1 Serving (about ^{3}/$_4$ cup): Calories 205 (Calories from Fat 35); Fat 4g (Saturated 2g); Cholesterol 5mg; Sodium 360mg; Carbohydrate 35g (Dietary Fiber 4g); Protein 7g **% Daily Value:** Vitamin A 0%; Vitamin C 12%; Calcium 2%; Iron 14% **Exchanges:** 2 Starch, 1 Vegetable, ^{1}/$_2$ Fat **Carbohydrate Choices:** 2

HOPPIN' JOHN Substitute 1 cup dried black-eyed peas for the kidney beans. Omit bell pepper.

Arroz con Frijoles/Habichuelas
Red Beans and Rice

PREPARACIÓN: 10 min **COCCIÓN:** 1 hora 45 min **REPOSAR:** 5 min ◼ **RINDE 8 PORCIONES**

Si no tiene tiempo para cocinar los frijoles/habichuelas, sustituya una lata de 15 a 16 onzas de frijoles rojos/habichuelas rojas (escurra y aparte el líquido) por los frijoles secos/habichuelas secas. Asegúrese de omitir las 3 tazas de agua y el paso 1. Vea la foto en la página 152.

    1 taza de frijoles secos/habichuelas secas (8 onzas), seleccionados y escurridos
    3 tazas de agua
    2 onzas de chicharrón de cerdo, en cubitos, o 3 lonjas de tocino, cortadas
    1 cebolla mediana, picada (1/2 taza)
    1 pimiento verde, picado (1 taza)
    1 taza de arroz crudo de grano largo
    1 cucharadita de sal

1. En una cacerola de 3 cuartos de galón, caliente los frijoles/habichuelas y el agua hasta que hierva. Hierva sin tapar por 2 minutos; reduzca el fuego. Tape y deje hervir a fuego bajo de 1 hora a 1 hora 15 minutos, o hasta que se ablanden (no hierva demasiado ya que los frijoles/habichuelas se pueden deshacer).

2. Escurra los frijoles/habichuelas, reservando el líquido. En una sartén de 10 pulgadas, cocine el chicharrón de cerdo a fuego medio, revolviendo ocasionalmente, hasta que esté crujiente. Agregue la cebolla y el pimiento rojo y revuelva. Cocine, revolviendo ocasionalmente, hasta que la cebolla se ablande.

3. Agregue suficiente agua al líquido de los frijoles/habichuelas, si es necesario, para medir 2 tazas. Agregue el líquido de los frijoles/habichuelas, la mezcla de chicharrón de cerdo, el arroz y la sal a los frijoles/habichuelas en la cacerola de 3 cuartos (3/4 galón). Caliente hasta que hierva, revolviendo una o dos veces; reduzca el fuego. Tape y deje hervir a fuego bajo por 14 minutos (no destape o revuelva); retire del fuego. Suelte el arroz con un tenedor. Tape y deje que se evapore de 5 a 10 minutos.

1 Porción (aproximadamente 3/4 de taza): 205 Calorías (35 Calorías de Grasa); Grasa 4g (Saturada 2g); Colesterol 5mg; Sodio 360mg; Carbohidratos 35g (Fibra Dietética 4g); Proteína7g **% de Valores Diarios:** Vitamina A 0%; Vitamina C 12%; Calcio 2%; Hierro 14%
Intercambios: 2 Almidones, 1 Vegetal, 1/2 Grasa **Opciones de Carbohidratos:** 2

"HOPPIN' JOHN" O ARROZ CON FRIJOLES DE CARETE ("BLACK-EYED PEAS")
Sustituya 1 taza de frijoles de carete por los frijoles rojos/habichuelas rojas. Omita el pimiento rojo.

Red Beans and Rice (page 150)   **Arroz con Frijoles/Habichuelas (página 151)** ▼

▼ **Roasted Vegetable Stew (page 154)**　■　**Estofado de Vegetales Asados (página 155)**

Roasted Vegetable Stew
Estofado de Vegetales Asados

PREP: 15 min **BROIL:** 15 min **COOK:** 20 min ▪ **6 SERVINGS**

Loading up a soup or stew with vegetables and pasta makes it a very substantial meatless meal. Mandarin Salad (page 200) and your favorite bread would be perfect to add to this meal. See photo on page 153.

5 small red potatoes ($3/4$ pound), cut into fourths
1 large onion, cut into fourths
1 medium red bell pepper, cut into fourths and seeded
1 medium green bell pepper, cut into fourths and seeded
1 medium carrot, cut into $1/4$-inch diagonal slices
1 small zucchini, cut into $1/2$-inch slices
4 ounces medium whole mushrooms
2 cloves garlic, finely chopped
2 tablespoons olive or vegetable oil
1 can (14 ounces) vegetable or chicken broth
2 cans (14.5 ounces each) Italian-style stewed tomatoes, undrained
$1 1/4$ cups uncooked rotini pasta (4 ounces)
2 tablespoons chopped fresh parsley
Freshly ground pepper, if desired

1. Set oven control to broil. In large bowl, toss potatoes, onion, bell peppers, carrot, zucchini, mushrooms, garlic and oil. In ungreased 15 × 10 × 1-inch pan, spread vegetable mixture, skin sides up.

2. Broil with tops 4 to 6 inches from heat 10 to 15 minutes or until roasted. Remove vegetables as they become soft; cool. Remove skins from peppers. Coarsely chop potatoes, onion and peppers.

3. In 4-quart Dutch oven, mix vegetables, broth, tomatoes and pasta. Heat to boiling; reduce heat. Cover and simmer about 15 minutes, stirring occasionally, until pasta is tender. Sprinkle with parsley and pepper.

1 Serving (about 1½ cups): Calories 245 (Calories from Fat 45); Fat 5g (Saturated 1g); Cholesterol 0mg; Sodium 680mg; Carbohydrate 49g (Dietary Fiber 6g); Protein 7g **% Daily Value:** Vitamin A 78%; Vitamin C 48%; Calcium 8%; Iron 18% **Exchanges:** 2 Starch, 3 Vegetable **Carbohydrate Choices:** 3

Estofado de Vegetales Asados
Roasted Vegetable Stew

PREPARACIÓN: 15 min **ASAR:** 15 min **COCCIÓN:** 20 min ▪ **RINDE 6 PORCIONES**

Llenar una sopa o estofado con vegetales y pasta es hacer una comida sustanciosa sin carne. Una Ensalada Mandarina o China (página 201) y el pan de su preferencia serían el complemento perfecto para esta comida. Vea la foto en la página 153.

5 papas rojas pequeñas ($^3/_4$ libra), cortadas en cuartos
1 cebolla grande, cortada en cuartos
1 pimiento rojo mediano, cortado en cuartos y sin semillas
1 pimiento verde mediano, cortado en cuartos y sin semillas
1 zanahoria mediana, cortada en rebanadas diagonales de $^1/_4$ de pulgada
1 calabacín pequeño, cortado en rebanadas de $^1/_2$ pulgada
4 onzas de champiñones medianos enteros
2 dientes de ajo, finamente picados
2 cucharadas de aceite de oliva o vegetal
1 lata (14 onzas) caldo de pollo o de vegetales
2 tazas (14.5 onzas cada una) de tomates guisados estilo italiano, escurridas
1$^1/_4$ tazas de pasta rotini (de espirales) cruda (4 onzas)
2 cucharadas de perejil fresco picado
Pimienta fresca molida, si desea

1. Ponga el horno en la función de asar ("broil"). En un recipiente grande, mezcle las papas, cebolla, pimientos, zanahoria, calabacín, champiñones, ajo y aceite. En un molde de 15 × 10 × 1 pulgadas sin engrasar, esparza la mezcla de vegetales, con las cáscaras hacia arriba.

2. Hornee en "broil" con la parte de encima a una distancia de 4 a 6 pulgadas del fuego, de 10 a 15 minutos o hasta que se asen. Retire los vegetales cuando se suavicen; déjelos enfriar. Quite las cáscaras a los pimientos. Pique las papas, las cebollas y los pimientos en pedazos grandes.

3. En una cacerola grande y profunda ("dutch oven") de 4 cuartos (1 galón), mezcle los vegetales, el caldo, los tomates y la pasta. Caliente hasta que hierva; reduzca el fuego. Tape y deje hervir a fuego bajo por unos 15 minutos, revolviendo ocasionalmente, hasta que la pasta se ablande. Espolvoree con perejil y pimienta.

1 Porción (aproximadamente1$^1/_2$ tazas): 245 Calorías (45 Calorías de Grasa); Grasas 5g (Saturada 1g); Colesterol 0mg; Sodio 680mg; Carbohidratos 49g (Fibra Dietética 6g); Proteína 7g **% de Valores Diarios:** Vitamina A 78%; Vitamina C 48%; Calcio 8%; Hierro 18%
Intercambios: 2 Almidones, 3 Vegetales **Opciones de Carbohidratos:** 3

Chunky Vegetable Lasagna
Lasaña de Vegetales

PREP: 35 min **BAKE:** 40 min **STAND:** 10 min ■ **8 SERVINGS**

This colorful veggie lasagna is packed with vitamins, fiber and lots of calcium. Serve with a green salad and warm rolls for a complete meal.

12 uncooked lasagna noodles
3 cups frozen broccoli flowerets (from 1-pound bag), thawed
3 large carrots, coarsely shredded (2 cups)
1 can (14.5 ounces) diced tomatoes, drained
1 medium red bell pepper, cut into thin strips
1 medium green bell pepper, cut into thin strips
3/4 cup Basil Pesto (right) or purchased basil pesto
1/4 teaspoon salt
1 container (15 ounces) ricotta cheese
1/2 cup grated Parmesan cheese
1/4 cup chopped fresh parsley
1 large egg
3 tablespoons butter or margarine
1 clove garlic, finely chopped
3 tablespoons all-purpose flour
2 cups milk
3 cups shredded mozzarella cheese (12 ounces)

1. Heat oven to 350°F.

2. Cook and drain noodles as directed on package.

3. In large bowl, mix broccoli, carrots, tomatoes, bell peppers, Basil Pesto and salt. In medium bowl, mix ricotta cheese, Parmesan cheese, parsley and egg.

4. In 2-quart saucepan, melt butter over medium heat. Cook garlic in butter about 2 minutes, stirring frequently, until garlic is golden. Stir in flour. Cook over medium heat, stirring constantly, until mixture is smooth and bubbly; remove from heat. Stir in milk. Heat to boiling, stirring constantly. Boil and stir 1 minute.

5. Place 3 noodles in ungreased 13 × 9-inch pan. Spread half of the cheese mixture over noodles. Top with 3 noodles; spread with half of the vegetable mixture. Sprinkle with 1 cup of the mozzarella cheese. Top with 3 noodles; spread with remaining cheese mixture. Top with 3 noodles; spread with remaining vegetable mixture. Pour sauce evenly over top. Sprinkle with remaining 2 cups mozzarella cheese.

6. Bake uncovered 35 to 40 minutes or until hot in center. Let stand 10 minutes before cutting.

Basil Pesto

2 cups firmly packed fresh basil leaves
3/4 cup grated Parmesan cheese
1/4 cup pine nuts
1/2 cup olive or vegetable oil
3 cloves garlic

In blender or food processor, place all ingredients. Cover and blend on medium speed about 3 minutes, stopping occasionally to scrape sides, until smooth. Refrigerate unused pesto up to 5 days or freeze up to 1 month (color of pesto will darken as it stands).

1 Serving: Calories 560 (Calories from Fat 280); Fat 31g (Saturated 14g); Cholesterol 85mg; Sodium 820mg; Carbohydrate 40g (Dietary Fiber 5g); Protein 30g **% Daily Value:** Vitamin A 100%; Vitamin C 68%; Calcium 68%; Iron 18% **Exchanges:** 2 Starch, 2 Vegetable, 3 High-Fat Meat, 1 Fat **Carbohydrate Choices:** 2 1/2

Lasaña de Vegetales
Chunky Vegetable Lasagna

PREPARACIÓN: 35 min **HORNEAR:** 40 min **REPOSAR:** 10 min ▪ **RINDE 8 PORCIONES**

Esta colorida lasaña de vegetales está llena de vitaminas, fibra y mucho calcio. Servida con una ensalada verde y panecillos calientes, es una comida completa.

12 pasta cruda para lasaña

3 tazas de florecitas de brócoli congelado (de 1 bolsa de 1 libra), descongeladas

3 zanahorias grandes, ralladas (2 tazas)

1 lata (14.5 onzas) de tomate en cubitos, escurrida

1 pimentón o pimiento rojo mediano, cortado en tiras finas

1 pimentón o pimiento verde mediano, cortado en tiras finas

3/4 taza de Pesto de Albahaca (derecha) o pesto de albahaca comprado

1/4 cucharadita de sal

1 recipiente (15 onzas) de queso ricota o requesón

1/2 taza de queso Parmesano rallado

1/4 taza de perejil fresco picado

1 huevo grande

3 cucharadas de mantequilla o margarina

1 diente de ajo, finamente picado

3 cucharadas de harina regular

2 tazas de leche

3 tazas de queso "Mozzarella" rallado (12 onzas)

1. Caliente el horno a 350°F.

2. Cocine y escurra la pasta como se indica en el paquete.

3. En un recipiente grande, mezcle el brócoli, las zanahorias, tomates, pimientos, el Pesto de Albahaca y la sal. En un recipiente mediano, mezcle el queso ricota, el queso Parmesano, el perejil y el huevo.

4. En una cacerola de 2 cuartos (1/2 galón), derrita la mantequilla a fuego medio. Cocine el ajo en mantequilla por unos 2 minutos, revolviendo con frecuencia, hasta que el ajo se dore. Agregue la harina y mezcle. Cocine a fuego medio, revolviendo constantemente, hasta que la mezcla se suavice y se formen burbujas; retire del fuego. Agregue la leche. Caliente hasta que hierva, revolviendo constantemente. Hierva y revuelva por 1 minuto.

5. Coloque 3 tiras de pasta en un molde de 13 × 9 pulgadas sin engrasar. Esparza la mitad de la mezcla de queso sobre la pasta. Cubra con otras 3 tiras de pasta; esparza la mitad de la mezcla de vegetales. Espolvoree con 1 taza de queso "Mozzarella". Cubra con otras 3 tiras; esparza la mezcla restante de queso. Cubra con otras 3 tiras; esparza la mezcla restante de vegetales. Vierta la salsa encima de manera uniforme. Espolvoree con las 2 tazas restantes de queso "Mozzarella".

6. Hornee sin cubrir de 35 a 40 minutos o hasta que el centro esté caliente. Deje reposar por 10 minutos antes de cortar.

Pesto de Albahaca

2 tazas bien llenas de hojas de albahaca fresca

3/4 taza de queso Parmesano rallado

1/4 taza de piñones ("pine nuts")

1/2 taza de aceite de oliva o vegetal

3 dientes de ajo

Coloque todos los ingredientes en una licuadora o procesadora de alimentos. Tape y licúe a velocidad media por unos 3 minutos, parando de vez en cuando para raspar los lados, hasta que se suavice. Refrigere el pesto que no vaya a usar hasta por 5 días o congélelo hasta por 1 mes (el color del pesto se oscurecerá al dejarlo reposar).

1 Porción: 560 Calorías (280 Calorías de Grasa); Grasas 31g (Saturada 14g); Colesterol 85mg; Sodio 820mg; Carbohidratos 40g (Fibra Dietética 5g); Proteína 30g **% de Valores Diarios:** Vitamina A 100%; Vitamina C 68%; Calcio 68%; Hierro 18% **Intercambios:** 2 Almidones, 2 Vegetales, 3 Carnes con Alto Contenido de Grasa, 1 Grasa **Opciones de Carbohidratos:** 2 1/2

Fettuccine Alfredo
Fettuccine Alfredo

PREP: 10 min **COOK:** 15 min ▪ **4 SERVINGS**

A rich northern Italian dish named after restaurateur Alfredo di Lello, who created it. Fettuccine Alfredo can be served as a side dish as well as a main dish. Note that freshly grated Parmesan cheese will result in a thinner sauce than when canned grated cheese is used.

8 ounces uncooked fettuccine
$1/2$ cup butter or margarine
$1/2$ cup whipping (heavy) cream
$3/4$ cup grated Parmesan cheese
$1/2$ teaspoon salt
Dash of pepper
Chopped fresh parsley

1. Cook fettuccine as directed on package.

2. While fettuccine is cooking, heat butter and whipping cream in 10-inch skillet over medium heat, stirring frequently, until butter is melted and mixture starts to bubble. Reduce heat to low, simmer 6 minutes, stirring frequently, until sauce is slightly thickened. Remove from heat; stir in cheese, salt and pepper.

3. Drain fettuccine; return to saucepan. Pour sauce over fettuccine; toss until fettuccine is well coated. Sprinkle with parsley.

1 Serving (about 1 cup): Calories 550 (Calories from Fat 350); Fat 39g (Saturated 25g); Cholesterol 160mg; Sodium 810mg; Carbohydrate 38g (Dietary Fiber 2g); Protein 15g **% Daily Value:** Vitamin A 28%; Vitamin C 0%; Calcium 30%; Iron 14% **Exchanges:** $2^{1}/2$ Starch, 1 High-Fat Meat, $5^{1}/2$ Fat **Carbohydrate Choices:** $2^{1}/2$

Fettuccine Alfredo
Fettuccine Alfredo

PREPARACIÓN: 10 min **COCCIÓN:** 15 min ■ **RINDE 4 PORCIONES**

Un platillo del norte de Italia, llamado así por su creador, propietario de un restaurante, Alfredo di Lello. El Fettuccine Alfredo se puede servir como un acompañamiento o como un platillo principal. Note que el queso Parmesano fresco rallado dará como resultado una salsa menos espesa que al usar el queso Parmesano rallado enlatado.

> 8 onzas de fettuccine crudo
> $^1/_2$ taza de mantequilla o margarina
> $^1/_2$ taza de crema (espesa) para batir
> $^3/_4$ taza de queso Parmesano rallado
> $^1/_2$ cucharadita de sal
> Pizca de pimienta
> Perejil fresco picado

1. Cocine el fettuccine como se indica en el paquete.

2. Mientras se cocina el fettuccine, caliente la mantequilla y la crema para batir en una sartén de 10 pulgadas a fuego medio, revolviendo con frecuencia, hasta que la mantequilla se derrita y en la mezcla se formen burbujas. Baje el fuego, hierva a fuego bajo por 6 minutos, revolviendo con frecuencia, hasta que la salsa haya espesado ligeramente. Retire del fuego; agregue el queso, la sal y pimienta, y revuelva.

3. Escurra el fettuccine; vuelva a colocarlo en la sartén. Vierta la salsa sobre el fettuccine; revuelva bien hasta cubrir el fettuccine con la salsa. Espolvoree con el perejil.

1 Porción (aproximadamente 1 taza): 550 Calorías (350 Calorías de Grasa); Grasas 39g (Saturada 25g); Colesterol 160mg; Sodio 810mg; Carbohidratos 38g (Fibra Dietética 2g); Proteína 15g **% de Valores Diarios:** Vitamina A 28%; Vitamina C 0%; Calcio 30%; Hierro 14% **Intercambios:** $2^1/_2$ Almidones, 1 Carne con Alto Contenido de Grasa, $5^1/_2$ Grasas **Opciones de Carbohidratos:** $2^1/_2$

Vermicelli with Fresh Herbs
Fideos con Hierbas Frescas

Fideos con Hierbas Frescas
Vermicelli with Fresh Herbs

PREP: 10 min **COOK:** 7 min ■ **6 SERVINGS**

PREPARACIÓN: 10 min **COCCIÓN:** 7 min ■ **RINDE 6 PORCIONES**

Because the oil and herbs are not warmed before tossing with the hot pasta, they will cool the pasta slightly when you mix them. We recommend warming your serving bowl by filling with hot water and then letting it stand while the pasta's cooking. Pour the water out just before you're ready to add the pasta.

1 package (16 ounces) vermicelli
1 tablespoon capers
1/4 cup olive or vegetable oil
2 tablespoons chopped pine nuts
1 tablespoon chopped fresh parsley
2 teaspoons chopped fresh rosemary leaves
2 teaspoons chopped fresh sage leaves
1 teaspoon chopped fresh basil leaves
1 pint (2 cups) cherry tomatoes, cut into fourths
Freshly ground pepper, if desired

1. Cook vermicelli as directed on package.

2. Meanwhile, coarsely chop capers if they are large. In medium bowl, mix capers and remaining ingredients except tomatoes and pepper. Stir in tomatoes.

3. Drain vermicelli. In large bowl, toss vermicelli and herb mixture. Sprinkle with pepper.

1 Serving (about 1¹/₂ cups): Calories 390 (Calories from Fat 110); Fat 12g (Saturated 2g); Cholesterol 0mg; Sodium 50mg; Carbohydrate 64g (Dietary Fiber 4g); Protein 11g **% Daily Value:** Vitamin A 10%; Vitamin C 10%; Calcium 2%; Iron 20% **Exchanges:** 4 Starch, 1 Vegetable, 1 Fat **Carbohydrate Choices:** 4

Debido a que el aceite y las hierbas aromáticas no están calientes cuando se revuelven con la pasta caliente, hacen que la pasta se enfríe un poco al revolverlos. Le recomendamos calentar el recipiente donde se va a servir la pasta llenándolo de agua caliente y dejándolo reposar mientras se cuece la pasta. Tire el agua del recipiente justo antes de servir la pasta.

1 paquete (16 onzas) de fideos "vermicelli"
1 cucharada de alcaparras
1/4 taza de aceite de oliva o vegetal
2 cucharadas de piñones ("pine nuts") picados
1 cucharada de perejil fresco picado
2 cucharaditas de romero fresco picado
2 cucharaditas de hojas de salvia fresca picada
1 cucharadita de hojas de albahaca fresca picada
1 pinta (2 tazas) de tomates cereza o "cherry" rojos, cortados en cuartos
Pimienta fresca molida, si desea

1. Cocine los fideos como se indica en el paquete.

2. Mientras tanto, pique las alcaparras si están grandes. En un recipiente mediano, mezcle las alcaparras y los demás ingredientes, excepto los tomates y la pimienta. Añada los tomates y revuelva.

3. Escurra los fideos. En un recipiente grande, mezcle los fideos con la mezcla de hierbas. Espolvoree con pimienta.

1 Porción (aproximadamente 1¹/₂ tazas): 390 Calorías (110 Calorías de Grasa); Grasas 12g (Saturada 2g); Colesterol 0mg; Sodio 50mg; Carbohidratos 64g (Fibra Dietética 4g); Proteína 11g **% de Valores Diarios:** Vitamina A 10%; Vitamina C 10%; Calcio 2%; Hierro 20% **Intercambios:** 4 Almidones, 1 Vegetal, 1 Grasa **Opciones de Carbohidratos:** 4

Pasta Primavera
Pasta Primavera

PREP: 15 min **COOK:** 20 min ■ **4 SERVINGS**

Primavera is an Italian word meaning spring-style and refers to the raw or crisp-cooked vegetables tossed with hot cooked pasta. See photo on page 164.

8 ounces uncooked fettuccine or linguine
1 tablespoon olive or vegetable oil
1 cup broccoli flowerets
1 cup cauliflowerets
2 medium carrots, thinly sliced (1 cup)
1 cup frozen green peas (from 1-pound bag), rinsed to separate
1 small onion, chopped ($1/4$ cup)
$1/2$ cup butter or margarine
$1/2$ cup whipping (heavy) cream
$3/4$ cup grated Parmesan cheese
$1/2$ teaspoon salt
Dash of pepper
1 tablespoon grated Parmesan cheese

1. Cook fettuccine as directed on package.

2. While fettuccine is cooking, heat oil in 12-inch skillet over medium-high heat. Cook broccoli, cauliflower, carrots, peas and onion in oil 6 to 8 minutes, stirring frequently, until vegetables are crisp-tender. Remove from heat; keep warm.

3. Heat butter and whipping cream in 10-inch skillet over medium heat, stirring frequently, until butter is melted and mixture starts to bubble. Reduce heat to low, simmer 6 minutes, stirring frequently, until sauce is slightly thickened. Remove from heat; stir in $3/4$ cup cheese, salt and pepper. Stir sauce into vegetable mixture.

4. Drain fettuccine. Stir fettuccine into sauce mixture; heat through. Sprinkle with 1 tablespoon cheese.

1 Serving (about 1$3/4$ cups): Calories 500 (Calories from Fat 270); Fat 30g (Saturated 11g); Cholesterol 130mg; Sodium 420mg; Carbohydrate 48g (Dietary Fiber 5g); Protein 15g **% Daily Value:** Vitamin A 46%; Vitamin C 30%; Calcium 22%; Iron 18% **Exchanges:** 3 Starch, 1 Vegetable, $1/2$ High-Fat Meat, 4 Fat **Carbohydrate Choices:** 3

Pasta Primavera
Pasta Primavera

PREPARACIÓN: 15 min **COCCIÓN:** 20 min ▪ **RINDE 4 PORCIONES**

"Primavera" es una palabra que en italiano significa estilo primaveral, y se refiere a los vegetales crudos o cocidos, pero crujientes, que se mezclan con la pasta caliente. Vea la foto en la página 164.

8 onzas de fettuccine o linguine crudo
1 cucharada de aceite de oliva o vegetal
1 taza de florecitas de brócoli
1 taza de florecitas de coliflor
2 zanahorias medianas, finamente rebanadas (1 taza)
1 taza de chícharos/guisantes congelados (de 1 bolsa de 1 libra), enjuagados para separarlos
1 cebolla pequeña, picada ($1/4$ taza)
$1/2$ taza de mantequilla o margarina
$1/2$ taza de crema (espesa) para batir
$3/4$ taza de queso Parmesano rallado
$1/2$ cucharadita de sal
Pizca de pimienta
1 cucharada de queso Parmesano rallado

1. Cocine el fettuccine como se indica en el paquete.

2. Mientras se cocina el fettuccine, caliente el aceite en una sartén de 12 pulgadas a fuego medio-alto. Cocine el brócoli, la coliflor, zanahorias, chícharos/guisantes y cebolla en aceite de 6 a 8 minutos, revolviendo con frecuencia, hasta que los vegetales estén crujientes, pero suaves. Retire del fuego; mantenga caliente.

3. Caliente la mantequilla y la crema para batir en una sartén de 10 pulgadas a fuego medio, revolviendo con frecuencia, hasta que la mantequilla se derrita y en la mezcla se formen burbujas. Reduzca el fuego, hierva a fuego bajo por 6 minutos, revolviendo con frecuencia, hasta que la salsa comience a espesar. Retire del fuego; agregue y mezcle $3/4$ de taza de queso, la sal y la pimienta. Vierta la salsa en la mezcla de vegetales, y revuelva.

4. Escurra el fettuccine. Agregue el fettuccine a la salsa y revuelva; caliente completamente. Espolvoree con una cucharada de queso.

1 Porción (aproximadamente 1$3/4$ tazas): 500 Calorías (270 Calorías de Grasa); Grasas 30g (Saturada 11g); Colesterol 130mg; Sodio 420mg; Carbohidratos 48g (Fibra Dietética 5g); Proteína 15g **% de Valores Diarios:** Vitamina A 46%; Vitamina C 30%; Calcio 22%; Hierro 18%
Intercambios: 3 Almidones, 1 Vegetal, $1/2$ Carne con Alto Contenido de Grasa, 4 Grasas **Opciones de Carbohidratos:** 3

Pasta Primavera (page 162)   **Pasta Primavera (página 163)** ▼

▼ **Macaroni and Cheese (page 166)**  **Macarrones con Queso (página 167)**

Macaroni and Cheese
Macarrones con Queso

PREP: 25 min **BAKE:** 25 min ■ **4 SERVINGS**

Mix up your cheeses! Try Queso Fresco, smoked Gouda or white Cheddar for all or half of the sharp Cheddar. Stir in crumbled cooked bacon and crumble a little blue cheese over the top for a hearty, richly-flavored twist. See photo on page 165.

2 cups uncooked elbow macaroni (7 ounces)
1/4 cup butter or margarine
1/4 cup all-purpose flour
1/2 teaspoon salt
1/4 teaspoon pepper
1/4 teaspoon ground mustard
1/4 teaspoon Worcestershire sauce
2 cups milk
2 cups shredded sharp Cheddar cheese (8 ounces)

1. Heat oven to 350°F.

2. Cook macaroni as directed on package.

3. Meanwhile, in 3-quart saucepan, melt butter over low heat. Stir in flour, salt, pepper, mustard and Worcestershire sauce. Cook over low heat, stirring constantly, until mixture is smooth and bubbly; remove from heat. Stir in milk. Heat to boiling, stirring constantly. Boil and stir 1 minute; remove from heat. Stir in cheese until melted.

4. Drain macaroni. Gently stir macaroni into cheese sauce. Pour into ungreased 2-quart casserole.

5. Bake uncovered 20 to 25 minutes or until bubbly.

1 Serving (about 1 cup): Calories 610 (Calories from Fat 305); Fat 34g (Saturated 21g); Cholesterol 100mg; Sodium 790mg; Carbohydrate 51g (Dietary Fiber 2g); Protein 26g **% Daily Value:** Vitamin A 28%; Vitamin C 0%; Calcium 46%; Iron 14% **Exchanges:** 2 1/2 Starch, 1 Milk, 1 1/2 High-Fat Meat, 4 Fat **Carbohydrate Choices:** 3 1/2

Macarrones con Queso
Macaroni and Cheese

PREPARACIÓN: 25 min **HORNEAR:** 25 min ■ **RINDE 4 PORCIONES**

¡Combine sus quesos! Pruebe el Queso Fresco, el "Gouda" ahumado o el "Cheddar" blanco en lugar de todo o la mitad del queso "Cheddar" fuerte ("sharp"). Revuelva con trocitos de tocino frito y espolvoree por encima con un poco de queso Roquefort para otro rico y apetitoso sabor. Vea la foto en la página 165.

> 2 tazas de macarrones crudos en forma de coditos (7 onzas)
> $1/4$ taza de mantequilla o margarina
> $1/4$ taza de harina regular
> $1/2$ cucharadita de sal
> $1/4$ cucharadita de pimienta
> $1/4$ cucharadita de mostaza en polvo
> $1/4$ cucharadita de salsa inglesa "Worcestershire"
> 2 tazas de leche
> 2 tazas de queso rallado "Cheddar" fuerte ("sharp") (8 onzas)

1. Caliente el horno a 350°F.

2. Cocine los macarrones como se indica en el paquete.

3. Mientras tanto, en una cacerola de 3 cuartos ($3/4$ galón), derrita la mantequilla a fuego bajo. Agregue la harina, sal, pimienta mostaza y la salsa inglesa, y mezcle. Cocine a fuego bajo, revolviendo constantemente, hasta que la mezcla quede suave y se formen burbujas; retire del fuego. Añada la leche. Caliente hasta que hierva, revolviendo constantemente. Hierva y mezcle por 1 minuto; retire del fuego. Agregue el queso hasta que se derrita.

4. Escurra los macarrones. Cuidadosamente, agregue los macarrones a la salsa de queso y revuelva. Páselos a una cacerola de 2 cuartos ($1/2$ galón), sin engrasar.

5. Hornee sin cubrir de 20 a 25 minutos o hasta que se formen burbujas.

1 Porción (aproximadamente 1 taza): 610 Calorías (305 Calorías de Grasa); Grasas 34g (Saturada 21g); Colesterol 100mg; Sodio 790mg; Carbohidratos 51g (Fibra Dietética 2g); Proteína 26g **% de Valores Diarios:** Vitamina A 28%; Vitamina C 0%; Calcio 46%; Hierro 14% **Intercambios:** $2^1/2$ Almidones, 1 Leche, $1^1/2$ Carnes con Alto Contenido de Grasa, 4 Grasas **Opciones de Carbohidratos:** $3^1/2$

Italian Sausage Lasagna
Lasaña de Salchicha Italiana

PREP: 1 hr 10 min **BAKE:** 45 min **STAND:** 15 min ▪ **8 SERVINGS**

This is a great recipe to make ahead. Cover the unbaked lasagna with foil and refrigerate no longer than 24 hours or freeze no longer than 2 months. Bake covered 45 minutes; uncover and bake refrigerated lasagna 15 to 20 minutes longer or frozen lasagna 35 to 45 minutes longer until hot and bubbly.

1 pound bulk Italian sausage or lean (at least 80%) ground beef
1 medium onion, chopped ($^1/_2$ cup)
1 clove garlic, finely chopped
3 tablespoons chopped fresh parsley
1 tablespoon chopped fresh or 1 teaspoon dried basil leaves
1 teaspoon sugar
1 can (14.5 ounces) whole tomatoes, undrained
1 can (15 ounces) tomato sauce
8 uncooked lasagna noodles
1 container (15 ounces) ricotta cheese or small curd creamed cottage cheese (2 cups)
$^1/_2$ cup grated Parmesan cheese
1 tablespoon chopped fresh or 1$^1/_2$ teaspoons dried oregano leaves
2 cups shredded mozzarella cheese (8 ounces)

1. In 10-inch skillet, cook sausage, onion and garlic over medium heat 8 to 10 minutes, stirring occasionally, until sausage is no longer pink; drain.

2. Stir in 2 tablespoons of the parsley, the basil, sugar, tomatoes and tomato sauce, breaking up tomatoes with a fork or snipping with kitchen scissors. Heat to boiling, stirring occasionally; reduce heat. Simmer uncovered about 45 minutes or until slightly thickened.

3. Heat oven to 350°F. Cook noodles as directed on package.

4. Meanwhile, in small bowl, mix ricotta cheese, $^1/_4$ cup of the Parmesan cheese, the oregano and remaining 1 tablespoon parsley.

5. Drain noodles. In ungreased 13 × 9-inch glass baking dish, spread half of the sausage mixture (about 2 cups). Top with 4 noodles. Spread half of the cheese mixture (about 1 cup) over noodles. Sprinkle with half of the mozzarella cheese. Repeat layers, ending with mozzarella. Sprinkle with remaining $^1/_4$ cup Parmesan cheese.

6. Cover and bake 30 minutes. Uncover and bake about 15 minutes longer or until hot and bubbly. Let stand 15 minutes before cutting.

1 Serving: Calories 430 (Calories from Fat 200); Fat 22g (Saturated 11g); Cholesterol 70mg; Sodium 1,110mg; Carbohydrate 28g (Dietary Fiber 2g); Protein 29g **% Daily Value:** Vitamin A 20%; Vitamin C 14%; Calcium 48%; Iron 16% **Exchanges:** 2 Starch, 3 Medium-Fat Meat, 1 Fat **Carbohydrate Choices:** 2

EASY ITALIAN SAUSAGE LASAGNA Substitute 4 cups (from 48-ounce jar) tomato pasta sauce with meat for the first 8 ingredients (do not use thick or extra-thick varieties). Omit steps 1 and 2.

Lasaña de Salchicha Italiana
Italian Sausage Lasagna

PREPARACIÓN: 1 hora 10 min **HORNEAR:** 45 min **REPOSAR:** 15 min ■ **RINDE 8 PORCIONES**

Ésta es una buena receta para preparar con anterioridad. Cubra la lasaña sin hornear con papel aluminio, y refrigérela por no más de 24 horas o congélela por no más de 2 meses. Hornéela cubierta por 45 minutos; luego, descubra y hornee la lasaña refrigerada por 15 a 20 minutos más, o si estuvo congelada, por 35 a 45 minutos más, hasta que esté caliente y burbujeante.

1 libra de salchicha italiana o carne molida magra (por lo menos al 80%)
1 cebolla mediana, picada ($1/2$ taza)
1 diente de ajo, finamente picado
3 cucharadas de perejil fresco picado
1 cucharada de hojas de albahaca fresca o 1 cucharadita de hojas de albahaca seca
1 cucharadita de azúcar
1 lata (14.5 onzas) de tomates enteros, sin escurrir
1 lata (15 onzas) de salsa de tomate
8 tiras de pasta para lasaña
1 recipiente (15 onzas) de queso ricota o de queso "cottage" pequeño (2 tazas)
$1/2$ taza de queso Parmesano rallado
1 cucharada de hojas de orégano fresco picado o $1^1/2$ cucharaditas de orégano seco
2 tazas de queso "Mozzarella" rallado (8 onzas)

1. En una sartén de 10 pulgadas, cocine la salchicha, la cebolla y el ajo a fuego bajo de 8 a 10 minutos, revolviendo ocasionalmente, hasta que la salchicha ya no esté de color rosado; escurra.

2. Agregue 2 cucharadas de perejil, la albahaca, azúcar, tomates y la salsa de tomate, partiendo los tomates con un tenedor o cortando con unas tijeras de cocina. Caliente hasta que hierva, revolviendo ocasionalmente; reduzca el fuego. Deje hervir a fuego bajo sin tapar por unos 45 minutos, o hasta que haya espesado un poco.

3. Caliente el horno a 350°F. Cocine las tiras de pasta como se indica en el paquete.

4. Mientras tanto, en un recipiente pequeño, mezcle el queso ricota, $1/4$ de taza de queso Parmesano, el orégano y 1 cucharada del perejil restante.

5. Escurra las tiras de pasta. En un molde para hornear de 13 × 9 pulgadas de vidrio, esparza la mitad de la mezcla de salchicha (aproximadamente 2 tazas). Cubra con otras 4 tiras de pasta. Esparza la mitad de la mezcla de queso (aproximadamente 1 taza) sobre la pasta. Espolvoree con la mitad del queso "Mozzarella". Repita las capas, terminando con el queso "Mozzarella". Espolvoree con el $1/4$ taza de queso Parmesano restante.

6. Cubra y hornee por 30 minutos. Destape y hornee por unos 15 minutos más o hasta que esté caliente y se formen burbujas. Deje reposar por 15 minutos antes de cortar.

1 Porción: 430 Calorías (200 Calorías de Grasa); Grasas 22g (Saturada 11g); Colesterol 70mg; Sodio 1,110mg; Carbohidratos 28g (Fibra Dietética 2g); Proteína 29g **% de Valores Diarios:** Vitamina A 20%; Vitamina C 14%; Calcio 48%; Hierro 16% **Intercambios:** 2 Almidones, 3 Carnes con Contenido Moderado de Grasa, 1 Grasa **Opciones de Carbohidratos:** 2

FÁCIL LASAÑA DE SALCHICHA ITALIANA Substituya 4 tazas (de un frasco de 48 onzas) de salsa de tomate para pastas con carne por los primeros 8 ingredientes (no use las variedades de salsa espesa o muy espesa). Omita los pasos 1 y 2.

Spaghetti and Meatballs
Espagueti con Albóndigas

PREP: 1 hr 10 min **COOK:** 30 min ▪ **6 SERVINGS**

When you need to shortcut this recipe, substitute 4 cups of your favorite tomato pasta sauce for the homemade Italian Tomato Sauce.

Italian Tomato Sauce (right)
1 pound lean (at least 80%) ground beef
1/2 cup dry bread crumbs
1/4 cup milk
1/2 teaspoon salt
1/2 teaspoon Worcestershire sauce
1/4 teaspoon pepper
1 small onion, chopped (1/4 cup)
1 large egg
1 package (7 ounces) spaghetti
Grated Parmesan cheese, if desired

1. Make Italian Tomato Sauce.

2. In large bowl, mix all remaining ingredients except spaghetti. Shape mixture into twenty-four 1 1/4-inch meatballs.

3. In 10-inch skillet, cook meatballs over medium heat about 20 minutes, turning occasionally, until no longer pink in center.

4. Stir meatballs into sauce. Cover and simmer over low heat 30 minutes, stirring occasionally.

5. Meanwhile, cook spaghetti as directed on package. Drain spaghetti. Serve sauce over spaghetti. Serve with cheese.

Italian Tomato Sauce

2 tablespoons olive or vegetable oil
1 large onion, chopped (1 cup)
1 small green bell pepper, chopped (1/2 cup)
2 large cloves garlic, finely chopped
2 cans (14.5 ounces each) whole tomatoes, undrained
2 cans (8 ounces each) tomato sauce
2 tablespoons chopped fresh or 2 teaspoons dried basil leaves
1 tablespoon chopped fresh or 1 teaspoon dried oregano leaves
1/2 teaspoon salt
1/2 teaspoon fennel seed
1/4 teaspoon pepper

In 3-quart saucepan, heat oil over medium heat. Cook onion, bell pepper and garlic in oil 2 minutes, stirring occasionally. Stir in remaining ingredients, breaking up tomatoes with a fork. Heat to boiling; reduce heat. Cover and simmer 45 minutes.

1 Serving (about 1 3/4 cups): Calories 380 (Calories from Fat 145); Fat 16g (Saturated 5g); Cholesterol 80mg; Sodium 490mg; Carbohydrate 40g (Dietary Fiber 3g); Protein 22g **% Daily Value:** Vitamin A 8%; Vitamin C 14%; Calcium 8%; Iron 20% **Exchanges:** 2 Starch, 2 Vegetable, 2 Medium-Fat Meat, 1/2 Fat **Carbohydrate Choices:** 2 1/2

SPAGHETTI AND BEEF SAUCE Omit Meatballs. In 10-inch skillet, cook 1 pound lean (at least 80%) ground beef, 1 large onion, chopped (1 cup), and 2 cloves garlic, finely chopped, over medium heat 8 to 10 minutes, stirring occasionally, until beef is brown; drain. Stir beef mixture into sauce. Simmer as directed in step 3.

Espagueti con Albóndigas
Spaghetti and Meatballs

PREPARACIÓN: 1 hora 10 min **COCCIÓN:** 30 min ▪ **RINDE 6 PORCIONES**

Si necesita acortar esta receta, sustituya 4 tazas de su salsa de tomate para pastas favorita por la Salsa de Tomate Italiana hecha en casa.

Salsa de Tomate Italiana (derecha)
1 libra de carne molida magra de res (por lo menos al 80%)
$^1/_2$ taza de migajas de pan seco
$^1/_4$ taza de leche
$^1/_2$ cucharadita de sal
$^1/_2$ cucharadita de salsa inglesa "Worcestershire"
$^1/_4$ cucharadita de pimienta
1 cebolla pequeña, picada ($^1/_4$ taza)
1 huevo grande
1 paquete (7 onzas) de espagueti
Queso Parmesano rallado, si desea

1. Prepare la Salsa de Tomate Italiana.

2. En un recipiente grande, mezcle todos los demás ingredientes, excepto el espagueti. Con la mezcla forme 24 albóndigas de $1^1/_4$ pulgadas.

3. En una sartén de 10 pulgadas, cocine las albóndigas a fuego medio, volteándolas ocasionalmente, hasta que no estén de color rosado en el centro.

4. Coloque las albóndigas en la salsa y revuelva. Tape y hierva a fuego bajo por 30 minutos, revolviendo ocasionalmente.

5. Mientras tanto, cocine el espagueti como se indica en el paquete. Escurra el espagueti. Vierta la salsa sobre el espagueti. Sirva con queso.

Salsa de Tomate Italiana

2 cucharadas de aceite de oliva o vegetal
1 cebolla grande, picada (1 taza)
1 pimiento verde pequeño picado ($^1/_2$ taza)
2 dientes grandes de ajo, finamente picados
2 latas (14.5 onzas cada una) de tomates enteros, sin escurrir
2 latas (8 onzas cada una) de salsa de tomate
2 cucharadas de hojas de albahaca fresca picada o 2 cucharaditas de hojas de albahaca seca
1 cucharadita de hojas de orégano fresco picado o 1 cucharadita de hojas de orégano seco
$^1/_2$ cucharadita de sal
$^1/_2$ cucharadita de semillas de hinojo ("fennel")
$^1/_4$ cucharadita de pimienta

En una cacerola de 3 cuartos ($^3/_4$ galón), caliente el aceite a fuego medio. Cocine la cebolla, el pimiento y el ajo en aceite por 2 minutos, revolviendo ocasionalmente. Añada y mezcle los demás ingredientes, partiendo los tomates con un tenedor. Caliente hasta que hierva. Tape y deje hervir a fuego bajo por 45 minutos.

1 Porción (aproximadamente 1$^3/_4$ tazas): 380 Calorías (145 Calorías de Grasa); Grasas 16g (Saturada 5g); Colesterol 80mg; Sodio 490mg; Carbohidratos 40g (Fibra Dietética 3g); Proteína 22g **% de Valores Diarios:** Vitamina A 8%; Vitamina C 14%; Calcio 8%; Hierro 20% **Intercambios:** 2 Almidones, 2 Vegetales, 2 Carnes con Contenido Moderado de Grasa, $^1/_2$ Grasas **Opciones de Carbohidratos:** 2$^1/_2$

ESPAGUETI CON SALSA DE CARNE DE RES
Omita las albóndigas. En una sartén de 10 pulgadas, cocine 1 libra de carne magra (por lo menos al 80%) molida de res, 1 cebolla grande, picada (1 taza) y 2 dientes de ajo, finamente picados, a fuego medio de 8 a 10 minutos, revolviendo ocasionalmente, hasta que la carne se dore; escurra. Agregue la mezcla de carne de res a la salsa, y revuelva. Deje hervir a fuego bajo como se indica en el paso 3.

Spaghetti with White Clam Sauce
Espagueti con Salsa Blanca de Almejas

PREP: 10 min **COOK:** 15 min ■ **4 SERVINGS**

Those who savor fresh seafood may want to use fresh clams. Instead of canned clams, use 1 pint shucked fresh small clams, reserving the liquor. Chop the clams. Stir the chopped clams and liquor in with the parsley. Cover and simmer 15 minutes or until clams are tender.

1 package (7 ounces) spaghetti
$1/4$ cup butter or margarine
2 cloves garlic, finely chopped
2 tablespoons chopped fresh parsley
2 cans (6.5 ounces each) minced clams, undrained
Additional chopped fresh parsley
$1/2$ cup grated Parmesan cheese

1. Cook spaghetti as directed on package.

2. Meanwhile, in $1^1/2$-quart saucepan, melt butter over medium heat. Cook garlic in butter about 3 minutes, stirring occasionally, until light golden. Stir in 2 tablespoons parsley and the clams. Heat to boiling; reduce heat. Simmer uncovered 3 to 5 minutes.

3. Drain spaghetti. In large bowl, pour sauce over spaghetti; toss. Sprinkle with additional parsley and cheese.

1 Serving (about $1^1/4$ cups): Calories 485 (Calories from Fat 160); Fat 18g (Saturated 10g); Cholesterol 100mg; Sodium 410mg; Carbohydrate 45g (Dietary Fiber 2g); Protein 36g **% Daily Value:** Vitamin A 22%; Vitamin C 18%; Calcium 26%; Iron 100% **Exchanges:** 3 Starch, 3 Medium-Fat Meat, $1/2$ Fat **Carbohydrate Choices:** 3

Espagueti con Salsa Blanca de Almejas
Spaghetti with White Clam Sauce

PREPARACIÓN: 10 min **COCCIÓN:** 15 min ■ **RINDE 4 PORCIONES**

A quienes les gusta saborear los mariscos frescos, pueden preferir usar almejas frescas. En vez de las almejas enlatadas, use 1 pinta de almejas frescas pequeñas sin concha, reservando su jugo. Pique las almejas. Agregue las almejas picadas y su jugo con perejil, y revuelva. Tape y deje hervir a fuego bajo por 15 minutos o hasta que las almejas se ablanden.

1 paquete (7 onzas) de espagueti
$1/4$ taza de mantequilla o margarina
2 dientes de ajo, finamente picados
2 cucharadas de perejil fresco picado
2 latas (6.5 onzas cada una) de almejas en trocitos, sin escurrir
Más perejil fresco picado
$1/2$ taza de queso Parmesano rallado

1. Cocine el espagueti como se indica en el paquete.

2. Mientras tanto, en una cacerola de $1^1/2$ cuartos ($3/8$ galón), derrita la mantequilla a fuego medio. Cocine el ajo en mantequilla por unos 3 minutos, revolviendo ocasionalmente, hasta que se dore. Agregue 2 cucharadas de perejil y las almejas. Caliente hasta que hierva; reduzca el fuego. Deje hervir a fuego bajo sin tapar de 3 a 5 minutos.

3. Escurra el espagueti. En un recipiente grande, vierta la salsa sobre el espagueti; revuelva. Espolvoree con más perejil y queso.

1 Porción (aproximadamente 1$1/4$ tazas): 485 Calorías (160 Calorías de Grasa); Grasas 18g (Saturada 10g); Colesterol 100mg; Sodio 410mg; Carbohidratos 45g (Fibra Dietética 2g); Proteína 36g **% de Valores Diarios:** Vitamina A 22%; Vitamina C 18%; Calcio 26%; Hierro 100% **Intercambios:** 3 Almidones, 3 Carnes con Contenido Moderado de Grasa, $1/2$ Grasa **Opciones de Carbohidratos:** 3

CHAPTER 4
Vegetables and Salads

CAPÍTULO 4
Vegetales y Ensaladas

◀ **Mashed Potatoes (page 192)**   **Puré de Papas (página 193)**

Favorite Green Bean Casserole
Cazuela Favorita de Habichuelas Tiernas (Ejote)

PREP: 20 min **BAKE:** 40 min ■ **6 SERVINGS**

Instead of using canned beans, you can use 2 bags (16 ounces each) frozen cut green beans. Cook the beans as directed on package for the minimum time and then drain.

> 1 can (10.75 ounces) condensed cream of mushroom, cream of celery or cream of chicken soup
> 1/2 cup milk
> 1/8 teaspoon pepper
> 2 cans (14.5 ounces each) French-style green beans, drained
> 1 can (2.8 ounces) French-fried onions

1. Heat oven to 350°F.

2. Mix soup, milk and pepper in 2-quart casserole or square baking dish, 8 × 8 × 2 inches. Stir in beans. Sprinkle with onions.

3. Bake uncovered 30 to 40 minutes or until hot in center.

1 Serving (about 3/4 cup): Calories 160 (Calories from Fat 90); Fat 10g (Saturated3g); Cholesterol 5mg; Sodium 830mg; Carbohydrate 16g (Dietary Fiber 3g); Protein 4g **% Daily Value:** Vitamin A 20%; Vitamin C 6%; Calcium 8%; Iron 10% **Exchanges:** 1/2 Starch, 2 Vegetable, 1 1/2 Fat **Carbohydrate Choices:** 1

Cazuela Favorita de Habichuelas Tiernas (Ejote)*
Favorite Green Bean Casserole

PREPARACIÓN: 20 min **HORNEAR:** 40 min ■ **RINDE 6 PORCIONES**

En vez de usar el producto enlatado, puede utilizar 2 bolsas (16 onzas c/u) de habichuelas tiernas (ejote) cortadas congeladas. Cocine las habichuelas siguiendo las instrucciones del paquete durante el tiempo mínimo y luego escurra.

> 1 lata (10.75 onzas) de crema de champiñones/hongos, crema de apio o crema de sopa de pollo condensada
> 1/2 taza de leche
> 1/8 cucharadita de pimienta
> 2 latas (14.5 onzas c/u) de habichuelas tiernas (ejote) estilo francés, escurridas
> 1 lata (2.8 onzas) de cebollas fritas a la francesa

1. Caliente el horno a 350°F.

2. Mezcle la sopa, la leche y la pimienta en una cacerola de 2 cuartos (1/2 galón) o un molde para hornear cuadrado de 8 × 8 × 2 pulgadas. Añada las habichuelas tiernas (ejote) y revuelva. Espolvoree con las cebollas.

3. Hornee sin tapar de 30 a 40 minutos o hasta que el centro esté caliente.

*Habichuelas: también conocidas como ejotes, porotos verdes, judías verdes o vainitas verdes.

1 Porción (aproximadamente 3/4 taza): 160 Calorías (90 Calorías de Grasa); Grasas 10g (Saturada 3g); Colesterol 5mg; Sodio 830mg; Carbohidratos 16g (Fibra Dietética 3g); Proteína 4g **% de Valores Diarios:** Vitamina A 20%; Vitamina C 6%; Calcio 8%; Hierro 10%
Intercambios: 1/2 Almidón, 2 Vegetales, 1 1/2 Grasas **Opciones de Carbohidratos:** 1

Glazed Carrots
Zanahorias Glaseadas

PREP: 20 min **COOK:** 15 min ▪ **6 SERVINGS**

It's easy to shortcut the prep time by substituting fresh baby-cut carrots for the julienne carrots. Or use 1¹/₂ bags (16-ounce size) frozen sliced carrots and cook as directed on the package.

1¹/₂ pounds carrots, cut into julienne strips
¹/₃ cup packed brown sugar
2 tablespoons butter or margarine
¹/₂ teaspoon salt
¹/₂ teaspoon grated orange peel

1. Heat 1 inch water to boiling in 2-quart saucepan. Add carrots. Heat to boiling; reduce heat. Simmer uncovered 6 to 9 minutes or until crisp-tender. Drain and reserve.

2. Cook remaining ingredients in 12-inch skillet over medium heat, stirring constantly, until bubbly.

3. Stir in carrots. Cook over low heat about 5 minutes, stirring occasionally, until carrots are glazed and hot.

1 Serving: Calories 130 (Calories from Fat 35); Fat 4g (Saturated 2g); Cholesterol 10mg; Sodium 260mg; Carbohydrate 22g (Dietary Fiber 3g); Protein 1g **% Daily Value:** Vitamin A 100%; Vitamin C 8%; Calcium 4%; Iron 4% **Exchanges:** 1 Other Carbohydrates, 1 Vegetable, 1 Fat **Carbohydrate Choices:** 1¹/₂

Glazed Carrots ▦ **Zanahorias Glaseadas** ▶

Zanahorias Glaseadas
Glazed Carrots

PREPARACIÓN: 20 min **COCCIÓN:** 15 min ▪ **RINDE 6 PORCIONES**

Es fácil disminuir el tiempo de preparación reemplazando las zanahorias pequeñas frescas por zanahorias cortadas en tiras finas. También puede utilizar 1¹/₂ bolsas (de 16 onzas) de zanahorias en rebanadas congeladas y cocerlas siguiendo las instrucciones del paquete.

1¹/₂ libras de zanahorias, cortadas en tiras finitas estilo sopa Juliana
¹/₃ taza de azúcar morena comprimida
2 cucharadas de mantequilla o margarina
¹/₂ cucharadita de sal
¹/₂ cucharadita de cáscara de naranja rallada

1. Caliente 1 pulgada de agua hasta hervir en una cacerola de 2 cuartos (¹/₂ galón). Añada las zanahorias. Caliente hasta hervir; luego reduzca el fuego. Cocine a fuego bajo sin tapar durante 6 a 9 minutos o hasta que queden tiernas y crujientes. Escurra y reserve.

2. Cocine los ingredientes restantes en una sartén de 12 pulgadas a fuego medio, revolviendo constantemente, hasta que se formen burbujas.

3. Añada las zanahorias y revuelva. Cocine a fuego bajo por 5 minutos, revolviendo ocasionalmente, hasta que las zanahorias queden glaseadas y calientes.

1 Porción: 130 Calorías (35 Calorías de Grasa); Grasas 4g (Saturada 2g); Colesterol 10mg; Sodio 260mg; Carbohidratos 22g (Fibra Dietética 3g); Proteína 1g **% de Valores Diarios:** Vitamina A 100%; Vitamina C 8%; Calcio 4%; Hierro 4% **Intercambios:** 1 Otros Carbohidratos, 1 Vegetal, 1 Grasa **Opciones de Carbohidratos:** 1¹/₂

Scalloped Corn
Maíz en Escalope

PREP: 10 min **COOK:** 8 min **BAKE:** 35 min ▪ **8 SERVINGS**

No cornflakes on hand? Then try using ²/3 cup dry breadcrumbs or crushed cracker crumbs—both make good substitutes for the cornflakes.

2 tablespoons butter or margarine
1 medium onion, finely chopped (¹/4 cup)
¹/4 cup finely chopped green bell pepper
2 tablespoons all-purpose flour
¹/2 teaspoon salt
¹/2 teaspoon paprika
¹/4 teaspoon ground mustard
Dash of pepper
³/4 cup milk
1 can (15.25 ounces) whole kernel corn, drained
1 large egg, slightly beaten
1 cup cornflakes
1 tablespoon butter or margarine, melted

1. Heat oven to 350°F.

2. Melt 2 tablespoons butter in 10-inch skillet over medium heat. Cook onion and bell pepper in butter 2 to 4 minutes, stirring occasionally, until crisp-tender. Stir in flour, salt, paprika, mustard and pepper. Cook, stirring constantly, until smooth and bubbly; remove from heat.

3. Stir in milk. Heat to boiling, stirring constantly. Boil and stir 1 minute; remove from heat. Stir in corn and egg. Pour into ungreased 1-quart casserole.

4. Mix cornflakes and 1 tablespoon butter; sprinkle over corn mixture. Bake uncovered 30 to 35 minutes or until center is set.

1 Serving: Calories 135 (Calories from Fat 55); Fat 6g (Saturated 3g); Cholesterol 40mg; Sodium 450mg; Carbohydrate 17g (Dietary Fiber 1g); Protein 4g **% Daily Value:** Vitamin A 6%; Vitamin C 8%; Calcium 4%; Iron 10% **Exchanges:** 1 Starch, 1 Fat **Carbohydrate Choices:** 1

Maíz en Escalope
Scalloped Corn

PREPARACIÓN: 10 min **COCCIÓN:** 8 min **HORNEAR:** 35 min ■ **RINDE 8 PORCIONES**

¿No tiene hojuelas de maíz tostadas o cereal "cornflakes" a mano? 2/3 taza de migajas de pan seco o migajas de galletas saladas trituradas son un buen reemplazo para las hojuelas de maíz.

2 cucharadas de mantequilla o margarina
1 cebolla mediana, cortada en rebanadas finas (1/4 taza)
1/4 taza de pimiento verde finamente picado
2 cucharadas de harina regular
1/2 cucharadita de sal
1/2 cucharadita de paprika
1/4 cucharadita de mostaza en polvo
Una pizca de pimienta
3/4 taza de leche
1 lata (15.25 onzas) de maíz en grano entero, escurrido
1 huevo grande, ligeramente batido
1 taza de hojuelas tostadas de maíz o cereal "cornflakes"
1 cucharada de mantequilla o margarina, derretida

1. Caliente el horno a 350°F.

2. Derrita 2 cucharadas de mantequilla en una sartén de 10 pulgadas a fuego medio. Cocine la cebolla y el pimiento en mantequilla de 2 a 4 minutos, revolviendo ocasionalmente, hasta que estén crujientes y tiernos. Añada la harina, sal, paprika, mostaza y pimienta, y revuelva. Cocine revolviendo constantemente, hasta que la mezcla esté suave y se formen burbujas, retire del fuego.

3. Añada la leche y revuelva. Caliente hasta hervir, revolviendo constantemente. Hierva y revuelva por 1 minuto; retire del fuego. Añada el maíz y el huevo, y revuelva. Vierta en una cacerola de 1 cuarto (1/4 galón), sin engrasar.

4. Mezcle las hojuelas de maíz y 1 cucharada de mantequilla; espolvoree sobre la mezcla de maíz. Hornee de 30 a 35 minutos o hasta que el centro esté listo.

1 Porción: 135 Calorías (55 Calorías de Grasa); Grasas 6g (Saturada 3g); Colesterol 40mg; Sodio 450mg; Carbohidratos 17g (Fibra Dietética 1g); Proteína 4g **% de Valores Diarios:** Vitamina A 6%; Vitamina C 8%; Calcio 4%; Hierro 10% **Intercambios:** 1 Almidón, 1 Grasa
Opciones de Carbohidratos: 1

Glazed Acorn Squash
Calabaza "Acorn Squash" Glaseada

PREP: 10 min **BAKE:** 1 hr ▪ **4 SERVINGS**

Acorn squash are easy to identify by their slightly oval shape which resembles an acorn. They have dark green skin and dark orange flesh.

> 2 acorn squash (1 to 1¹/₂ pounds each)
> 4 tablespoons maple-flavored syrup
> 4 tablespoons whipping (heavy) cream, butter or margarine

1. Heat oven to 350°F.

2. Cut each squash lengthwise in half; remove seeds and fibers. In ungreased 13 × 9-inch pan, place squash, cut sides up. Spoon 1 tablespoon maple syrup and 1 tablespoon whipping cream into each half.

3. Bake uncovered about 1 hour or until tender.

1 Serving: Calories 210 (Calories from Fat 45); Fat 5g (Saturated 3g); Cholesterol 15mg; Sodium 35mg; Carbohydrate 47g (Dietary Fiber 9g); Protein 3g **% Daily Value:** Vitamin A 18%; Vitamin C 18%; Calcium 10%; Iron 10% **Exchanges:** 2 Starch, 1 Other Carbohydrates, 1 Fat **Carbohydrates Choices:** 3

APPLE-STUFFED ACORN SQUASH Omit maple syrup and whipping cream. Bake squash halves 30 minutes. In small bowl, mix 1 large tart red apple, diced, 2 tablespoons chopped nuts, 2 tablespoons packed brown sugar and 1 tablespoon butter or margarine, melted. Spoon apple mixture into squash halves. Bake about 30 minutes longer or until tender.

Calabaza "Acorn Squash" Glaseada
Glazed Acorn Squash

PREPARACIÓN: 10 min **HORNEAR:** 1 hora ■ **RINDE 4 PORCIONES**

La calabaza "acorn squash" es fácil de identificar por su forma ligeramente ovalada que se asemeja a una bellota. Tiene una cáscara verde oscuro y la pulpa es anaranjada oscura.

> 2 calabazas "acorn squash" (1 a 1¹/₂ libras cada una)
> 4 cucharadas de miel de "maple"
> 4 cucharadas de crema (espesa) para batir, mantequilla o margarina

1. Caliente el horno a 350°F.

2. Corte cada calabaza horizontalmente por la mitad, quite las semillas y las fibras. Coloque las calabazas en un molde de 13 × 9 pulgadas, con los lados del corte hacia arriba. Coloque una cucharada de miel de "maple" y 1 cucharada de crema para batir en cada mitad.

3. Hornee sin tapar por aproximadamente 1 hora o hasta que estén suaves.

1 Porción: 210 Calorías (Calorías de Grasa 45); Grasas 5g (Saturada 3g); Colesterol 15mg; Sodio 35mg; Carbohidratos 47g (Fibra Dietética 9g); Proteína 3g **% de Valores Diarios:** Vitamina A 18%; Vitamina C 18%; Calcio 10%; Hierro 10% **Intercambios:** 2 Almidones, 1 Otros Carbohidratos, 1 Grasa **Opciones de Carbohidratos:** 3

CALABAZA "ACORN SQUASH" RELLENA DE MANZANAS Omita la miel de "maple" y la crema para batir. Hornee las mitades de calabaza por 30 minutos. En un recipiente pequeño, mezcle 1 manzana roja grande para tarta, cortada en cubos, 2 cucharadas de nueces picadas, 2 cucharadas de azúcar morena comprimida y 1 cucharada de mantequilla o margarina derretida. Con una cuchara, añada la mezcla de manzana a las mitades de calabaza. Hornee por unos 30 minutos o más hasta que estén suaves.

Roasted Vegetables
Vegetales Rostizados

PREP: 15 min **BAKE:** 25 min ■ **10 SERVINGS**

Pick baby-cut carrots that are all about the same size so they cook evenly and are done at the same time.

3 tablespoons olive or vegetable oil
$1/2$ teaspoon salt
$1/8$ teaspoon pepper
1 clove garlic, finely chopped
1 cup baby-cut carrots
6 small red potatoes, cut into fourths
2 small onions, cut into $1/2$-inch wedges
1 small red bell pepper, cut into 1-inch pieces
1 medium zucchini, cut lengthwise in half, then cut crosswise into 1-inch slices
1 cup grape tomatoes or cherry tomatoes

1. Heat oven to 450°F.

2. In small bowl, stir oil, salt, pepper and garlic until well mixed. In 15 × 10 × 1-inch pan, toss carrots, potatoes, onions, bell pepper and zucchini with oil mixture until coated.

3. Bake uncovered 20 minutes, stirring once.

4. Stir in tomatoes. Bake about 5 minutes longer or until vegetables are tender and starting to brown.

1 Serving: Calories 110 (Calories from Fat 35); Fat 4g (Saturated 1g); Cholesterol 0mg; Sodium 130mg; Carbohydrate 16g (Dietary Fiber 3g); Protein 2g **% Daily Value:** Vitamin A 70%; Vitamin C 24%; Calcium 2%; Iron 8% **Exchanges:** $1/2$ Starch, 2 Vegetable, $1/2$ Fat **Carbohydrate Choices:** 1

Vegetales Rostizados
Roasted Vegetables

PREPARACIÓN: 15 min **HORNEAR:** 25 min ▪ **RINDE 10 PORCIONES**

Seleccione zanahorias pequeñas que tengan aproximadamente el mismo tamaño para que puedan cocinarse por igual y estén listas al mismo tiempo.

3 cucharadas de aceite de oliva o vegetal
$1/2$ cucharadita de sal
$1/8$ cucharadita de pimienta
1 diente de ajo, finamente picado
1 taza de zanahorias pequeñas
6 papas rojas pequeñas, cortadas en cuartos
2 cebollas pequeñas, cortadas en gajos de $1/2$ pulgada
1 pimiento rojo pequeño, cortado en trozos de 1 pulgada
1 calabacín mediano, cortado por la mitad a lo largo, luego corte transversalmente en rebanadas de 1 pulgada
1 taza de tomates pequeños/tomates cereza ("cherry")

1. Caliente el horno a 450°F.

2. En un recipiente pequeño, coloque el aceite, la sal, pimienta y el ajo y revuelva hasta que se mezclen bien. En un molde de $15 \times 10 \times 1$ pulgadas coloque las zanahorias, papas, cebollas, el pimiento y el calabacín, y revuelva con la mezcla del aceite hasta que los vegetales queden cubiertas con el condimento.

3. Hornee sin tapar por 20 minutos, revolviendo una vez.

4. Añada los tomates y revuelva. Hornee unos 5 minutos o más hasta que los vegetales estén tiernos y comiencen a dorarse.

1 Porción: 110 Calorías (35 Calorías de Grasa); Grasas 4g (Saturada 1g); Colesterol 0mg; Sodio 130mg; Carbohidratos 16g (Fibra Dietética 3g); Proteína 2g **% de Valores Diarios:** Vitamina A 70%; Vitamina C 24%; Calcio 2%; Hierro 8% **Intercambios:** $1/2$ Almidón, 2 Vegetales, $1/2$ Grasas **Opciones de Carbohidratos:** 1

Asparagus with Maple-Mustard Sauce

Espárragos con Salsa de "Maple" y Mostaza

Espárragos con Salsa de "Maple" y Mostaza

Asparagus with Maple-Mustard Sauce

PREP: 5 min **COOK:** 5 min ▪ **8 SERVINGS**

Dijon mustard has its roots in Dijon, France. It has a unique flavor that can range from mild to pungent and hot. If you don't have Dijon, yellow mustard can be used instead.

2 pounds asparagus
2 tablespoons maple-flavored syrup or honey
2 tablespoons Dijon mustard
2 tablespoons olive or vegetable oil

1. Snap off tough ends of asparagus spears. In 12-inch skillet or 4-quart Dutch oven, heat 1 inch water (salted if desired) to boiling. Add asparagus. Heat to boiling; reduce heat to medium. Cover and cook 4 to 5 minutes or until asparagus is crisp-tender; drain.

2. In small bowl, mix maple syrup, mustard and oil. Drizzle over asparagus.

1 Serving: Calories 65 (Calories from Fat 35); Fat 4g (Saturated 1g); Cholesterol 0mg; Sodium 95mg; Carbohydrate 6g (Dietary Fiber 1g); Protein 2g **% Daily Value:** Vitamin A 10%; Vitamin C 10%; Calcium 2%; Iron 2% **Exchanges:** 1 Vegetable, 1 Fat **Carbohydrate Choices:** 1/2

PREPARACIÓN: 5 min **COCCIÓN:** 5 min ▪ **RINDE 8 PORCIONES**

La mostaza Dijon tiene su origen en Dijon, Francia. Posee un sabor singular que va de suave a intenso y picante. Si no tiene mostaza Dijon, puede reemplazarla por la mostaza amarilla.

2 libras de espárragos
2 cucharadas de miel de "maple" o miel de abeja
2 cucharadas de mostaza Dijon
2 cucharadas de aceite de oliva o vegetal

1. Corte los extremos duros de los espárragos. En una sartén de 12 pulgadas o en una cacerola grande y profunda ("dutch oven") de 4 cuartos (1 galón), caliente 1 pulgada de agua (con sal si desea) hasta hervir. Añada los espárragos. Caliente hasta hervir; luego reduzca a fuego medio. Tape y cocine de 4 a 5 minutos o hasta que los espárragos estén tiernos y crujientes; escurra.

2. En un recipiente pequeño, mezcle la miel de "maple", la mostaza y el aceite. Bañe los espárragos con la mezcla.

1 Porción: 65 Calorías (35 Calorías de Grasa); Grasas 4g (Saturada 1g); Colesterol 0mg; Sodio 95mg; Carbohidratos 6g (Fibra Dietética 1g); Proteína 2g **% de Valores Diarios:** Vitamina A 10%; Vitamina C 10%; Calcio 2%; Hierro 2% **Intercambios:** 1 Vegetal, 1 Grasa **Opciones de Carbohidratos:** 1/2

Oven-Fried Potato Wedges
Papas Fritas al Horno

PREP: 10 min **BAKE:** 30 min ▪ **4 SERVINGS**

If you love seasoned French fries but not the fat, then you'll love this recipe for making them from scratch—and they're so easy! The wedges of potato are sprayed with cooking spray, sprinkled with seasonings and baked in the oven instead of being deep-fried.

3/4 teaspoon salt
1/2 teaspoon sugar
1/2 teaspoon paprika
1/4 teaspoon ground mustard
1/4 teaspoon garlic powder
3 medium unpeeled Idaho or russet baking potatoes (8 to 10 ounces each)
Cooking spray

1. Heat oven to 425°F. In small bowl, mix salt, sugar, paprika, mustard and garlic powder.

2. Gently scrub potatoes, but do not peel. Cut each potato lengthwise in half; cut each half lengthwise into 4 wedges. Place potato wedges, skin sides down, in ungreased 13 × 9-inch pan.

3. Spray potatoes with cooking spray until lightly coated. Sprinkle with salt mixture.

4. Bake uncovered 25 to 30 minutes or until potatoes are tender when pierced with a fork. (Baking time will vary depending on the size and type of potato used.)

1 Serving: Calories 90 (Calories from Fat 0); Fat 0g (Saturated 0g); Cholesterol 0mg; Sodium 450mg; Carbohydrate 20g (Dietary Fiber 2g); Protein 2g **% Daily Value:** Vitamin A 0%; Vitamin C 6%; Calcium 0%; Iron 6% **Exchanges:** 1 Starch **Carbohydrate Choices:** 1

Papas Fritas al Horno
Oven-Fried Potato Wedges

PREPARACIÓN: 10 min **HORNEAR:** 30 min ▪ **RINDE 4 PORCIONES**

Si le gustan las papas fritas condimentadas pero no la grasa, le encantará esta receta para hacerlas desde el principio y ¡son tan fáciles de preparar! Los gajos de papa se rocían con aceite para cocinar, se espolvorean con condimentos y se hornean en lugar de freírlos en aceite.

3/4 cucharadita de sal
1/2 cucharada de azúcar
1/2 cucharadita de paprika
1/4 cucharadita de mostaza en polvo
1/4 cucharadita de ajo en polvo
3 papas medianas, tipo "Idaho" o "Russet" con cáscara, para hornear (8 a 10 onzas cada una)
Aceite para cocinar en aerosol

1. Caliente el horno a 425°F. En un recipiente pequeño mezcle la sal, azúcar, paprika, mostaza y el ajo en polvo.

2. Frote las papas suavemente, pero no las pele. Corte cada papa a lo largo por la mitad, corte cada mitad a lo largo en cuatro gajos. Coloque los gajos de papa con la cáscara hacia abajo en un molde de 13 × 9 pulgadas.

3. Rocíe las papas con aceite para cocinar hasta que estén ligeramente cubiertas. Espolvoree con la mezcla de sal.

4. Hornee sin cubrir de 25 a 30 minutos o hasta que las papas estén tiernas cuando las perfore con un tenedor. (El tiempo de cocción en el horno depende del tamaño y tipo de papas que se utilice).

1 Porción: 90 Calorías (0 Calorías de Grasa); Grasas 0g (Saturada 0g); Colesterol 0mg; Sodio 450mg; Carbohidratos 20g (Fibra Dietética 2g); Proteína 2g **% de Valores Diarios:** Vitamina A 0%; Vitamina C 6%; Calcio 0%; Hierro 6% **Intercambios:** 1 Almidón **Opciones de Carbohidratos:** 1

Twice-Baked Potatoes
Papas Doble al Horno

PREP: 1 hr 35 min **BAKE:** 20 min ▪ **8 SERVINGS**

These potatoes are terrific to make ahead. Filled potatoes can be put in the fridge or freezer (wrapped up tightly) before being baked again. Bake refrigerated potatoes 30 minutes; frozen potatoes about 40 minutes.

> 4 large unpeeled Idaho or russet baking potatoes
>   (8 to 10 ounces each)
> $1/4$ to $1/2$ cup milk
> $1/4$ cup butter or margarine, softened
> $1/4$ teaspoon salt
> Dash of pepper
> 1 cup shredded Cheddar cheese (4 ounces)
> 1 tablespoon chopped fresh chives

1. Heat oven to 375°F. Gently scrub potatoes, but do not peel. Pierce potatoes several times with fork to allow steam to escape while potatoes bake.

2. Bake 1 hour to 1 hour 15 minutes or until potatoes feel tender when pierced in center with fork.

3. When potatoes are cool enough to handle, cut lengthwise in half; scoop out inside, leaving a thin shell. Mash potatoes in medium bowl with potato masher or electric mixer on low speed until no lumps remain. Add milk in small amounts, beating after each addition with potato masher or electric mixer on low speed (amount of milk needed to make potatoes smooth and fluffy depends on kind of potatoes used).

4. Add butter, salt and pepper; beat vigorously until potatoes are light and fluffy. Stir in cheese and chives. Fill potato shells with mashed potato mixture. Place on ungreased cookie sheet.

5. Increase oven temperature to 400°F. Bake about 20 minutes or until hot.

1 Serving: Calories 180 (Calories from Fat 100); Fat 11g (Saturated 7g); Cholesterol 30mg; Sodium 210mg; Carbohydrate 16g (Dietary Fiber 1g); Protein 5g **% Daily Value:** Vitamin A 8%; Vitamin C 8%; Calcium 8%; Iron 2% **Exchanges:** 1 Starch, 2 Fat **Carbohydrate Choices:** 1

Papas Doble al Horno
Twice-Baked Potatoes

PREPARACIÓN: 1 hora 35 min **HORNEAR:** 20 min ▪ **RINDE 8 PORCIONES**

Estas papas son fantásticas para preparar con anticipación. Las papas rellenas se pueden poner en el refrigerador o congelador (bien envueltas) antes de volver a hornearlas. Hornee las papas refrigeradas por 30 minutos; las papas congeladas por unos 40 minutos.

> 4 papas grandes con cáscara, tipo "Idaho" o "Russet", para hornear (8 a 10 onzas cada una)
> $1/4$ a $1/2$ taza de leche
> $1/4$ taza de mantequilla o margarina, suavizada
> $1/4$ cucharadita de sal
> Una pizca de pimienta
> 1 taza de queso "Cheddar" rallado (4 onzas)
> 1 cucharada de cebollinos frescos picados

1. Caliente el horno a 375°F. Frote las papas suavemente, pero no las pele. Perfore las papas varias veces con un tenedor para que el vapor escape mientras se hornean.

2. Hornee de 1 hora a 1 hora 15 minutos o hasta que las papas estén blandas cuando se les perfora con un tenedor en el centro.

3. Cuando las papas se hayan enfriado lo suficiente, córtelas por la mitad a lo largo, con una cuchara retire y aparte el interior dejando las papas huecas por dentro. En un recipiente mediano, maje las papas con el prensa-papas o una batidora eléctrica a velocidad baja hasta que quede uniforme. Añada la leche poco a poco, batiendo con el prensa-papas o la batidora eléctrica a velocidad baja (la cantidad de leche que se necesita para que las papas queden suaves y esponjosas depende del tipo de papas que se utilice).

4. Añada la mantequilla, sal y pimienta, bata vigorosamente hasta que las papas queden livianas y esponjosas. Añada el queso y los cebollinos, y revuelva. Rellene las papas con la mezcla del puré de papas. Colóquelas en un molde para galletas sin engrasar.

5. Aumente la temperatura del horno a 400°F. Hornee unos 20 minutos o hasta que estén calientes.

1 Porción: 180 Calorías (100 Calorías de Grasa); Grasas 11g (Saturada 7g); Colesterol 30mg; Sodio 210mg; Carbohidratos 16g (Fibra Dietética 1g); Proteína 5g **% de Valores Diarios:** Vitamina A 8%; Vitamina C 8%; Calcio 8%; Hierro 2% **Intercambios:** 1 Almidón, 2 Grasas **Opciones de Carbohidratos:** 1

Mashed Potatoes
Puré de Papas

PREP: 10 min **COOK:** 30 min ▪ **6 SERVINGS**

You can make ever-popular garlic mashed potatoes by cooking 6 cloves garlic, peeled, with the potatoes. Then simply mash the garlic with the potatoes for a delicious, distinctive flavor. See photo on page 174.

> 6 medium peeled or unpeeled round red or white potatoes (2 pounds)
> $1/3$ to $1/2$ cup milk
> $1/4$ cup butter or margarine, softened
> $1/2$ teaspoon salt
> Dash of pepper

1. Place potatoes in 2-quart saucepan; add enough water just to cover potatoes. Heat to boiling; reduce heat. Cover and simmer 20 to 30 minutes or until potatoes are tender; drain. Shake pan with potatoes over low heat to dry (this will help mashed potatoes be fluffier).

2. Mash potatoes in pan until no lumps remain. Add milk in small amounts, mashing after each addition (amount of milk needed to make potatoes smooth and fluffy depends on kind of potatoes used).

3. Add butter, salt and pepper. Mash vigorously until potatoes are light and fluffy. If desired, sprinkle with small pieces of butter or sprinkle with paprika, chopped fresh parsley or chives.

1 Serving: Calories 185 (Calories from Fat 70); Fat 8g (Saturated 5g); Cholesterol 20mg; Sodium 260mg; Carbohydrate 25g (Dietary Fiber 3g); Protein 3g **% Daily Value:** Vitamin A 6%; Vitamin C 6%; Calcium 2%; Iron 2% **Exchanges:** 1 Starch, $1/2$ Other Carbohydrates, $1^1/2$ Fat **Carbohydrate Choices:** $1^1/2$

HORSERADISH MASHED POTATOES Add 2 tablespoons prepared mild or hot horseradish with the butter, salt and pepper in step 3.

Puré de Papas
Mashed Potatoes

PREPARACIÓN: 10 min **COCCIÓN:** 30 min ▪ **RINDE 6 PORCIONES**

Puede preparar el siempre predilecto puré de papas con ajo, cocinando 6 dientes de ajo pelados con las papas. Luego maje las papas junto con los ajos para obtener un sabor delicioso y diferente. Vea la foto en la página 174.

> 6 papas rojas o blancas medianas, peladas o sin pelar (2 libras)
> $^1/_3$ a $^1/_2$ taza de leche
> $^1/_4$ taza de mantequilla o margarina, suavizada
> $^1/_2$ cucharadita de sal
> Una pizca de pimienta

1. Coloque las papas en una cacerola de 2 cuartos ($^1/_2$ galón) y suficiente agua hasta cubrir las papas. Caliente hasta hervir; luego reduzca a fuego medio. Tape y cocine a fuego bajo de 20 a 30 minutos o hasta que las papas estén tiernas; escurra. Agite la cacerola con las papas a fuego bajo para secarlas (esto permite que el puré de papas sea más esponjoso).

2. Maje las papas en la cacerola hasta que queden uniformes y suaves. Añada la leche poco a poco, batiendo con el prensa-papas o la batidora eléctrica cada vez que añade la leche (la cantidad de leche que se necesita para que las papas queden suaves y esponjosas depende del tipo de papas que se utilice).

3. Añada la mantequilla, sal y pimienta. Maje las papas vigorosamente hasta que queden livianas y esponjosas. Si desea, espolvoree pequeños trozos de mantequilla o paprika, perejil o cebollino fresco picado.

1 Porción: 185 Calorías (70 Calorías de Grasa); Grasas 8g (Saturada 5g); Colesterol 20mg; Sodio 260mg; Carbohidratos 25g (Fibra Dietética 3g); Proteína 3g **% de Valores Diarios:** Vitamina A 6%; Vitamina C 6%; Calcio 2%; Hierro 2% **Intercambios:** 1 Almidón, $^1/_2$ Otros Carbohidratos, $1^1/_2$ Grasas **Opciones de Carbohidratos:** $1^1/_2$

PURÉ DE PAPAS CON RÁBANO PICANTE Añada 2 cucharadas de rábano regular picante o preparado con la mantequilla, sal y la pimienta en el paso 3.

Potato Casserole Supreme
Cazuela de Papas Suprema

PREP: 15 min **BAKE:** 50 min ◼ **8 SERVINGS**

Turn this creamy potato casserole into a main dish by adding 3 cups diced fully cooked ham with the potatoes.

1 can (10.75 ounces) condensed cream of mushroom soup
1 can (10.75 ounces) condensed cream of chicken soup
1 container (8 ounces) sour cream
$1/2$ cup milk
$1/4$ teaspoon pepper
1 package (30 ounces) frozen shredded hash brown potatoes
8 medium green onions, sliced ($1/2$ cup)
1 cup shredded Cheddar cheese (4 ounces)

1. Heat oven to 350°F. Spray 13 × 9-inch glass baking dish with cooking spray.

2. Mix soups, sour cream, milk and pepper in very large bowl. Stir in potatoes and onions. Spoon into baking dish.

3. Bake uncovered 30 minutes. Sprinkle with cheese. Bake uncovered 15 to 20 minutes or until golden brown on top and bubbly around edges.

1 Serving: Calories 325 (Calories from Fat 135); Fat 15g (Saturated 8g); Cholesterol 40mg; Sodium 1,060mg; Carbohydrate 39g (Dietary Fiber 3g); Protein 9g **% Daily Value:** Vitamin A 12%; Vitamin C 12%; Calcium 16%; Iron 6% **Exchanges:** 2 Starch, $1/2$ Other Carbohydrates, 2 Fat **Carbohydrate Choices:** $2^1/2$

Cazuela de Papas Suprema
Potato Casserole Supreme

PREPARACIÓN: 15 min **HORNEAR:** 50 min ▪ **RINDE 8 PORCIONES**

Convierta esta cazuela de papas cremosas en un plato principal, añadiendo 3 tazas de jamón cocido en cubos a las papas.

1 lata (10.75 onzas) de sopa de crema de champiñones condensada
1 lata (10.75 onzas) de sopa de crema de pollo condensada
1 recipiente (8 onzas) de crema agria
1/2 taza de leche
1/4 cucharadita de pimienta
1 paquete (30 onzas) de papas ralladas estilo "hash brown" congeladas
8 cebollitas verdes medianas, picadas (1/2 taza)
1 taza de queso "Cheddar" rallado (4 onzas)

1. Caliente el horno a 350°F. Rocíe un molde de vidrio para hornear 13 × 9 pulgadas con aceite para cocinar.

2. Mezcle las sopas, la crema agria, la leche y pimienta en un recipiente grande. Añada las papas, las cebollas y revuelva. Con una cuchara, vierta la mezcla de sopas en el molde para hornear.

3. Hornee sin cubrir por 30 minutos. Espolvoree con queso. Hornee sin cubrir de 15 a 20 minutos o hasta que las papas se doren un poco por encima y se formen burbujas en los bordes.

1 Porción: 325 Calorías (135 Calorías de Grasa); Grasas 15g (Saturada 8g); Colesterol 40mg; Sodio 1.060mg; Carbohidratos 39g (Fibra Dietética 3g); Proteína 9g **% de Valores Diarios:** Vitamina A 12%; Vitamina C 12%; Calcio 16%; Hierro 6% **Intercambios:** 2 Almidón, 1/2 Otros Carbohidratos, 2 Grasas **Opciones de Carbohidratos:** 2 1/2

Candied Sweet Potatoes
Camotes/Batatas Confitados

PREP: 45 min **COOK:** 5 min ▪ **6 SERVINGS**

You'll trim the prep time by 25 minutes if you use 1 can (23 ounces) sweet potatoes, drained and cut into ¹/₂-inch slices, for the fresh sweet potatoes. Be sure to skip step 1 if you use canned sweet potatoes.

> 6 medium sweet potatoes or yams (2 pounds)
> ¹/₃ cup packed brown sugar
> 3 tablespoons butter or margarine
> 3 tablespoons water
> ¹/₂ teaspoon salt

1. Place sweet potatoes in 2-quart saucepan; add enough water just to cover potatoes. Heat to boiling; reduce heat. Cover and simmer 20 to 25 minutes or until tender; drain. When potatoes are cool enough to handle, slip off skins; cut potatoes into ¹/₂-inch slices.

2. Heat remaining ingredients in 10-inch skillet over medium heat, stirring constantly, until smooth and bubbly. Add potatoes. Gently stir until glazed and hot.

1 Serving: Calories 210 (Calories from Fat 55); Fat 6g (Saturated 4g); Cholesterol 15mg; Sodium 250mg; Carbohydrate 40g (Dietary Fiber 3g); Protein 2g **% Daily Value:** Vitamin A 100%; Vitamin C 24%; Calcium 4%; Iron 4% **Exchanges:** 1 Starch, 1¹/₂ Other Carbohydrates, 1 Fat **Carbohydrate Choices:** 2¹/₂

MASHED SWEET POTATOES Cook potatoes as directed in step 1, except do not cut into slices. Omit ¹/₃ cup brown sugar, 3 tablespoons butter, 3 tablespoons water and ¹/₂ teaspoon salt. Add 2 tablespoons butter or margarine and ¹/₂ teaspoon salt to cooked, skinned potatoes. Mash potatoes in pan until no lumps remain.

ORANGE SWEET POTATOES Substitute orange juice for the water. Add 1 tablespoon grated orange peel with the brown sugar.

PINEAPPLE SWEET POTATOES Omit water. Add 1 can (8 ounces) crushed pineapple in syrup, undrained, with the brown sugar.

Camotes/Batatas Confitados
Candied Sweet Potatoes

PREPARACIÓN: 45 min **COCCIÓN:** 5 min ▪ **RINDE 6 PORCIONES**

Se ahorrará 25 minutos del tiempo de preparación si utiliza 1 lata (23 onzas) de camotes/batatas escurridos y cortados en rebanadas de $^1/_2$ pulgada en lugar de los camotes frescos. Asegúrese de omitir el paso 1 si utiliza los camotes de lata.

> 6 camotes/batatas medianos (2 libras)
> $^1/_3$ taza de azúcar morena comprimida
> 3 cucharadas de mantequilla o margarina
> 3 cucharadas de agua
> $^1/_2$ cucharadita de sal

1. Coloque los camotes/batatas en una cacerola de 2 cuartos ($^1/_2$ galón) y suficiente agua hasta cubrir los camotes. Caliente hasta hervir; luego reduzca el fuego. Tape y cocine a fuego bajo de 20 a 25 minutos o hasta que los camotes estén tiernos; escurra. Cuando los camotes se hayan enfriado lo suficiente, quíteles la cáscara, córtelos en rebanadas de $^1/_2$ pulgada.

2. Cocine los demás ingredientes en una sartén de 10 pulgadas a fuego medio, revolviendo constantemente, hasta que queden suaves y se formen burbujas. Añada los camotes. Revuelva delicadamente hasta que queden glaseados y calientes.

1 Porción: 210 Calorías (55 Calorías de Grasa); Grasas 6g (Saturada 4g); Colesterol 15mg; Sodio 250mg; Carbohidratos 40g (Fibra Dietética 3g); Proteína 2g **% de Valores Diarios:** Vitamina A 100%; Vitamina C 24%; Calcio 4%; Hierro 4% **Intercambios:** 1 Almidón, 1$^1/_2$ Otros Carbohidratos, 1 Grasa **Opciones de Carbohidratos:** 2$^1/_2$

PURÉ DE CAMOTES Cocine los camotes como se indica en el paso 1, pero no los corte en rebanadas. Omita $^1/_3$ taza de azúcar morena, 3 cucharadas de mantequilla, 3 cucharadas de agua y $^1/_2$ cucharadita de sal. Añada 2 cucharadas de mantequilla o margarina y $^1/_2$ cucharadita de sal a los camotes cocidos y sin cáscara. Maje los camotes en la cacerola hasta que no queden grumos.

CAMOTES A LA NARANJA Reemplace el agua por jugo de naranja. Añada 1 cucharada de cáscara de naranja rallada con el azúcar morena.

CAMOTES A LA PIÑA Omita el agua. Añada 1 lata (8 onzas) de piña triturada en almíbar, sin escurrir, con azúcar morena.

Applesauce
Puré de Manzanas

PREP: 5 min **COOK:** 15 min ■ **6 SERVINGS**

To make Applesauce in the microwave, decrease the water to $^1/_4$ cup, and put all the ingredients in 2-quart microwavable casserole. Cover tightly and microwave on High for 10 to 12 minutes, stirring and breaking up apples every 3 minutes, until apples are tender. With a scoop of vanilla ice cream, and sprinkle of cinnamon-sugar, it makes a great dessert.

4 medium cooking apples ($1^1/_3$ pounds), peeled and cut into fourths
$^1/_2$ cup water
$^1/_4$ cup packed brown sugar or 3 to 4 tablespoons granulated sugar
$^1/_4$ teaspoon ground cinnamon
$^1/_8$ teaspoon ground nutmeg

1. Heat apples and water to boiling in 2-quart saucepan over medium heat, stirring occasionally; reduce heat. Simmer uncovered 5 to 10 minutes, stirring occasionally to break up apples, until tender.

2. Stir in remaining ingredients. Heat to boiling. Boil and stir 1 minute. Cover and refrigerate until serving. Store covered in refrigerator.

1 Serving (about $^1/_2$ cup): Calories 90 (Calories from Fat 0); Fat 0g (Saturated 0g); Cholesterol 0mg; Sodium 5mg; Carbohydrate 22g (Dietary Fiber 2g); Protein 0g **% Daily Value:** Vitamin A 0%; Vitamin C 2%; Calcium 2%; Iron 2% **Exchanges:** $1^1/_2$ Fruit **Carbohydrate Choices:** $1^1/_2$

Puré de Manzanas

Applesauce

PREPARACIÓN: 5 min **COCCIÓN:** 15 min ▪ **RINDE 6 PORCIONES**

Para preparar el puré de manzanas en el microondas, reduzca el agua a $1/4$ de taza y ponga todos los ingredientes en una cacerola de 2 cuartos de galón para microondas. Tape herméticamente y cocine en el microondas a temperatura alta durante 10 a 12 minutos, revolviendo y partiendo las manzanas cada 3 minutos, hasta que estén tiernas. Servido con una cucharada de helado de vainilla y espolvoreado con canela y azúcar es un excelente postre.

> 4 manzanas medianas para cocinar ($1^1/_3$ libras) peladas y cortadas en cuartos
> $1/_2$ taza de agua
> $1/_4$ taza de azúcar morena o 3 a 4 cucharadas de azúcar granulada
> $1/_4$ cucharadita de canela en polvo
> $1/_8$ cucharadita de nuez moscada en polvo

1. Caliente las manzanas y el agua hasta hervir en una cacerola de 2 cuartos ($1/_2$ galón) a fuego medio, revolviendo ocasionalmente; reduzca el fuego. Deje cocinar a fuego bajo de 5 a 10 minutos, revolviendo ocasionalmente para partir las manzanas, hasta que estén tiernas.

2. Añada los demás ingredientes y revuelva. Caliente hasta hervir. Hierva y revuelva por 1 minuto. Tape y refrigere hasta el momento de servir. Tape y manténgalo refrigerado.

1 Porción (aproximadamente $1/_2$ taza): 90 Calorías (0 Calorías de Grasa); Grasas 0g (Saturada 0g); Colesterol 0mg; Sodio 5mg; Carbohidratos 22g (Fibra Dietética 2g); Proteína 0g **% de Valores Diarios:** Vitamina A 0%; Vitamina C 2%; Calcio 2%; Hierro 2% **Intercambios:** $1^1/_2$ Frutas **Opciones de Carbohidratos:** $1^1/_2$

Mandarin Salad
Ensalada de Mandarinas

PREP: 20 min ■ **6 SERVINGS**

Many stores have convenient prepackaged torn greens which are a great time-saver. If you like, use 1 package (10 ounces) torn salad greens in place of the head lettuce and romaine.

1/4 cup sliced almonds
1 tablespoon plus 1 teaspoon sugar
Sweet-Sour Dressing (below)
1/2 small head lettuce, torn into bite-size pieces (3 cups)
1/2 bunch romaine, torn into bite-size pieces (3 cups)
2 medium stalks celery, chopped (1 cup)
2 medium green onions, thinly sliced (2 tablespoons)
1 can (11 ounces) mandarin orange segments, drained

1. Cook almonds and sugar in 1-quart saucepan over low heat, stirring constantly, until sugar is melted and almonds are coated; cool and break apart.

2. Make Sweet-Sour Dressing.

3. Toss almonds, dressing and remaining ingredients in large bowl. Serve immediately.

Sweet-Sour Dressing

1/4 cup vegetable oil
2 tablespoons sugar
2 tablespoons white or cider vinegar
1 tablespoon chopped fresh parsley
1/2 teaspoon salt
Dash of pepper
Dash of red pepper sauce

Shake all ingredients in tightly covered container. Refrigerate until serving.

1 Serving (about 1^1/$_3$ cups): Calories 170 (Calories from Fat 110); Fat 12g (Saturated 2g); Cholesterol 0mg; Sodium 220mg; Carbohydrate 16g (Dietary Fiber 3g); Protein 2g **% Daily Value:** Vitamin A 20%; Vitamin C 40%; Calcium 4%; Iron 4% **Exchanges:** 1/2 Fruit, 2 Vegetable, 2 Fat **Carbohydrate Choices:** 1

Ensalada de Mandarinas
Mandarin Salad

PREPARACIÓN: 20 min ▪ **RINDE 6 PORCIONES**

Muchas tiendas ofrecen ensaladas verdes empacadas que ahorran mucho tiempo. Si desea, utilice 1 paquete (10 onzas) de ensalada verde en lugar de lechuga regular y romana.

$1/4$ taza de almendras en rebanadas
1 cucharada más 1 cucharadita de azúcar
Aderezo Agridulce (vea abajo)
$1/2$ cabeza de lechuga pequeña, partida en trozos de tamaño bocado (3 tazas)
$1/2$ ramo de lechuga romana, partido en trozos de tamaño bocado (3 tazas)
2 tallos medianos de apio, picados (1 taza)
2 cebollitas verdes medianas, cortadas en rebanadas finas (2 cucharadas)
1 lata (11 onzas) de gajos de mandarinas, escurrida

1. Cocine las almendras y el azúcar en una cacerola de 1 cuarto ($1/4$ galón) a fuego bajo, revolviendo constantemente, hasta que el azúcar se derrita y las almendras queden cubiertas; enfríe y quiebre por separado.

2. Prepare el Aderezo Agridulce.

3. Añada las almendras, el aderezo y los demás ingredientes en un recipiente grande. Sirva inmediatamente.

Aderezo Agridulce

$1/4$ taza de aceite vegetal
2 cucharadas de azúcar
2 cucharadas de vinagre blanco o de manzana
1 cucharada de perejil fresco picado
$1/2$ cucharadita de sal
Una pizca de pimienta
Una pizca de salsa de pimienta roja

Agite todos los ingredientes en un recipiente herméticamente cerrado. Refrigere hasta el momento de servir.

1 Porción (aproximadamente 1$1/3$ tazas): 170 Calorías (110 Calorías de Grasa); Grasas 12g (Saturada 2g); Colesterol 0mg; Sodio 220mg; Carbohidratos 16g (Fibra Dietética 3g); Proteína 2g **% de Valores Diarios:** Vitamina A 20%; Vitamina C 40%; Calcio 4%; Hierro 4% **Intercambios:** $1/2$ Fruta, 2 Vegetales, 2 Grasas **Opciones de Carbohidratos:** 1

Caesar Salad
Ensalada César

PREP: 15 min ▪ **6 SERVINGS**

Legend has it that this well-known salad was created by Caesar Cardini, an Italian chef who owned a restaurant in the border town of Tijuana, Mexico. See photo on page 204.

1 clove garlic, cut in half
8 anchovy fillets, cut up*
1/3 cup olive or vegetable oil
3 tablespoons lemon juice
1 teaspoon Worcestershire sauce
1/4 teaspoon salt
1/4 teaspoon ground mustard
Freshly ground pepper
1 large or 2 small bunches romaine, torn into bite-size pieces (10 cups)
1 cup garlic-flavored croutons
1/3 cup grated Parmesan cheese

1. Rub large wooden salad bowl with cut clove of garlic. Allow a few small pieces of garlic to remain in bowl if desired.

2. Mix anchovies, oil, lemon juice, Worcestershire sauce, salt, mustard and pepper in salad bowl.

3. Add romaine; toss until coated. Sprinkle with croutons and cheese; toss. Serve immediately.

* 2 teaspoons anchovy paste can be substituted for the anchovy fillets.

1 Serving (about 1³/₄ cups): Calories 195 (Calories from Fat 145); Fat 16g (Saturated 3g); Cholesterol 10mg; Sodium 500mg; Carbohydrate 7g (Dietary Fiber 2g); Protein 6g **% Daily Value:** Vitamin A 40%; Vitamin C 40%; Calcium 12%; Iron 8% **Exchanges:** 1¹/₂ Vegetable, ¹/₂ High-Fat Meat, 2¹/₂ Fat **Carbohydrate Choices:** ¹/₂

Ensalada César
Caesar Salad

PREPARACIÓN: 15 min ■ **RINDE 6 PORCIONES**

Dice la tradición que esta conocida ensalada fue creada por César Cardini, un chef italiano, propietario de un restaurante en la ciudad fronteriza de Tijuana, México. Vea la foto en la página 204.

1 diente de ajo, cortado por la mitad
8 filetes de anchoas, sin espinas*
$1/3$ taza de aceite de oliva o vegetal
3 cucharadas de jugo de limón
1 cucharadita de salsa inglesa "Worcestershire"
$1/4$ cucharadita de sal
$1/4$ cucharadita de mostaza en polvo
Pimienta recién molida
1 cabeza grande o 2 cabezas pequeñas de lechuga romana, partidas en trozos de tamaño bocado (10 tazas)
1 taza de cubitos de pan o "croutons" con sabor a ajo
$1/3$ taza de queso Parmesano rallado

1. Frote una ensaladera grande de madera con el diente de ajo cortado. Si desea, deje algunos trozos de ajo en la ensaladera.

2. Mezcle las anchoas, el aceite, el jugo de limón, la salsa inglesa, la sal, la mostaza y la pimienta en la ensaladera.

3. Añada la lechuga romana, revuelva hasta que esté totalmente cubierta por la mezcla. Espolvoree con los cubitos de pan y el queso; revuelva. Sirva inmediatamente.

* 2 cucharaditas de pasta de anchoas pueden reemplazar a los filetes de anchoas.

1 Porción (aproximadamente 1³/₄ tazas): 195 Calorías (145 Calorías de Grasa); Grasas 16g (Saturada 3g); Colesterol 10mg; Sodio 500mg; Carbohidratos 7g (Fibra Dietética 2g); Proteína 6g **% de Valores Diarios:** Vitamina A 40%; Vitamina C 40%; Calcio 12%; Hierro 8% **Intercambios:** 1¹/₂ Vegetales, ¹/₂ Carne con Alto Contenido de Grasa, 2¹/₂ Grasas **Opciones de Carbohidratos:** ¹/₂

Caesar Salad (page 202)   ⊡   **Ensalada César (página 203)** ▼

▼ **Seven-Layer Salad (page 206)** ◨ **Ensalada de Siete Capas (página 207)**

Seven-Layer Salad
Ensalada de Siete Capas

PREP: 25 min **CHILL:** 2 hr ▪ **6 SERVINGS**

Many of the creamier dressings call for mayonnaise or salad dressing. What's the difference? Although very similar in flavor and appearance, salad dressing is usually a bit sweeter than mayonnaise. See photo on page 205.

1 box (9 ounces) frozen green peas
6 cups bite-size pieces mixed salad greens
2 medium stalks celery, thinly sliced (1 cup)
1 cup thinly sliced radishes
8 medium green onions, sliced (1/2 cup)
12 slices bacon, crisply cooked and crumbled (3/4 cup)
1 1/2 cups mayonnaise or salad dressing
1/2 cup grated Parmesan cheese or shredded Cheddar cheese (2 ounces)

1. Cook peas as directed on box; rinse with cold water and drain.

2. Place salad greens in large glass bowl. Layer celery, radishes, onions, bacon and peas on salad greens.

3. Spread mayonnaise over peas, covering top completely and sealing to edge of bowl. Sprinkle with cheese.

4. Cover and refrigerate at least 2 hours to blend flavors, but no longer than 12 hours. Toss before serving, if desired. Store covered in refrigerator.

1 Serving (about 1 1/4 cups): Calories 575 (Calories from Fat 480); Fat 52g (Saturated 10g); Cholesterol 50mg; Sodium 740mg; Carbohydrate 12g (Dietary Fiber 5g); Protein 12g **% Daily Value:** Vitamin A 44%; Vitamin C 38%; Calcium 18%; Iron 12% **Exchanges:** 2 Vegetable, 1 High-Fat Meat, 9 1/2 Fat **Carbohydrate Choices:** 1

Ensalada de Siete Capas
Seven-Layer Salad

PREPARACIÓN: 25 min **REFRIGERACIÓN:** 2 horas ■ **RINDE 6 PORCIONES**

Muchos de los aderezos más cremosos requieren mayonesa o aderezo para ensaladas. ¿Cuál es la diferencia? Aunque en sabor y apariencia son muy similares, por lo general el aderezo para ensaladas es un poco más dulce que la mayonesa. Vea la foto en la página 205.

1 caja (9 onzas) de chícharos/guisantes congelados
6 tazas de ensalada verde mixta en trozos de tamaño bocado
2 tallos medianos de apio, finamente rebanados (1 taza)
1 taza de rábanos finamente rebanados
8 cebollitas verdes medianas, en rebanadas ($1/2$ taza)
12 lonjas de tocino, cocido, crujiente y en trozos pequeños ($3/4$ taza)
$1^1/2$ tazas de mayonesa o aderezo para ensaladas
$1/2$ taza de queso Parmesano o "Cheddar" rallado (2 onzas)

1. Cocine los chícharos/guisantes según las instrucciones del paquete, enjuague con agua fría y escurra.

2. Coloque la ensalada verde en un recipiente o ensaladera muy grande de vidrio. Coloque el apio, los rábanos, las cebollas, el tocino y los chícharos/guisantes formando capas sobre la ensalada verde.

3. Extienda la mayonesa sobre los chícharos/guisantes, cubriéndolos completamente por encima y sellando hasta el borde de la ensaladera. Espolvoree con queso.

4. Cubra y refrigere por lo menos 2 horas para mezclar los sabores, pero no refrigere más de 12 horas. Si desea, mezcle antes de servir. Cubra y mantenga la ensalada refrigerada.

1 Porción (aproximadamente $1^1/4$ tazas): 575 Calorías (480 Calorías de Grasa); Grasas 52g (Saturada 10g); Colesterol 50mg; Sodio 740mg; Carbohidratos 12g (Fibra Dietética 5g); Proteína 12g **% de Valores Diarios:** Vitamina A 44%; Vitamina C 38%; Calcio 18%; Hierro 12%
Intercambios: 2 Vegetales, 1 Carne con Alto Contenido de Grasa, $9^1/2$ Grasas **Opciones de Carbohidratos:** 1

Bacon-Spinach Salad
Ensalada de Tocino y Espinaca

PREP: 15 min **COOK:** 10 min ▪ **6 SERVINGS**

If you use fresh spinach from the garden or market, be sure to wash it well to remove the sandy grit. Using bags of prewashed spinach is a timesaver.

4 slices bacon, cut into $^1/_2$-inch pieces
3 tablespoons vegetable oil
5 medium green onions, chopped ($^1/_3$ cup)
2 teaspoons sugar
$^1/_2$ teaspoon salt
$^1/_4$ teaspoon pepper
2 tablespoons white or cider vinegar
8 ounces fresh spinach (9 cups)
2 hard-cooked eggs, sliced

1. In 10-inch skillet, cook bacon over medium heat, stirring occasionally, until crisp. Remove bacon with slotted spoon; drain on paper towels. Drain all but 3 tablespoons bacon fat from skillet (if there isn't 3 tablespoons bacon fat remaining, add enough vegetable oil to bacon fat to equal 3 tablespoons).

2. Add oil, onions, sugar, salt and pepper to bacon fat in skillet. Cook over medium heat 2 to 3 minutes, stirring occasionally, until onions are slightly softened. Stir in vinegar.

3. Place spinach in very large bowl. Pour warm dressing over spinach; toss to coat. Arrange egg slices on top; sprinkle with bacon.

1 Serving (about 1$^1/_2$ cups): Calories 135 (Calories from Fat 100); Fat 11g (Saturated 2g); Cholesterol 75mg; Sodium 130mg; Carbohydrate 4g (Dietary Fiber 1g); Protein 5g **% Daily Value:** Vitamin A 74%; Vitamin C 22%; Calcium 6%; Iron 8% **Exchanges:** 1 Vegetable, $^1/_2$ Lean Meat, 2 Fat **Carbohydrate Choices:** 0

Ensalada de Tocino y Espinaca
Bacon-Spinach Salad

PREPARACIÓN: 15 min **COCCIÓN:** 10 min ▪ **RINDE 6 PORCIONES**

Si utiliza espinaca fresca, asegúrese de lavarla bien para quitarle los residuos de tierra. El uso de bolsas de espinaca empacada previamente lavada ahorra mucho tiempo.

> 4 lonjas de tocino, cortadas en trozos de $1/2$ pulgada
> 3 cucharadas de aceite vegetal
> 5 cebollitas verdes medianas, picadas ($1/3$ taza)
> 2 cucharaditas de azúcar
> $1/2$ cucharadita de sal
> $1/4$ cucharadita de pimienta
> 2 cucharadas de vinagre blanco o de manzana
> 8 onzas de espinaca fresca (9 tazas)
> 2 huevos duros, cortados en rebanadas

1. En una sartén de 10 pulgadas cocine el tocino a fuego medio, revolviendo ocasionalmente, hasta que quede crujiente. Retire el tocino con una espumadera; escurra sobre papel toalla. Escurra toda la grasa del tocino del sartén, dejando 3 cucharadas (si no quedan 3 cucharadas de grasa de tocino, añada aceite vegetal a la grasa para un equivalente a 3 cucharadas).

2. Añada el aceite, las cebollas, el azúcar, la sal y la pimienta a la grasa del tocino en el sartén. Cocine a fuego medio de 2 a 3 minutos, revolviendo ocasionalmente, hasta que las cebollas se empiecen a ablandar. Añada el vinagre y revuelva.

3. Coloque la espinaca en un recipiente o ensaladera muy grande. Vierta el aderezo caliente sobre la espinaca y mezcle hasta que esté cubierta. Coloque las rebanadas de huevo por encima; espolvoree con el tocino.

1 Porción (aproximadamente 1$1/2$ tazas): 135 Calorías (100 Calorías de Grasa); Grasas 11g (Saturada 2g); Colesterol 75mg; Sodio 130mg; Carbohidratos 4g (Fibra Dietética 1g); Proteína 5g **% de Valores Diarios:** Vitamina A 74%; Vitamina C 22%; Calcio 6%; Hierro 8% **Intercambios:** 1 Vegetal, $1/2$ Carne Magra, 2 Grasas **Opciones de Carbohidratos:** 0

Creamy Potato Salad
Ensalada de Papas Cremosa

PREP: 15 min **COOK:** 40 min **CHILL:** 4 hr ▪ **10 SERVINGS**

Summertime is the most popular time to serve this all-American salad, which is a favorite at picnics, potlucks and family celebrations.

6 medium round red or white potatoes (2 pounds), peeled
1¹/₂ cups mayonnaise or salad dressing
1 tablespoon white or cider vinegar
1 tablespoon yellow mustard
1 teaspoon salt
¹/₄ teaspoon pepper
2 medium stalks celery, chopped (1 cup)
1 medium onion, chopped (¹/₂ cup)
4 hard-cooked eggs, chopped
Paprika, if desired

1. Place potatoes in 3-quart saucepan; add enough water just to cover potatoes. Cover and heat to boiling; reduce heat to low. Cook covered 30 to 35 minutes or until potatoes are tender; drain. Let stand until cool enough to handle. Cut potatoes into cubes.

2. Mix mayonnaise, vinegar, mustard, salt and pepper in large glass or plastic bowl. Add potatoes, celery and onion; toss. Stir in eggs. Sprinkle with paprika. Cover and refrigerate at least 4 hours to blend flavors and chill. Store covered in refrigerator.

1 Serving (about ³/₄ cup): Calories 335 (Calories from Fat 250); Fat 28g (Saturated 5g); Cholesterol 105mg; Sodium 480mg; Carbohydrate 17g (Dietary Fiber 2g); Protein 4g[lb] **% Daily Value:** Vitamin A 4%; Vitamin C 10%; Calcium 2%; Iron 4% **Exchanges:** 1 Starch, 5¹/₂ Fat **Carbohydrate Choices:** 1

Ensalada de Papas Cremosa
Creamy Potato Salad

PREPARACIÓN: 15 min **COCCIÓN:** 40 min **REFRIGERACIÓN:** 4 horas ■ **RINDE 10 PORCIONES**

El verano es la época preferida para servir esta ensalada americana que es la favorita para "picnics" o días de campo, reuniones informales y celebraciones familiares.

6 papas blancas o rojas medianas (2 libras), peladas
1¹/₂ tazas de mayonesa o aderezo para ensaladas
1 cucharada de vinagre blanco o de manzana
1 cucharada de mostaza amarilla
1 cucharadita de sal
¹/₄ cucharadita de pimienta
2 tallos medianos de apio, picados (1 taza)
1 cebolla mediana, picada (¹/₂ taza)
4 huevos duros, picados
Paprika, si desea

1. Coloque las papas en una cacerola de 3 cuartos (³/₄ galón) y suficiente agua para cubrir las papas. Tape y caliente hasta hervir; luego reduzca el fuego. Tape y cocine de 30 a 35 minutos o hasta que las papas se ablanden; escurra. Deje enfriar lo suficiente hasta poder tocarlas. Corte las papas en cubos.

2. Mezcle la mayonesa, el vinagre, la mostaza, la sal y la pimienta en un recipiente grande de vidrio o plástico. Añada las papas, el apio y la cebolla y mezcle. Añada los huevos y revuelva. Espolvoree con paprika. Tape y refrigere por lo menos 4 horas para mezclar los sabores y enfriar. Manténgala tapada y refrigerada.

1 Porción (aproximadamente ³/₄ taza): 335 Calorías (250 Calorías de Grasa); Grasas 28g (Saturada 5g); Colesterol 105mg; Sodio 480mg; Carbohidratos 17g (Fibra Dietética 2g); Proteína 4g **% de Valores Diarios:** Vitamina A 4%; Vitamina C 10%; Calcio 2%; Hierro 4%
Intercambios: 1 Almidón, 5¹/₂ Grasas **Opciones de Carbohidratos:** 1

Creamy Coleslaw
Ensalada de Col Cremosa

Ensalada de Col Cremosa
Creamy Coleslaw

PREP: 15 min **CHILL:** 1 hr ■
8 SERVINGS

PREPARACIÓN: 15 min **REFRIGERACIÓN:** 1 hora ■
RINDE 8 PORCIONES

For extra convenience, use 4¹/2 cups of coleslaw mix and omit the cabbage and carrot.

Para mayor conveniencia, utilice 4¹/2 tazas de mezcla de col y omita el repollo y la zanahoria.

- ¹/2 cup mayonnaise or salad dressing
- ¹/4 cup sour cream
- 1 tablespoon sugar
- 2 teaspoons lemon juice
- 2 teaspoons Dijon mustard
- ¹/2 teaspoon celery seed
- ¹/4 teaspoon salt
- ¹/4 teaspoon pepper
- ¹/2 medium head cabbage, finely shredded or chopped (4 cups)
- 1 small carrot, shredded (¹/2 cup)
- 1 small onion, chopped (¹/4 cup)

- ¹/2 taza de mayonesa o aderezo para ensaladas
- ¹/4 taza de crema agria
- 1 cucharada de azúcar
- 2 cucharaditas de jugo de limón
- 2 cucharaditas de mostaza Dijon
- ¹/2 cucharadita de semillas de apio
- ¹/4 cucharadita de sal
- ¹/4 cucharadita de pimienta
- ¹/2 cabeza de repollo mediana, finamente cortada o picada (4 tazas)
- 1 zanahoria pequeña, en trozos (¹/2 taza)
- 1 cebolla pequeña, picada (¹/4 taza)

1. Mix all ingredients except cabbage, carrot and onion in large glass or plastic bowl. Add remaining ingredients; toss until evenly coated.

2. Cover and refrigerate at least 1 hour to blend flavors. Store covered in refrigerator.

1. Mezcle todos los ingredientes, excepto el repollo, la zanahoria y la cebolla en un recipiente grande de vidrio o plástico. Añada los demás ingredientes, revuelva hasta que estén totalmente cubiertos por la mezcla.

2. Tape y refrigere por lo menos 1 hora para mezclar los sabores. Manténgala tapada y refrigerada.

1 Serving (about ²/3 cup): Calories 140 (Calories from Fat 115); Fat 13g (Saturated 3g); Cholesterol 15mg; Sodium 200mg; Carbohydrate 7g (Dietary Fiber 1g); Protein 1g **% Daily Value:** Vitamin A 24%; Vitamin C 26%; Calcium 2%; Iron 2% **Exchanges:** 1 Vegetable, 2¹/2 Fat **Carbohydrate Choices:** ¹/2

1 Porción (aproximadamente ²/3 taza): 140 Calorías (115 Calorías de Grasa); Grasas 13g (Saturada 3g); Colesterol 15mg; Sodio 200mg; Carbohidratos 7g (Fibra Dietética 1g); Proteína 1g **% de Valores Diarios:** Vitamina A 24%; Vitamina C 26%; Calcio 2%; Hierro 2% **Intercambios:** 1 Vegetal, 2¹/2 Grasas **Opciones de Carbohidratos:** ¹/2

Cucumber Salad
Ensalada de Pepinos

Ensalada de Pepinos
Cucumber Salad

PREP: 10 min **CHILL:** 3 hr ■
6 SERVINGS

PREPARACIÓN: 10 min **REFRIGERACIÓN:** 3 horas ■
RINDE **6 PORCIONES**

Dress up the look of the cucumbers by running the tines of a fork down the length of each cucumber before slicing.

Puede darle un toque de elegancia a los pepinos, pasándoles las puntas de un tenedor a lo largo de cada uno, antes de cortarlos en rebanadas.

2 medium cucumbers, thinly sliced
$1/3$ cup cider or white vinegar
$1/3$ cup water
2 tablespoons sugar
$1/2$ teaspoon salt
$1/8$ teaspoon pepper
Chopped fresh dill weed or parsley, if desired

2 pepinos medianos, finamente rebanados
$1/3$ taza de vinagre blanco o de manzana
$1/3$ taza de agua
2 cucharadas de azúcar
$1/2$ cucharadita de sal
$1/8$ cucharadita de pimienta
Eneldo o perejil fresco picado, si desea

1. Place cucumbers in small glass or plastic bowl.

2. Shake remaining ingredients except dill weed in tightly covered container. Pour over cucumbers. Cover and refrigerate at least 3 hours to blend flavors.

3. Drain salad. Sprinkle with dill weed. Store covered in refrigerator.

1. Coloque los pepinos en un recipiente pequeño de vidrio o plástico.

2. Agite todos los demás ingredientes, excepto el eneldo, en un recipiente herméticamente cerrado. Vierta sobre los pepinos. Tape y refrigere por lo menos 3 horas para mezclar los sabores.

3. Escurra la ensalada. Espolvoree con el eneldo o perejil. Manténgala cubierta y refrigerada.

1 Serving (about $1/2$ cup): Calories 25 (Calories from Fat 0); Fat 0g (Saturated 0g); Cholesterol 0mg; Sodium 200mg; Carbohydrate 7g (Dietary Fiber 1g); Protein 0g **% Daily Value:** Vitamin A 2%; Vitamin C 6%; Calcium 0%; Iron 2% **Exchanges:** 1 Vegetable **Carbohydrate Choices:** $1/2$

1 Porción (aproximadamente $1/2$ taza): 25 Calorías (0 Calorías de Grasa); Grasas 0g (Saturada 0g); Colesterol 0mg; Sodio 200mg; Carbohidratos 7g (Fibra Dietética 1g); Proteína 0g **% de Valores Diarios:** Vitamina A 2%; Vitamina C 6%; Calcio 0%; Hierro 2% **Intercambios:** 1 Vegetal **Opciones de Carbohidratos:** $1/2$

CREAMY CUCUMBER SALAD After draining salad, stir in $3/4$ cup sour cream or plain yogurt. (If desired, omit vinegar and water; stir in sour cream.) Store covered in refrigerator.

ENSALADA DE PEPINOS CREMOSA Luego de escurrir la ensalada, añada $3/4$ taza de crema agria o yogur sin sabor y revuelva. (Si desea, omita el vinagre y el agua; añada la crema agria y revuelva). Manténgala cubierta y refrigerada.

Cucumber Salad ⌗ **Ensalada de Pepinos** ▼

Three-Bean Salad
Ensalada de Tres Legumbres

PREP: 20 min **CHILL:** 3 hr ■ **6 SERVINGS**

You can also use purchased Italian dressing in place of the homemade if you prefer.

1 cup Italian Dressing (below)
1 can (15 to 16 ounces) cut green beans, drained
1 can (15 to 16 ounces) wax beans, drained
1 can (15 to 16 ounces) kidney, black or garbanzo beans, rinsed and drained
4 medium green onions, chopped ($1/4$ cup)
$1/4$ cup chopped fresh parsley
1 tablespoon sugar
2 cloves garlic, finely chopped

1. Make Italian dressing. Remove 1 cup dressing; set aside. Cover and refrigerate remaining dressing to use for other salads. Shake before using.

2. Mix beans, onions and parsley in medium glass or plastic bowl.

3. In small bowl, mix the 1 cup dressing, sugar and garlic. Pour over salad; toss. Cover and refrigerate at least 3 hours to blend flavors, stirring occasionally.

4. Just before serving, spoon bean mixture into bowl with slotted spoon.

Italian Dressing

1 cup olive or vegetable oil
$1/4$ cup white or cider vinegar
2 tablespoons finely chopped onion
1 tablespoon chopped fresh or 1 teaspoon dried basil leaves
1 teaspoon sugar
1 teaspoon ground mustard
$1/2$ teaspoon salt
$1/2$ teaspoon dried oregano leaves
$1/4$ teaspoon pepper
2 cloves garlic, finely chopped

In tightly covered container, shake all ingredients. Shake before serving.

1 Serving (about $3/4$ cup): Calories 430 (Calories from Fat 250); Fat 28g (Saturated 4g); Cholesterol 0mg; Sodium 1,900mg; Carbohydrate 48g (Dietary Fiber 16g); Protein 13g **% Daily Value:** Vitamin A 8%; Vitamin C 58%; Calcium 18%; Iron 44%
Exchanges: $2^{1/2}$ Starch, 2 Vegetable, 4 Fat **Carbohydrate Choices:** 3

Ensalada de Tres Legumbres
Three-Bean Salad

PREPARACIÓN: 20 min **REFRIGERACIÓN:** 3 horas ■ **RINDE 6 PORCIONES**

Si prefiere, también puede usar aderezo italiano comprado en vez de prepararlo en casa.

1 taza de Aderezo Italiano (vea abajo)
1 lata (15 onzas a 16 onzas) de habichuelas tiernas (ejote)*, escurridas
1 lata (15 onzas a 16 onzas) de habas "wax beans", escurridas
1 lata (15 onzas a 16 onzas) de habichuelas/frijoles rojos o negros o garbanzos, enjuagados y escurridos
4 cebollitas verdes medianas, picadas (1/4 taza)
1/4 taza de perejil fresco picado
1 cucharada de azúcar
2 dientes de ajo, finamente picados

1. Prepare el Aderezo Italiano. Retire 1 taza de aderezo y reserve. Tape y refrigere el aderezo sobrante para utilizarlo en otras ensaladas. Agite antes de usar.

2. Mezcle los tres tipos de legumbres, las cebollas y el perejil en un recipiente mediano de vidrio o plástico.

3. En un recipiente pequeño, mezcle la taza de aderezo que reservó, el azúcar y ajo. Vierta sobre la ensalada; revuelva. Tape y refrigere por lo menos 3 horas para mezclar los sabores, revolviendo ocasionalmente.

4. Justo antes de servir, pase la mezcla de legumbres al recipiente con una espumadera.

Aderezo Italiano

1 taza de aceite de oliva o vegetal
1/4 taza de vinagre blanco o de manzana
2 cucharadas de cebolla finamente picada
1 cucharada de hojas de albahaca fresca picada o seca
1 cucharadita de azúcar
1 cucharadita de mostaza en polvo
1/2 cucharadita de sal
1/2 cucharadita de hojas de orégano seco
1/4 cucharadita de pimienta
2 dientes de ajo, finamente picados

Agite todos los ingredientes en un recipiente herméticamente cerrado. Agite antes de servir.

Habichuelas tiernas: también conocidas como ejotes, porotos, judías o vainitas verdes.

1 Porción (aproximadamente 3/4 taza): 430 Calorías (250 Calorías de Grasa); Grasas 28g (Saturada 4g); Colesterol 0mg; Sodio 1,900mg; Carbohidratos 48g (Fibra Dietética 16g); Proteína 13g **% de Valores Diarios:** Vitamina A 8%; Vitamina C 58%; Calcio 18%; Hierro 44% **Intercambios:** 2 1/2 Almidones, 2 Vegetales, 4 Grasas **Opciones de Carbohidratos:** 3

Tuna-Macaroni Salad
Ensalada de Atún con Macarrones

PREP: 20 min **CHILL:** 1 hr ■ **6 SERVINGS**

Jazz up this salad by using a different shape of macaroni. Try rotini, raditore, farfalle, wagon wheel or cavatappi for a fun twist to regular elbow macaroni.

1 package (7 ounces) elbow macaroni
1/2 cup frozen green peas
1 can (9 ounces) tuna, drained
1 cup mayonnaise or salad dressing
1 cup shredded Cheddar cheese (4 ounces), if desired
1/4 cup sweet pickle relish, if desired
2 teaspoons lemon juice
3/4 teaspoon salt
1/4 teaspoon pepper
1 medium stalk celery, chopped (1/2 cup)
1 small onion, chopped (1/4 cup)

1. Cook macaroni as directed on package, adding peas for last 4 to 6 minutes of cooking; rinse with cold water and drain.

2. In large bowl, mix macaroni, peas and remaining ingredients. Cover and refrigerate at least 1 hour to blend flavors.

1 Serving (about 1 cup): Calories 450 (Calories from Fat 270); Fat 30g (Saturated 5g); Cholesterol 35mg; Sodium 660mg; Carbohydrate 30g (Dietary Fiber 2g); Protein 16g **% Daily Value:** Vitamin A 20%; Vitamin C 4%; Calcium 2%; Iron 12% **Exchanges:** 2 Starch, 1 1/2 Medium-Fat Meat, 4 Fat **Carbohydrate Choices:** 2

Ensalada de Atún con Macarrones
Tuna-Macaroni Salad

PREPARACIÓN: 20 min **REFRIGERACIÓN:** 1 hora ◼ **RINDE 6 PORCIONES**

Avive esta ensalada utilizando una clase distinta de macarrones. Pruebe rotini, raditore, farfalle, ruedas o cavatappi para darle un toque divertido a los macarrones comunes en forma de coditos.

1 paquete (7 onzas) de macarrones en forma de coditos

$1/2$ taza de chícharos/guisantes verdes congeladas

1 lata (9 onzas) de atún, escurrido

1 taza de mayonesa o aderezo para ensaladas

1 taza de queso "Cheddar" rallado (4 onzas), si desea

$1/4$ taza de condimento de pepinillos dulces, si desea

2 cucharaditas de jugo de limón

$3/4$ cucharadita de sal

$1/4$ cucharadita de pimienta

1 tallo mediano de apio, picado ($1/2$ taza)

1 cebolla pequeña, picada ($1/4$ taza)

1. Cocine los macarrones según las instrucciones del paquete, añada los chícharos/guisantes en los últimos 4 a 6 minutos de cocción; enjuague con agua fría y escurra.

2. En un recipiente grande, mezcle los macarrones, los guisantes y los demás ingredientes. Tape y refrigere por lo menos 1 hora para mezclar los sabores.

1 Porción (aproximadamente 1 taza): 450 Calorías (270 Calorías de Grasa); Grasas 30g (Saturada 5g); Colesterol 35mg; Sodio 660mg; Carbohidratos 30g (Fibra Dietética 2g); Proteína 16g **% de Valores Diarios:** Vitamina A 20%; Vitamina C 4%; Calcio 2%; Hierro 12% **Intercambios:** 2 Almidones, $1^1/2$ Carnes con Contenido Moderado de Grasa, 4 Grasas **Opciones de Carbohidratos:** 2

Tossed Chef's Salad
Ensalada del Chef

PREP: 25 min ▪ **5 SERVINGS**

Your favorite prepared vinaigrette dressing is a good substitute for the homemade French dressing.

1/4 cup Classic French Dressing (below)
1/2 cup julienne strips cooked meat (beef, pork or smoked ham)
1/2 cup julienne strips cooked chicken or turkey
1/2 cup julienne strips Swiss cheese
8 medium green onions, chopped (1/2 cup)
1 medium head lettuce, torn into bite-size pieces (10 cups)
1 small bunch romaine, torn into bite-size pieces (6 cups)
1 medium stalk celery, sliced (1/2 cup)
1/2 cup mayonnaise or salad dressing
2 hard-cooked eggs, sliced
2 medium tomatoes, cut into wedges

1. Make Classic French Dressing. Remove 1/4 cup dressing; set aside. Cover and refrigerate remaining dressing to use for other salads. Shake before using.

2. Reserve a few strips of meat, chicken and cheese for topping salad. Mix remaining meat, chicken and cheese, the onions, lettuce, romaine and celery in large bowl.

3. In small bowl, mix mayonnaise and the 1/4 cup dressing. Pour over lettuce mixture; toss. Top with reserved meat, chicken and cheese strips, the eggs and tomatoes. Serve immediately. Store remaining salad covered in refrigerator.

Classic French Dressing

1 cup olive or vegetable oil
1/4 cup white or cider vinegar
1/4 cup lemon juice
1/2 teaspoon salt
1/2 teaspoon ground mustard
1/2 teaspoon paprika

In tightly covered container, shake all ingredients. Shake before serving.

1 Serving (about 3 cups): Calories 380 (Calories from Fat 290); Fat 32g (Saturated 6g); Cholesterol 130mg; Sodium 440mg; Carbohydrate 9g (Dietary Fiber 4g); Protein 17g **% Daily Value:** Vitamin A 50%; Vitamin C 56%; Calcium 20%; Iron 14% **Exchanges:** 2 Vegetable, 2 High-Fat Meat, 3 Fat **Carbohydrate Choices:** 1/2

Ensalada del Chef
Tossed Chef's Salad

PREPARACIÓN: 25 min ▪ **RINDE 5 PORCIONES**

Puede reemplazar el aderezo de vinagreta preparado de su preferencia por su Aderezo Francés hecho en casa.

1/4 taza de Aderezo Francés Clásico (vea abajo)
1/2 taza de carne cocida (carne de res, cerdo o jamón cocido) cortada en tiras finitas
1/2 taza de pollo o pavo cocido cortado en tiras finitas
1/2 taza de queso Suizo cortado en tiras finitas
8 cebollitas verdes medianas, picadas (1/2 taza)
1 cabeza mediana de lechuga, cortada en trozos de tamaño bocado (10 tazas)
1 ramo pequeño de lechuga romana, cortado en trozos de tamaño bocado (6 tazas)
1 tallo mediano de apio, cortado en rebanadas (1/2 taza)
1/2 taza de mayonesa o aderezo para ensaladas
2 huevos duros, cortados en rebanadas
2 tomates medianos, cortados en gajos

1. Prepare el Aderezo Francés Clásico. Retire 1/4 taza de aderezo y reserve. Tape y refrigere el aderezo sobrante para utilizarlo en otras ensaladas. Agite antes de usar.

2. Reserve unas tiras de carne, pollo y queso para cubrir la ensalada. Mezcle la carne, el pollo y el queso restantes, los cebollitas, la lechuga, la lechuga romana y el apio en un recipiente grande.

3. En un recipiente pequeño, mezcle la mayonesa y 1/4 de taza de aderezo. Vierta sobre la mezcla de lechuga; revuelva. Cubra con las tiras de carne, pollo y queso reservadas, los huevos y los tomates. Mantenga tapado y refrigerado. Sirva inmediatamente.

Aderezo Francés Clásico

1 taza de aceite de oliva o vegetal
1/4 taza de vinagre blanco o de manzana
1/4 taza de jugo de limón
1/2 cucharadita de sal
1/2 cucharadita de mostaza en polvo
1/2 cucharadita de paprika

Agite todos los ingredientes en un recipiente herméticamente cerrado. Agite antes de servir.

1 Porción (aproximadamente 3 tazas): 380 Calorías (290 Calorías de Grasa); Grasas 32g (Saturada 6g); Colesterol 130mg; Sodio 440mg; Carbohidratos 9g (Fibra Dietética 4g); Proteína 17g **% de Valores Diarios** Vitamina A 50%; Vitamina C 56%; Calcio 20%; Hierro 14%
Intercambios: 2 Vegetales, 2 Carnes con Alto Contenido de Grasa, 3 Grasas **Opciones de Carbohidratos:** 1/2

Cobb Salad
Ensalada Cobb

PREP: 10 min **CHILL:** 1 hr ■ **4 SERVINGS**

It was a Hollywood restaurant that first created this impressive, showy salad that artistically creates colorful rows on top of the lettuce.

Lemon Vinaigrette (below)
1 small head lettuce, finely shredded (6 cups)
2 cups cut-up cooked chicken
3 hard-cooked eggs, chopped
2 medium tomatoes, chopped (1^1/$_2$ cups)
1 medium ripe avocado, pitted, peeled and chopped
^{1}/$_4$ cup crumbled blue cheese (1 ounce)
4 slices bacon, crisply cooked and crumbled (^{1}/$_4$ cup)

1. Prepare Lemon Vinaigrette.

2. Divide lettuce among 4 salad plates or shallow bowls. Arrange remaining salad ingredients in rows on lettuce. Serve with vinaigrette.

Lemon Vinaigrette

^{1}/$_2$ cup vegetable oil
^{1}/$_4$ cup lemon juice
1 tablespoon red wine vinegar
2 teaspoons sugar
^{1}/$_2$ teaspoon salt
^{1}/$_2$ teaspoon ground mustard
^{1}/$_2$ teaspoon Worcestershire sauce
^{1}/$_4$ teaspoon pepper
1 clove garlic, finely chopped

In tightly covered container, shake all vinaigrette ingredients. Refrigerate at least 1 hour to blend flavors.

1 Serving (about 3 cups): Calories 590 (Calories from Fat 440); Fat 49g (Saturated 10g); Cholesterol 230mg; Sodium 630mg; Carbohydrate 12g (Dietary Fiber 4g); Protein 30g **% Daily Value:** Vitamin A 20%; Vitamin C 36%; Calcium 8%; Iron 14% **Exchanges:** 2 Vegetable, 4 High-Fat Meat, 3 Fat **Carbohydrate Choices:** 1

Ensalada Cobb
Cobb Salad

PREPARACIÓN: 10 min **REFRIGERACIÓN:** 1 hora ■ **RINDE 4 PORCIONES**

Esta magnífica y llamativa ensalada que artísticamente presenta filas de colores sobre la lechuga fue creada en un restaurante de Hollywood.

Vinagreta de Limón (vea abajo)
1 cabeza pequeña de lechuga, finamente picada a lo largo (6 tazas)
2 tazas de pollo cocido cortado
3 huevos duros, picados
2 tomates medianos, picados (1$\frac{1}{2}$ tazas)
1 aguacate mediano maduro, sin semilla, pelado y picado
$\frac{1}{4}$ taza de queso Roquefort desmoronado (1 onza)
4 lonjas de tocino, cocido crujiente y en trocitos ($\frac{1}{4}$ taza)

1. Prepare la Vinagreta de Limón.

2. Divida la lechuga en 4 platos para ensalada o platos poco profundos. Coloque los demás ingredientes de la ensalada en filas sobre la lechuga. Sirva con la vinagreta.

Vinagreta de Limón

$\frac{1}{2}$ taza de aceite vegetal
$\frac{1}{4}$ taza de jugo de limón
1 cucharada de vinagre de vino tinto
2 cucharaditas de azúcar
$\frac{1}{2}$ cucharadita de sal
$\frac{1}{2}$ cucharadita de mostaza en polvo
$\frac{1}{2}$ cucharadita de salsa inglesa "Worcestershire"
$\frac{1}{4}$ cucharadita de pimienta
1 diente de ajo, finamente picado

Agite todos los ingredientes de la vinagreta en un recipiente herméticamente cerrado. Refrigere por lo menos 1 hora para mezclar los sabores.

1 Porción (aproximadamente 3 tazas): 590 Calorías (440 Calorías de Grasa); Grasas 49g (Saturada 10g); Colesterol 230mg; Sodio 630mg; Carbohidratos 12g (Fibra Dietética 4g); Proteína 30g **% de Valores Diarios:** Vitamina A 20%; Vitamina C 36%; Calcio 8%; Hierro 14% **Intercambios:** 2 Vegetales, 4 Carnes con Alto Contenido de Grasa, 3 Grasas **Opciones de Carbohidratos:** 1

CHAPTER 5
Cakes, Pies, Cookies and Desserts

CAPÍTULO 5
Pasteles, Tartas, Galletas y Postres

◀ **Strawberry Shortcakes (page 252)**   **Tartaletas de Fresa (página 253)**

German Chocolate Cake
Pastel/Bizcocho "German" de Chocolate

PREP: 30 min **BAKE:** 40 min **COOL:** 1 hr 10 min ■ **12 TO 16** SERVINGS

This cake is named after Samuel German, who invented the sweet chocolate bar that is used to make it. It's a classic recipe that has been a favorite for almost fifty years.

> 4 ounces sweet baking chocolate
> 1/2 cup water
> 2 cups sugar
> 1 cup butter or margarine, softened
> 4 large eggs
> 1 teaspoon vanilla
> 2 1/4 cups all-purpose* or 2 1/2 cups cake flour
> 1 teaspoon baking soda
> 1 teaspoon salt
> 1 cup buttermilk
> Coconut-Pecan Filling (right), if desired

1. Heat oven to 350°F. Grease bottom and sides of 3 round 8-inch or 9-inch pans with shortening. Line bottoms of pans with waxed paper or cooking parchment paper.

2. Heat chocolate and water in 1-quart saucepan over low heat, stirring frequently, until chocolate is completely melted; cool.

3. Beat sugar and butter in medium bowl with electric mixer on high speed until light and fluffy. Separate eggs; reserve egg whites. Beat egg yolks, one at a time, into sugar mixture. Beat in chocolate and vanilla on low speed. Mix flour, baking soda and salt. Beat flour mixture into sugar mixture alternately with buttermilk on low speed, beating just until smooth after each addition.

4. Using clean beaters, beat eggs whites on high speed until stiff; fold into batter. Pour into pans. Refrigerate batter in third pan if not all pans will fit in oven at one time; bake third pan separately.

5. Bake 8-inch rounds 35 to 40 minutes, 9-inch rounds 30 to 35 minutes, or until toothpick inserted in center comes out clean. Cool 10 minutes; remove from pans to wire rack. Remove waxed paper. Cool completely, about 1 hour.

6. Prepare Coconut-Pecan Filling and Topping. Fill layers and frost top of cake with coconut-pecan mixture, leaving side of cake unfrosted. Store covered in refrigerator.

Coconut-Pecan Filling

> 1 cup granulated sugar or packed brown sugar
> 1/2 cup butter or margarine
> 1 cup evaporated milk
> 1 teaspoon vanilla
> 3 large egg yolks
> 1 1/3 cups flaked coconut
> 1 cup chopped pecans

In 2-quart saucepan, stir sugar, butter, milk, vanilla and egg yolks until well mixed. Cook over medium heat about 12 minutes, stirring frequently, until thick and bubbly. Stir in coconut and pecans. Cool about 30 minutes, beating occasionally with spoon, until spreadable.

*Do not use self-rising flour.

1 Serving: Calories 435 (Calories from Fat 180); Fat 20g (Saturated 12g); Cholesterol 115mg; Sodium 440mg; Carbohydrate 58g (Dietary Fiber 1g); Protein 6g **% Daily Value:** Vitamin A 14%; Vitamin C 0%; Calcium 4%; Iron 8% **Exchanges:** 2 Starch, 2 Other Carbohydrates, 3 1/2 Fat **Carbohydrate Choices:** 4

Pastel/Bizcocho "German" de Chocolate
German Chocolate Cake

PREPARACIÓN: 30 min **HORNEAR:** 40 min **ENFRIAR:** 1 hora 10 min ▪ **RINDE 12 A 16 PORCIONES**

Este Pastel/Bizcocho se llama así gracias a Samuel German, quien fue el inventor de las barras de chocolate dulce que se usan para hacerlo. Es una de las recetas clásicas favoritas por casi medio siglo.

> 4 onzas de chocolate dulce para hornear
> $1/2$ taza de agua
> 2 tazas de azúcar
> 1 taza de mantequilla o margarina, suavizada
> 4 huevos grandes
> 1 cucharadita de vainilla
> $2^1/4$ tazas de harina regular* o $2^1/2$ tazas de harina preparada para pastel/bizcocho
> 1 cucharadita de polvo de hornear
> 1 cucharadita de sal
> 1 taza de suero de leche ("buttermilk")
> Relleno de Coco y Nueces (derecha), si desea

1. Caliente el horno a 350°F. Engrase con manteca vegetal el fondo y los lados de 3 moldes redondos de 8 ó 9 pulgadas de diámetro. Cubra el fondo de los moldes con papel encerado o papel pergamino para cocinar.

2. Caliente el chocolate y el agua en una cacerola de 1 cuarto ($1/4$ galón) a fuego bajo, revolviendo constantemente, hasta que el chocolate se derrita completamente; deje enfriar.

3. Bata el azúcar y la mantequilla en un recipiente mediano con una batidora eléctrica a velocidad alta hasta que la mezcla quede liviana y esponjosa. Separe los huevos; reserve las claras. Bata las yemas, una por una, dentro de la mezcla de azúcar. Agregue y bata el chocolate y la vainilla a velocidad baja. Mezcle la harina, el polvo de hornear y la sal. Bata la mezcla de harina dentro de la mezcla de azúcar, alternativamente, con el suero de la leche a velocidad baja, batiendo justo hasta que la mezcla quede suave después de añadir cada ingrediente.

4. Usando unos batidores limpios, bata las claras de huevo a velocidad alta hasta que se endurezcan; agréguelas a la mezcla y revuelva. Vierta la mezcla en los moldes. En caso de que no todos los moldes quepan al mismo tiempo en el horno, refrigere la mezcla del tercer molde y hornee por separado.

5. Hornee los moldes de 8 pulgadas, de 35 a 40 minutos; los de 9 pulgadas de 30 a 35 minutos, o hasta que al insertar un palillo de dientes en el centro, salga limpio. Deje enfriar durante 10 minutos; saque los pasteles de los moldes y páselos a una parrilla metálica. Quite el papel encerado. Deje enfriar completamente por aproximadamente 1 hora.

6. Prepare el Relleno y el Decorado de Coco y Nueces. Coloque el relleno de coco y nueces entre cada capa y por encima del pastel, dejando los lados sin cubrir. Cubra el Pastel/Bizcocho y manténgalo refrigerado.

Relleno de Coco y Nueces

> 1 taza de azúcar granulada o azúcar morena comprimida
> $1/2$ taza de mantequilla o margarina
> 1 taza de leche evaporada
> 1 cucharadita de vainilla
> 3 yemas grandes de huevo
> $1^1/3$ tazas de coco rallado
> 1 taza de nueces picadas

En una cacerola de 2 cuartos ($1/2$ galón), revuelva el azúcar, la mantequilla, la leche, la vainilla y las yemas de huevo hasta que se mezclen bien. Cocine a fuego medio por unos 12 minutos, revolviendo constantemente, hasta que la mezcla se espese y se formen burbujas. Agregue el coco y las nueces; revuelva. Deje enfriar por unos 30 minutos, batiendo con una cuchara ocasionalmente, hasta que la mezcla esté lista para untarla.

*No use harina con levadura.

1 Porción: 435 Calorías (180 Calorías de Grasa); Grasas 20g (Saturada 12g); Colesterol 115mg; Sodio 440mg; Carbohidratos 58g (Fibra Dietética 1g); Proteína 6g **% de Valores Diarios:** Vitamina A 14%; Vitamina C 0%; Calcio 4%; Hierro 8% **Intercambios:** 2 Almidones, 2 Otros Carbohidratos, $3^1/2$ Grasas **Opciones de Carbohidratos:** 4

Chocolate Cake
Pastel/Bizcocho de Chocolate

PREP: 20 min **BAKE:** 45 min **COOL:** 1 hr 10 min ▪ **12 SERVINGS**

You'll love this dark, dense, chocolaty cake. If you like, you can add 1 teaspoon ground cinnamon to the batter. Serve pieces of cake with a scoop of vanilla or cinnamon ice cream.

2^1/$_4$ cups all-purpose* or 2^1/$_2$ cups cake flour
1^2/$_3$ cups sugar
^{3}/$_4$ cup butter or margarine, softened
^{2}/$_3$ cup baking cocoa
1^1/$_4$ cups water
1^1/$_4$ teaspoons baking soda
1 teaspoon salt
1 teaspoon vanilla
^{1}/$_4$ teaspoon baking powder
2 large eggs
Fudge Frosting (right), if desired

1. Heat oven to 350°F. Grease bottom and sides of 2 round 9-inch pans, 3 round 8-inch pans, or 13 × 9-inch pan, with shortening; lightly flour.

2. Beat all ingredients except Fudge Frosting with electric mixer on low speed 30 seconds, scraping bowl constantly. Beat on high speed 3 minutes, scraping bowl occasionally. Pour into pan(s).

3. Bake rounds 30 to 35 minutes, 13 × 9-inch pan 40 to 45 minutes, or until toothpick inserted in center comes out clean. Cool rounds 10 minutes; remove from pans to wire rack. Cool completely, about 1 hour. Cool 13 × 9-inch cake in pan on wire rack.

4. Fill and frost round layers or generously frost 13 × 9-inch cake with Fudge Frosting.

Fudge Frosting

1 cup granulated sugar
^{1}/$_2$ cup baking cocoa
^{1}/$_2$ cup milk
^{1}/$_4$ cup butter or margarine
2 tablespoons light corn syrup
^{1}/$_8$ teaspoon salt
1 to 1^1/$_2$ cups powdered sugar
1 teaspoon vanilla

Mix granulated sugar and cocoa in 3-quart saucepan. Stir in milk, butter, corn syrup and salt. Heat to boiling, stirring frequently. Boil 3 minutes, stirring occasionally; cool 30 minutes. Beat in powdered sugar and vanilla until smooth.

*Do not use self-rising flour.

1 Serving: Calories 325 (Calories from Fat 115); Fat 13g (Saturated 8g); Cholesterol 65mg; Sodium 430mg; Carbohydrate 48g (Dietary Fiber 2g); Protein 5g **% Daily Value:** Vitamin A 10%; Vitamin C 0%; Calcium 2%; Iron 10% **Exchanges:** 2 Starch, 1 Other Carbohydrates, 2^1/$_2$ Fat **Carbohydrate Choices:** 3

Pastel/Bizcocho de Chocolate
Chocolate Cake

PREPARACIÓN: 20 min **HORNEAR:** 45 min **ENFRIAR:** 1 hora 10 min ▪ **RINDE 12 PORCIONES**

A usted le encantará este Pastel/Bizcocho de espeso chocolate oscuro. Si desea, puede agregar una cucharadita de canela en polvo a la mezcla. Sirva las rebanadas de este Pastel/Bizcocho con una bola de helado de vainilla o canela.

2¼ tazas de harina* o 2 ½ tazas de harina preparada para pastel/bizcocho
1²/₃ tazas de azúcar
³/₄ taza de mantequilla o margarina, suavizada
²/₃ taza de cacao para hornear
1¼ tazas de agua
1¼ cucharaditas de bicarbonato de sodio ("baking soda")
1 cucharadita de sal
1 cucharadita de vainilla
¼ cucharadita de polvo de hornear
2 huevos grandes
"Frosting" de Chocolate ("Fudge") (derecha), si desea

1. Caliente el horno a 350°F. Engrase el fondo y los lados de 2 moldes redondos de 9 pulgadas, o 3 moldes redondos de 8 pulgadas, o un molde de 13 × 9 pulgadas, con manteca vegetal; ligeramente empolvados con harina.

2. Bata todos los ingredientes, excepto el "frosting" de chocolate con una batidora eléctrica a velocidad baja por 30 segundos, raspando el recipiente constantemente. Bata a velocidad alta por 3 minutos, raspando el recipiente de vez en cuando. Vierta la mezcla en el (los) molde (s).

3. Hornee los moldes redondos de 30 a 35 minutos, los moldes de 13 × 9 pulgadas de 40 a 45 minutos, o hasta que al insertar un palillo de dientes en el centro, salga limpio. Deje enfriar los moldes por 10 minutos; saque los pasteles de los moldes y colóquelos en una parrilla metálica.

4. Rellene y cubra con el "frosting" las capas redondas de pastel, o decore el Pastel/Bizcocho de 13 × 9 pulgadas con bastante "frosting" de chocolate.

"Frosting" de Chocolate ("Fudge")

1 taza de azúcar granulada
¹/₂ taza de cacao en polvo
¹/₂ taza de leche
¹/₄ taza de mantequilla o margarina
2 cucharadas de miel ligera de maíz ("light corn syrup")
¹/₈ cucharadita de sal
1 a 1¹/₂ tazas de azúcar en polvo
1 cucharadita de vainilla

Mezcle azúcar granulada y el cacao en una cacerola de 3 cuartos de galón. Añada la leche, la miel de maíz y la sal. Caliente hasta que hierva, revolviendo constantemente. Hierva por 3 minutos, revolviendo de vez en cuando; deje enfriar por 30 minutos. Agregue y bata el azúcar y la vainilla hasta que se mezclen bien y la mezcla quede suave.

*No use harina con levadura.

1 Porción: 325 Calorías (115 Calorías de Grasa); Grasas 13g (Saturada 8g); Colesterol 65mg; Sodio 430mg; Carbohidratos 48g (Fibra Dietética 2g); Proteína 5g **% de Valores Diarios:** Vitamina A 10%; Vitamina C 0%; Calcio 2%; Hierro 10% **Intercambios:** 2 Almidones, 1 Otros Carbohidratos, 2¹/₂ Grasas **Opciones de Carbohidratos:** 3

Banana Cake

Pastel/Bizcocho de Plátano/Banana

PREP: 15 min **BAKE:** 50 min **COOL:** 1 hr 10 min ■ **12 TO 16** SERVINGS

Anytime you have ripe, or slightly overripe bananas, freeze them whole, wrapped airtight, in their peels. Or peel, mash and freeze bananas in an airtight container. When you're ready to make Banana Cake simply remove from the freezer and thaw.

2$\frac{1}{2}$ cups all-purpose flour*
1$\frac{1}{2}$ cups mashed ripe bananas (3 medium)
1$\frac{1}{4}$ cups sugar
$\frac{1}{2}$ cup butter or margarine, softened
$\frac{1}{2}$ cup buttermilk
1$\frac{1}{2}$ teaspoons baking soda
1 teaspoon salt
1 teaspoon baking powder
2 large eggs
$\frac{2}{3}$ cup chopped nuts
Vanilla Buttercream Frosting (right), if desired

1. Heat oven to 350°F. Grease bottom and sides of 13 × 9-inch pan or two 8-inch or 9-inch round pans with shortening; lightly flour.

2. In large bowl, beat all ingredients except nuts and frosting with electric mixer on low speed 30 seconds, scraping bowl constantly. Beat on high speed 3 minutes, scraping bowl occasionally. Stir in nuts. Pour into pan(s).

3. Bake 13 × 9-inch pan 45 to 50 minutes, round pans 40 to 45 minutes, or until toothpick inserted in center comes out clean. Cool 13 × 9-inch cake in pan on wire rack. Cool rounds 10 minutes; remove from pans to wire rack. Cool completely, about 1 hour.

4. Frost 13 × 9-inch cake or fill and frost round layers with Vanilla Buttercream Frosting.

Vanilla Buttercream Frosting

3 cups powdered sugar
$\frac{1}{3}$ cup butter or margarine, softened
1$\frac{1}{2}$ teaspoons vanilla
1 to 2 tablespoons milk

Mix powdered sugar and butter in medium bowl with spoon or electric mixer on low speed. Stir in vanilla and 1 tablespoon of the milk. Gradually beat in just enough remaining milk to make frosting smooth and spreadable. If frosting is too thick, beat in more milk, a few drops at a time. If frosting becomes too thin, beat in a small amount of powdered sugar.

Do not use self-rising flour.

1 Serving: Calories 330 (Calories from Fat 115); Fat 13g (Saturated 6g); Cholesterol 55mg; Sodium 470mg; Carbohydrate 49g (Dietary Fiber 2g); Protein 5g **% Daily Value:** Vitamin A 6%; Vitamin C 2%; Calcium 4%; Iron 8% **Exchanges:** 2 Starch, 1 Other Carbohydrates, 2$\frac{1}{2}$ Fat **Carbohydrate Choices:** 3

APPLESAUCE CAKE Substitute 1$\frac{1}{2}$ cups unsweetened applesauce for the bananas and water for the buttermilk. Add 1$\frac{1}{2}$ teaspoons pumpkin pie spice; decrease baking powder to $\frac{3}{4}$ teaspoon. Stir in 1 cup raisins with the nuts. Frost with Vanilla Buttercream Frosting, if desired.

Pastel/Bizcocho de Plátano/Banana
Banana Cake

PREPARACIÓN: 15 min **HORNEAR:** 50 min **ENFRIAR:** 1 hora 10 min ■ **RINDE 12 A 16 PORCIONES**

Cuando usted tenga plátanos/bananas maduros o muy maduros, envuélvalos bien y congélelos enteros con todo y cáscaras, o pélelos y hágalos puré para congelarlos en un recipiente hermético. Cuando vaya a preparar el Pastel/Bizcocho de Plátano/Banana, simplemente saque del congelador y descongele.

2¹/₂ tazas de harina regular*

1¹/₂ tazas de plátanos maduros hechos puré (3 medianos)

1¹/₄ tazas de azúcar

¹/₂ taza de mantequilla o margarina, suavizada

¹/₂ taza de suero de leche ("buttermilk")

1¹/₂ cucharaditas de bicarbonato de sodio ("baking soda")

1 cucharadita de sal

1 cucharadita de polvo de hornear

2 huevos grandes

²/₃ taza de nueces picadas

"Frosting"/Decorado de Natilla de Vainilla (derecha), si desea

1. Caliente el horno a 350°F. Engrase y empolve ligeramente con harina el fondo y los lados de un molde de 13 × 9 pulgadas o dos moldes redondos de 8 ó 9 pulgadas de diámetro.

2. En un recipiente grande, bata todos los ingredientes, excepto las nueces y el "frosting" con una batidora eléctrica a velocidad baja por 30 segundos, raspando el recipiente constantemente. Bata a velocidad alta por 3 minutos, raspando el recipiente ocasionalmente. Agregue y mezcle las nueces. Vierta la mezcla en el (los) molde (s).

3. Hornee el molde de 13 × 9 pulgadas de 45 a 50 minutos, los moldes redondos de 40 a 45 minutos, o hasta que al insertar un palillo de dientes en el centro, salga limpio. Deje enfriar el Pastel/Bizcocho del molde de 13 × 9 en la parilla del horno. Deje enfriar los redondos por 10 minutos; sáquelos de los moldes y póngalos sobre la parilla del horno. Déjelos enfriar completamente por 1 hora.

4. Cubra el Pastel/Bizcocho de 13 × 9 pulgadas o rellene y cubra las capas redondas de Pastel/Bizcocho con "Frosting"/Decorado de Natilla de Vainilla.

"Frosting"/Decorado de Natilla de Vainilla

3 tazas de azúcar en polvo

¹/₃ taza de mantequilla o margarina, suavizada

1¹/₂ cucharaditas de vainilla

1 a 2 cucharadas de leche

Mezcle el azúcar en polvo y la mantequilla en un recipiente mediano con una cuchara o una la batidora eléctrica a velocidad baja. Agregue la vainilla y 1 cucharada de leche y revuelva. Poco a poco, bata otro poco de leche suficiente para que el "frosting" quede suave para que se pueda untar. Si el "frosting" queda muy espeso, agregue más leche, unas cuantas gotas a la vez. Si el "frosting" queda muy líquido, agregue un poco de azúcar en polvo.

No use harina con levadura.

1 Porción: 330 Calorías (115 Calorías de Grasa); Grasas 13g (Saturada 6g); Colesterol 55mg; Sodio 470mg; Carbohidrato49g (Fibra Dietética 2g); Proteína 5g **% de Valores Diarios:** Vitamina A 6%; Vitamina C 2%; Calcio 4%; Hierro 8% **Intercambios:** 2 Almidones, 1 Otros Carbohidratos, 2¹/₂ Grasas **Opciones de Carbohidratos:** 3

PASTEL/BIZCOCHO DE PURÉ DE MANZANA
Sustituya 1¹/₂ tazas de puré de manzana sin endulzante por los plátanos/bananas y el agua por el suero de leche ("buttermilk"). Agregue 1¹/₂ cucharaditas de especia para "pie" de calabaza; reduzca el polvo de hornear a ³/₄ de cucharadita. Agregue 1 taza de pasas con las nueces. Decore con "Frosting" de Natilla de Vainilla, si desea.

Carrot Cake

Pastel/Bizcocho de Zanahoria

PREP: 20 min **BAKE:** 45 min **COOL:** 1 hr 10 min ▪ **12 TO 16** SERVINGS

Another way to use vegetables in this moist spice cake is to substitute 3 cups shredded zucchini for the carrots. See photo on page 232.

1¹/₂ cups sugar
1 cup vegetable oil
3 large eggs
2 cups all-purpose flour*
2 teaspoons ground cinnamon
1 teaspoon baking soda
1 teaspoon vanilla
¹/₂ teaspoon salt
3 cups shredded carrots (5 medium)
1 cup coarsely chopped nuts
Cream Cheese Frosting (right), if desired

1. Heat oven to 350°F. Grease bottom and sides of 13 × 9-inch pan, or 2 round 8-inch or 9-inch pans with shortening; lightly flour.

2. Beat sugar, oil and eggs in large bowl with electric mixer on low speed about 30 seconds or until blended. Add remaining ingredients except carrots, nuts and Cream Cheese Frosting; beat on low speed 1 minute. Stir in carrots and nuts. Pour into pan(s).

3. Bake 13 × 9-inch pan 40 to 45 minutes, rounds 30 to 35 minutes, or until toothpick inserted in center comes out clean. Cool rectangle in pan on wire rack. Cool rounds 10 minutes; remove from pans to wire rack. Cool completely, about 1 hour.

4. Frost 13 × 9-inch cake or fill round layers and frost with Cream Cheese Frosting. Store covered in refrigerator.

Cream Cheese Frosting

1 package (8 ounces) cream cheese, softened
¹/₄ cup butter or margarine
2 to 3 teaspoons milk
1 teaspoon vanilla
4 cups powdered sugar

Beat cream cheese, butter, milk and vanilla in medium bowl with electric mixer on low speed until smooth. Gradually beat in powdered sugar, 1 cup at a time, on low speed until smooth and spreadable.

If using self-rising flour, omit baking soda and salt.

1 Serving: Calories 440 (Calories from Fat 235); Fat 26g (Saturated 4g); Cholesterol 55mg; Sodium 230mg; Carbohydrate 46g (Dietary Fiber 2g); Protein 5g **% Daily Value:** Vitamin A 44%; Vitamin C 2%; Calcium 2%; Iron 8% **Exchanges:** 2 Starch, 1 Other Carbohydrates, 5 Fat **Carbohydrate Choices:** 3

PINEAPPLE-CARROT CAKE Add 1 can (8 ounces) crushed pineapple, drained, and ¹/₂ cup flaked or shredded coconut with the carrots.

Pastel/Bizcocho de Zanahoria
Carrot Cake

PREPARACIÓN: 20 min **HORNEAR:** 45 min **ENFRIAR:** 1 hora 10 min ▪ **RINDE DE 12 A 16 PORCIONES**

Otra manera de utilizar los vegetales en este esponjoso y sabroso Pastel/Bizcocho es sustituyendo 3 tazas de calabacines picados por las zanahorias. Vea la foto en la página 232.

1¹/₂ tazas de azúcar
1 taza de aceite vegetal
3 huevos grandes
2 tazas de harina regular*
2 cucharaditas de canela en polvo
1 cucharadita de bicarbonato de sodio ("baking soda")
1 cucharadita de vainilla
¹/₂ cucharadita de sal
3 tazas de zanahorias ralladas (5 medianas)
1 taza de nueces picadas
Decorado ("Frosting") de Queso Crema (derecha), si desea

1. Caliente el horno a 350°F. Engrase con manteca vegetal y empolve ligeramente con harina el fondo y los lados de un molde de 13 × 9 pulgadas, o 2 moldes redondos de 8 ó 9 pulgadas.

2. Bata el azúcar, el aceite y los huevos con una batidora eléctrica en un recipiente grande a velocidad baja por unos 30 segundos o hasta que se mezclen bien. Agregue los demás ingredientes, excepto las zanahorias, las nueces y el "Frosting" de Queso Crema; bátalos a velocidad baja por 1 minuto. Añada las zanahorias y las nueces. Vierta la mezcla en el (los) molde(s).

3. Hornee el molde de 13 × 9 pulgadas de 40 a 45 minutos, los moldes redondos de 30 a 35 minutos, o hasta que al insertar un palillo de dientes en el centro, salga limpio. Deje enfriar el Pastel/Bizcocho dentro del molde en la parrilla metálica. Deje enfriar los moldes redondos por 10 minutos; saque los pasteles de los moldes y colóquelos en la parrilla metálica. Deje enfriar completamente por aproximadamente 1 hora.

4. Cubra el Pastel/Bizcocho de 13 × 9 pulgadas o rellene y cubra las capas redondas de Pastel/Bizcocho con el "Frosting" de Queso Crema. Manténgalos cubiertos y refrigerados.

"Frosting" de Queso Crema

1 paquete (8 onzas) de queso crema, suavizado
¹/₄ taza de mantequilla o margarina
2 a 3 cucharaditas de leche
1 cucharadita de vainilla
4 tazas de azúcar en polvo

Bata el queso crema, la mantequilla, leche y vainilla con una batidora eléctrica en un recipiente mediano a velocidad baja hasta que se mezclen bien. Agregue y bata el azúcar en polvo poco a poco, a velocidad baja, 1 taza a la vez, hasta que la mezcla quede suave para que se pueda untar.

*Si usa harina con levadura, omita el bicarbonato y la sal.

1 Porción: 440 Calorías (235 Calorías de Grasa); Grasas 26g (Saturada 4g); Colesterol 55mg; Sodio 230mg; Carbohidratos 46g (Fibra Dietética 2g); Proteína 5g **% de Valores Diarios:** Vitamina A 44%; Vitamina C 2%; Calcio 2%; Hierro 8% **Intercambios:** 2 Almidones, 1 Otros Carbohidratos, 5 Grasas **Opciones de Carbohidratos:** 3

PASTEL/BIZCOCHO DE ZANAHORIA CON PIÑA
Agregue 1 lata (8 onzas) de trocitos de piña, escurrida, y ¹/₂ taza de coco rallado con las zanahorias.

Carrot Cake (page 230)   **Pastel/Bizcocho de Zanahoria (página 231)** ▼

▼ **Lemon Chiffon Cake (page 234)** 🔲 **Pastel/Bizcocho de Limón Estilo "Chifón" (página 235)**

Lemon Chiffon Cake
Pastel/Bizcocho de Limón Estilo "Chifón"

PREP: 20 min **BAKE:** 1 hr 15 min **COOL:** 2 hr ▪ **12 SERVINGS**

Chiffon cake combines the lightness of angel food with the richness of a layer cake. If you prefer an orange cake, omit the vanilla and use 2 tablespoons orange peel instead of the lemon peel. Make an orange glaze by substituting orange peel for the lemon peel and orange juice for the lemon juice in the lemon glaze. See photo on page 233.

2 cups all-purpose* or 2 1/4 cups cake flour
1 1/2 cups sugar
3 teaspoons baking powder
1 teaspoon salt
3/4 cup cold water
1/2 cup vegetable oil
2 teaspoons vanilla
1 tablespoon grated lemon peel
7 large egg yolks (with all-purpose flour) or
   5 large egg yolks (with cake flour)
1 cup large egg whites (about 8)
1/2 teaspoon cream of "pie"
Lemon Glaze (right), if desired

1. Move oven rack to lowest position. Heat oven to 325°F.

2. Mix flour, sugar, baking powder and salt in large bowl. Beat in water, oil, vanilla, lemon peel and egg yolks with electric mixer on low speed until smooth.

3. With clean beaters, beat egg whites and cream of "pie" in large bowl with electric mixer on high speed until stiff peaks form. Gradually pour egg yolk mixture over beaten egg whites, folding in with rubber spatula just until blended. Pour into ungreased 10-inch angel food cake pan (tube pan).

4. Bake about 1 hour 15 minutes or until top springs back when touched lightly. Immediately turn pan upside down onto heatproof funnel or bottle. Let hang about 2 hours or until cake is completely cool. Loosen side of cake with knife or long metal spatula; remove from pan.

5. Spread Lemon Glaze over top of cake, allowing some to drizzle down side.

Lemon Glaze

1/3 cup butter or margarine
1/2 teaspoon grated lemon peel
2 cups powdered sugar
1 1/2 teaspoons lemon juice
2 to 4 tablespoons lemon juice

In 1 1/2-quart saucepan, melt butter over low heat; remove from heat. Stir in lemon peel, powdered sugar and 1 1/2 teaspoons lemon juice. Stir in additional lemon juice, 1 tablespoon at a time, until smooth and consistency of thick syrup.

*If using self-rising flour, omit baking powder and salt.

1 Serving: Calories 300 (Calories from Fat 110); Fat 12g (Saturated 2g); Cholesterol 125mg; Sodium 360mg; Carbohydrate 42g (Dietary Fiber 1g); Protein 6g **% Daily Value:** Vitamin A 4%; Vitamin C 0%; Calcium 8%; Iron 8% **Exchanges:** 2 Starch, 1 Other Carbohydrates, 1 Fat **Carbohydrate Choices:** 3

Pastel/Bizcocho de Limón Estilo "Chifón"
Lemon Chiffon Cake

PREPARACIÓN: 20 min **HORNEAR:** 1 hora 15 min **ENFRIAR:** 2 horas ■ **RINDE 12 PORCIONES**

El Pastel/Bizcocho "Chifón" combina la consistencia ligera con la sabrosa textura de un Pastel/Bizcocho hojaldrado. Si lo prefiere con sabor a naranja, omita la vainilla y use 2 cucharadas de ralladura de cáscara de naranja por la de limón. Prepare un glaseado de naranja sustituyendo la ralladura de naranja por la de limón y el jugo de naranja por el jugo de limón en el glaseado de limón. Vea la foto en la página 233.

> 2 tazas de harina regular* o 2$^{1}/_{4}$ harina preparada para pastel/bizcocho
>
> 1$^{1}/_{2}$ tazas de azúcar
>
> 3 cucharaditas de polvo de hornear
>
> 1 cucharadita de sal
>
> $^{3}/_{4}$ taza de agua fría
>
> $^{1}/_{2}$ taza de aceite vegetal
>
> 2 cucharaditas de vainilla
>
> 1 cucharada de ralladura de cáscara de limón
>
> 7 yemas grandes de huevo (con la harina regular) o 5 yemas de huevos grandes (con la harina preparada para pastel)
>
> 1 taza de claras grandes de huevo (aproximadamente 8)
>
> $^{1}/_{2}$ cucharadita de crema tártara ("cream of tartar")
>
> Glaseado de Limón (derecha), si desea

1. Coloque la parilla del horno en el nivel más bajo. Caliente el horno a 325°F.

2. Mezcle la harina, el azúcar, el polvo de hornear y la sal en un recipiente grande. Agregue y bata el agua, el aceite, la vainilla, la cáscara de limón y las yemas de huevo con una batidora eléctrica a velocidad baja hasta formar una mezcla suave.

3. Usando unos batidores limpios, en un recipiente grande bata las claras de huevo y la crema tártara con una batidora eléctrica a velocidad alta hasta que se endurezcan y comiencen a formar picos. Poco a poco, añada la mezcla de yema de huevo sobre las claras batidas; sumergiendo con una espátula de goma hasta que se mezclen bien. Vierta la mezcla en un molde sin engrasar de 10 pulgadas de profundidad (molde tubular).

4. Hornee por aproximadamente 1 hora 15 minutos, o hasta que al tocarlo por encima, rebote ligeramente. Inmediatamente voltee el molde boca abajo sobre una botella o embudo resistente al calor. Déjelo por unas 2 horas o hasta que el Pastel/Bizcocho esté completamente frío. Despegue el Pastel/Bizcocho por los lados con una espátula larga de metal o un cuchillo; sáquelo del molde.

5. Unte el glaseado de limón por encima del pastel, permitiendo que caiga hacia los lados un poco.

Glaseado de Limón

> $^{1}/_{3}$ taza de mantequilla o margarina
>
> $^{1}/_{2}$ cucharadita de ralladura de cáscara de limón
>
> 2 tazas de azúcar en polvo
>
> 1$^{1}/_{2}$ cucharaditas de jugo de limón
>
> 2 a 4 cucharadas de jugo de limón

En una cacerola de 1$^{1}/_{2}$ cuartos ($^{3}/_{8}$ galón), derrita la mantequilla a fuego bajo; retire del fuego. Agregue y mezcle la ralladura de limón, azúcar en polvo y 1$^{1}/_{2}$ cucharaditas de jugo de limón. Agregue el jugo de limón adicional, 1 cucharada a la vez, hasta que la mezcla se suavice y tenga la consistencia de un almíbar espeso.

Si usa harina con levadura, omita el polvo de hornear y la sal.

1 Porción: 300 Calorías (110 Calorías de Grasa); Grasas 12g (Saturada 2g); Colesterol 125mg; Sodio 360mg; Carbohidratos 42g (Fibra Dietética 1g); Proteína 6g **% de Valores Diarios:** Vitamina A 4%; Vitamina C 0%; Calcio 8%; Hierro 8% **Intercambios:** 2 Almidones, 1 Otros Carbohidratos, 1 Grasa **Opciones de Carbohidratos:** 3

Pastry for Pies
Masa para "Pies"

PREP: 20 min ■ **8 SERVINGS**

If you like, you can wrap the flattened pastry round in plastic wrap and refrigerate about 30 minutes to firm up the shortening slightly. This will help make the baked pastry more flaky and lets the water absorb evenly throughout the dough. If you refrigerate longer than 30 minutes, let the pastry soften slightly before rolling.

One-Crust Pie (9-inch)
1 cup all-purpose or unbleached flour*
$1/2$ teaspoon salt
$1/3$ cup plus 1 tablespoon shortening
2 to 3 tablespoons cold water

Two-Crust Pie (9-inch)
2 cups all-purpose or unbleached flour*
1 teaspoon salt
$2/3$ cup plus 2 tablespoons shortening
4 to 6 tablespoons cold water

1. Mix flour and salt in medium bowl. Cut in shortening, using pastry blender or crisscrossing 2 knives, until particles are size of small peas. Sprinkle with cold water, 1 tablespoon at a time, tossing with fork until all flour is moistened and pastry almost leaves side of bowl (1 to 2 teaspoons more water can be added if necessary).

2. Gather pastry into a ball. Shape into flattened round on lightly floured surface. (For Two-Crust Pie, divide pastry in half and shape into 2 rounds.)

3. Roll pastry on lightly floured surface, using floured rolling pin, into circle 2 inches larger than upside-down 9-inch glass pie plate, or 3 inches larger than 10- or 11-inch tart pan. Fold pastry into fourths and place in pie plate; or roll pastry loosely around rolling pin and transfer to pie plate. Unfold or unroll pastry and ease into plate, pressing firmly against bottom and side and being careful not to stretch pastry, which will cause it to shrink when baked.

Do not use self-rising flour.

1 Serving (one crust): Calories 145 (Calories from Fat 90); Fat 10g (Saturated 3g); Cholesterol 0mg; Sodium 150mg; Carbohydrate 12g (Dietary Fiber 0g); Protein 2g **% Daily Value:** Vitamin A 0%; Vitamin C 0%; Calcium 0%; Iron 4% **Exchanges:** 1 Starch, $1^1/2$ Fat **Carbohydrate Choices:** 1

One-Crust Unbaked Pie Shell

Trim overhanging edge of pastry 1 inch from rim of pie plate. Fold and roll pastry under, even with plate; flute. To prevent pie crust from becoming soggy, partially bake pastry before adding filling: Heat oven to 425°F. Carefully line pastry with a double thickness of aluminum foil, gently pressing foil to bottom and side of pastry. Let foil extend over edge to prevent excessive browning. Bake 10 minutes; carefully remove foil and bake 2 to 4 minutes longer or until pastry *just begins* to brown and has become set. If crust bubbles, gently push bubbles down with back of spoon. Fill and bake as directed in pie or tart recipe, adjusting oven temperature if necessary.

One-Crust Baked Pie Shell

Heat oven to 475°F. Trim overhanging edge of pastry 1 inch from rim of pie plate. Fold and roll pastry under, even with plate; flute.

Two-Crust Pie

Spoon desired filling into pastry-lined 9-inch glass pie plate. Trim overhanging edge of pastry $1/2$ inch from rim of plate. Roll other round of pastry. Fold pastry into fourths and cut slits so steam can escape, or cut slits in pastry and roll pastry loosely around rolling pin. Place pastry over filling and unfold or unroll. Trim overhanging edge of top pastry 1 inch from rim of plate. Fold and roll top edge under lower edge, pressing on rim to seal; flute. Bake as directed in pie recipe.

Masa para "Pies"
Pastry for Pies

PREPARACIÓN: 20 min ■ **RINDE 8 PORCIONES**

Si desea, usted puede envolver la rueda de masa para "pie" en papel plástico y refrigerarla por unos 30 minutos para que la manteca vegetal se endurezca un poco. Esto ayudará a que la masa hojaldrada esté más esponjosa y permita absorber el agua equitativamente a través de la masa. Si la refrigera más de 30 minutos, deje que la masa se suavice un poco antes de amasarla.

"Pie" de Corteza Sencilla (9 pulgadas)
1 taza de harina regular o harina cruda*
1/2 cucharadita de sal
1/3 taza más 1 cucharada de manteca vegetal
2 a 3 cucharadas de agua fría

"Pie" de Corteza Doble (9 pulgadas)
2 tazas de harina regular o harina cruda*
1 cucharadita de sal
2/3 taza más 2 cucharadas de manteca vegetal
4 a 6 cucharadas de agua fría

1. Mezcle la harina y la sal en un recipiente mediano. Corte la manteca vegetal usando la batidora de repostería o entrecruzando dos cuchillos, hasta que las partes queden del tamaño de unos chícharos/guisantes pequeños. Espolvoree con agua fría, 1 cucharada a la vez, revolviendo con el tenedor hasta que toda la harina esté húmeda y la masa ya no esté pegada al recipiente (si es necesario, se puede agregar 1 a 2 cucharaditas más de agua).

2. Haga una bola de masa. Forme una rueda de masa y aplánela sobre una superficie ligeramente empolvada con harina. (Para "pie" de corteza doble, divida la masa a la mitad y forme 2 ruedas de masa).

3. Usando un rodillo con harina, aplane la masa sobre una superficie ligeramente empolvada con harina, formando un círculo de 2 pulgadas más que un plato para "pie" de 9 pulgadas volteado boca abajo, o 3 pulgadas más grande que un plato para "pie" de 10 a 11 pulgadas. Doble la masa en cuartos y colóquela en el molde para "pie"; o enrolle la masa en el rodillo ligeramente y pásela al plato para "pie". Desdoble o desenrolle la masa y póngala en un plato, presionando firmemente contra el fondo y los lados del molde, cuidando de no estirar la masa, lo que causaría que la masa se encogiera al hornearse.

*No use harina con levadura.

1 Porción (corteza sencilla): 145 Calorías (90 Calorías de Grasa); Grasas 10g (Saturada 3g); Colesterol 0mg; Sodio 150mg; Carbohidratos 12g (Fibra Dietética 0g); Proteína 2g **% de Valores Diarios:** Vitamina A 0%; Vitamina C 0%; Calcio 0%; Hierro 4% **Intercambios:** 1 Almidón, 1 1/2 Grasas **Opciones de Carbohidratos:** 1

Base para Corteza Sencilla Sin Hornear

Corte los bordes sobrantes de la masa a 1 pulgada del borde del molde para "pie". Doble y enrolle la masa hacia abajo, aunque sea con el plato. Para prevenir que la masa para "pie" se apelmace, hornee un poco la masa antes de añadir el relleno. Caliente el horno a 425°F. Cuidadosamente cubra la masa con doble capa de papel aluminio, presionando suavemente el papel aluminio hacia el fondo y los lados de la masa. Deje que el papel aluminio cubra por encima de los bordes para prevenir que se dore demasiado. Hornee por 10 minutos; Quite el papel aluminio cuidadosamente y hornee por 2 a 4 minutos más o justo hasta que la masa se empiece a dorar y esté lista. Si se forman burbujas en la masa, presiónelas hacia abajo suavemente con el revés de una cuchara. Rellene y hornee como se indica en la receta del "pie" o tarta, ajustando la temperatura del horno, si es necesario.

Base para Corteza Sencilla para Hornear

Caliente el horno a 475°F. Recorte los bordes de la masa a 1 pulgada del borde del plato para "pie". Doble y enrolle la masa hacia abajo, aunque sea con el plato.

"Pie" de Corteza Doble

Con una cuchara coloque el relleno que desea en una base de un molde para "pie" de 9 pulgadas de vidrio. Recorte los bordes de la masa a 1/2 pulgada del borde del plato para "pie". Amase otra rueda de masa. Doble la masa en cuartos y haga unos cortes o aberturas en la masa y enrolle la masa ligeramente en el rodillo de amasar. Coloque la masa encima del relleno y desdoble o desenrolle. Recorte bordes sobrantes del molde para "pie" a 1 pulgada del borde del plato. Doble y enrolle el borde superior bajo el borde inferior, presionando en los bordes para sellarlo. Hornee como se indica en la receta de "pie".

Apple Pie
"Pie" de Manzana

PREP: 30 min **BAKE:** 50 min **COOL:** 2 hr ▪ **8 SERVINGS**

Looking for a good "pie" apple? Try Braeburn, Cortland, Haralson, Granny Smith, Jonathon, Rome, Golden Delicious or Paula Red apples for mouth-watering results.

Pastry for Two-Crust Pie (page 236)
1/2 cup sugar
1/4 cup all-purpose flour*
3/4 teaspoon ground cinnamon
1/4 teaspoon ground nutmeg
Dash of salt
6 cups thinly sliced peeled tart apples
   (6 medium)
2 tablespoons firm butter or margarine,
   if desired
2 teaspoons water
1 tablespoon sugar

1. Heat oven to 425°F. Make Pastry for Two-Crust Pie.

2. In large bowl, mix 1/2 cup sugar, the flour, cinnamon, nutmeg and salt. Stir in apples. Spoon into pastry-lined pie plate. Cut butter into small pieces; sprinkle over apples. Cover with top pastry that has slits cut in it; seal and flute.

3. Brush top crust with 2 teaspoons water; sprinkle with 1 tablespoon sugar. Cover edge with 2- to 3-inch strip of foil to prevent excessive browning; remove foil during last 15 minutes of baking.

4. Bake 40 to 50 minutes or until crust is golden brown and juice begins to bubble through slits in crust. Cool on wire rack at least 2 hours.

Do not use self-rising flour.

1 Serving: Calories 420 (Calories from Fat 190); Fat 21g (Saturated 7g); Cholesterol 10mg; Sodium 330mg; Carbohydrate 53g (Dietary Fiber 3g); Protein 4g **% Daily Value:** Vitamin A 0%; Vitamin C 2%; Calcium 0%; Iron 10% **Exchanges:** 1 1/2 Starch, 2 Fruit, 4 Fat **Carbohydrate Choices:** 3 1/2

FRENCH APPLE PIE Heat oven to 400°F. Make Pastry for One-Crust Pie (page 236). Spoon apple mixture into pastry-lined pie plate. Omit butter, 2 teaspoons water and 1 tablespoon sugar. In small bowl, mix 1 cup all-purpose flour, 1/2 cup packed brown sugar and 1/2 cup firm butter or margarine with fork until crumbly. Sprinkle crumb mixture over apple mixture in pie plate. Cover top of pie with foil during last 10 to 15 minutes of baking, if necessary, to prevent it from becoming too brown. Bake pie 35 to 40 minutes or until golden brown. Serve warm.

"Pie" de Manzana
Apple Pie

PREPARACIÓN: 30 min **HORNEAR:** 50 min **ENFRIAR:** 2 horas ▪ **RINDE 8 PORCIONES**

¿Anda en busca de un buen "pie" de manzana? Pruebe las manzanas Braeburn, Cortland, Haralson, Granny Smith, Jonathon, Rome, Golden Delicious o Paula Red, buenas para resultados que le hacen agua la boca.

Masa para "Pie" de Corteza Doble (página 237)
1/2 taza de azúcar
1/4 taza de harina regular*
3/4 cucharadita de canela en polvo
1/4 cucharadita de nuez moscada en polvo
Pizca de sal
6 tazas de pulpa de manzanas sin cáscara, cortadas en rebanadas delgadas (6 medianas)
2 cucharadas de mantequilla o margarina, si desea
2 cucharaditas de agua
1 cucharada de azúcar

1. Caliente el horno a 425°F. Prepare la masa para "pie" de corteza doble.

2. En un recipiente grande, mezcle 1/2 taza de azúcar, la harina, canela, nuez moscada y la sal. Agregue las manzanas y revuelva. Con una cuchara, coloque la mezcla en un molde para "pie". Corte la mantequilla en pedacitos; espolvoree sobre las manzanas. Cubra con la masa de encima que tiene aberturas (hechas con la punta de un cuchillo); selle y presione los bordes.

3. Con una brochita, unte la corteza superior con 2 cucharaditas de agua; espolvoree con 1 cucharada de azúcar. Cubra los bordes de la masa con papel aluminio para prevenir que no se doren excesiva- mente, quítelo durante los últimos 15 minutos de hornear.

4. Hornee de 45 a 50 minutos o hasta que la masa se dore un poco y el jugo comience a formar burbujas a través de los cortes de la corteza. Deje enfriar el "pie" en la parrilla del horno por lo menos 2 horas.

*No use harina con levadura.

1 Porción: 420 Calorías (190 Calorías de Grasa); Grasas 21g (Saturada 7g); Colesterol 10mg; Sodio 330mg; Carbohidratos 53g (Fibra Dietética 3g); Proteína 4g **% de Valores Diarios:** Vitamina A 0%; Vitamina C 2%; Calcio 0%; Hierro 10% **Intercambios:** 1 1/2 Almidones, 2 Frutas, 4 Grasas
Opciones de Carbohidratos: 3 1/2

"PIE" DE MANZANA FRANCÉS Caliente el horno a 400°F. Prepare la masa para "pie" de corteza sencilla (página 237). Con una cuchara, esparza la mezcla en un molde para "pie". Omita la mantequilla, dos cucharadas de agua y 1 de azúcar. En un recipiente pequeño, mezcle una taza de harina regular, 1/2 taza de azúcar morena y 1/2 taza de mantequilla firme o margarina con un tenedor hasta que se formen bolitas. Espolvoree esta mezcla sobre la mezcla de manzanas en el molde. Cubra el "pie" con papel de aluminio durante los últimos 10 a 15 minutos de hornear, si es necesario, para que no se dore demasiado. Hornee el pie de 35 a 40 minutos o hasta que se dore un poco. Sirva caliente.

Easy Apple Foldover
Enrollado de Manzana Fácil

PREP: 40 min **BAKE:** 35 min **COOL:** 1 hr ■ **8 SERVINGS**

No pie plate required! The pie filling is partially wrapped in a pastry crust and baked on a cookie sheet.

Pastry for One-Crust Pie (page 236)
2/3 cup packed brown sugar
1/3 cup all-purpose flour*
4 cups thinly sliced peeled tart apples (4 medium)
1 tablespoon butter or margarine
Granulated sugar, if desired

1. Heat oven to 425°F. Make pastry as directed—except roll pastry into 13-inch circle. Place on large ungreased cookie sheet. Cover with plastic wrap to keep it moist while making filling.

2. Mix brown sugar and flour in large bowl. Stir in apples. Mound apple mixture on center of pastry to within 3 inches of edge. Cut butter into small pieces; sprinkle over apples. Fold edge of pastry over apples, making pleats so it lays flat on apples. Sprinkle pastry with sugar.

3. Bake 30 to 35 minutes or until crust is light golden brown. To prevent excessive browning, cover center of pie with 5-inch square of aluminum foil during last 10 to 15 minutes of baking. Cool on cookie sheet on wire rack 1 hour, or serve warm if desired.

Do not use self-rising flour.

1 Serving: Calories 285 (Calories from Fat 110); Fat 12g (Saturated 4g); Cholesterol 5mg; Sodium 165mg; Carbohydrate 43g (Dietary Fiber 1g); Protein 3g **% Daily Value:** Vitamin A 0%; Vitamin C 2%; Calcium 2%; Iron 8% **Exchanges:** 1 Starch, 1 Fruit, 1 Other Carbohydrates, 2 Fat **Carbohydrate Choices:** 3

Enrollado de Manzana Fácil
Easy Apple Foldover

PREPARACIÓN: 40 min **HORNEAR:** 35 min **ENFRIAR:** 1 hora ▪ **RINDE 8 PORCIONES**

¡No se requiere un plato para "pie"! El relleno se envuelve dentro de la masa y se hornea sobre una bandeja para hornear galletas.

Masa para "Pie" de Corteza Sencilla (página 237)
$2/3$ tazas de azúcar morena comprimida
$1/3$ taza de harina regular*
4 tazas de pulpa de manzanas peladas y cortadas en rebanadas delgadas (4 medianas)
1 cucharada de mantequilla o margarina
Azúcar granulada, si desea

1. Caliente el horno a 425°F. Prepare la masa como se indica, pero amásela para formar un rollo de 13 pulgadas de diámetro. Colóquela en una bandeja grande para hornear galletas. Cúbrala con papel plástico para mantenerla húmeda mientras se prepara el relleno.

2. Mezcle el azúcar morena y la harina en un recipiente grande. Agregue las manzanas y revuelva. Coloque la mezcla de manzana en el centro de la masa a 3 pulgadas de los bordes. Corte la mantequilla en pedacitos; espolvoree sobre las manzanas. Doble los bordes de la masa sobre las manzanas, haciendo pliegues para que quede plana sobre las manzanas. Espolvoree la masa con el azúcar.

3. Hornee de 30 a 35 minutos o hasta que la corteza se dore un poco. Para prevenir que se dore excesivamente, cubra el centro del "pie" con un pedazo cuadrado de papel aluminio de 5 pulgadas durante los últimos 10 a 15 minutos de hornear. Deje enfriar en la bandeja para hornear galletas sobre la parrilla del horno por 1 hora, o si desea, sirva caliente.

*No use harina con levadura.

1 Porción: 285 Calorías (110 Calorías de Grasa); Grasas 12g (Saturada 4g); Colesterol 5mg; Sodio 165mg; Carbohidratos 43g (Fibra Dietética 1g); Proteína 3g **% de Valores Diarios:** Vitamina A 0%; Vitamina C 2%; Calcio 2%; Hierro 8% **Intercambios:** 1 Almidón, 1 Fruta, 1 Otros Carbohidratos, 2 Grasas **Opciones de Carbohidratos:** 3

Peach Pie
"Pie" de Durazno/Melocotón

PREP: 45 min **BAKE:** 45 min **COOL:** 2 hr ▪ **8 SERVINGS**

For a quick version of this pie, substitute 6 cups frozen sliced peaches, partially thawed and drained, for the fresh peaches. Using packed brown sugar instead of granulated sugar in the peach filling will give a delicate butterscotch flavor.

> Pastry for Two-Crust Pie (page 236)
> $^2/_3$ cup sugar
> $^1/_3$ cup all-purpose flour*
> $^1/_4$ teaspoon ground cinnamon
> 6 cups sliced peaches (6 to 8 medium)
> 1 teaspoon lemon juice
> 1 tablespoon butter or margarine, if desired

1. Heat oven to 425°F. Make pastry.

2. Mix sugar, flour and cinnamon in large bowl. Stir in peaches and lemon juice. Turn into pastry-lined pie plate. Cut butter into small pieces; sprinkle over peaches. Cover with top pastry that has slits cut in it; seal and flute. Cover edge with 2- to 3-inch strip of aluminum foil to prevent excessive browning; remove foil during last 15 minutes of baking.

3. Bake about 45 minutes or until crust is golden brown and juice begins to bubble through slits in crust. Cool on wire rack at least 2 hours.

*Do not use self-rising flour.

1 Serving: Calories 435 (Calories from Fat 180); Fat 20g (Saturated 5g); Cholesterol 0mg; Sodium 300mg; Carbohydrate 59g (Dietary Fiber 3g); Protein 5g **% Daily Value:** Vitamin A 6%; Vitamin C 6%; Calcium 0%; Iron 10% **Exchanges:** 2 Starch, 1 Fruit, 1 Other Carbohydrates, 3 Fat **Carbohydrate Choices:** 4

APRICOT PIE Substitute 6 cups fresh apricot halves for the peaches.

"Pie" de Durazno/Melocotón
Peach Pie

PREPARACIÓN: 45 min **HORNEAR:** 45 min **ENFRIAR:** 2 horas ■ **RINDE 8 PORCIONES**

Para una rápida versión de este "pie", sustituya 6 tazas de rebanadas de durazno/melocotón congelado, parcialmente descongelado y escurrido, por los duraznos frescos. Usando azúcar morena comprimida en lugar de azúcar granulada en el relleno de durazno, le dará un delicado sabor a caramelo.

> Masa para "Pie" de Corteza Doble (página 237)
> $^2/_3$ taza de azúcar
> $^1/_3$ taza de harina regular*
> $^1/_4$ cucharadita de canela en polvo
> 6 tazas de rebanadas de durazno/melocotón (6 a 8 duraznos medianos)
> 1 cucharadita de jugo de limón
> 1 cucharada de mantequilla o margarina, si desea

1. Caliente le horno a 425°F. Prepare la masa.

2. Mezcle el azúcar, la harina y la canela en un recipiente grande. Agregue los duraznos y el jugo de limón y revuelva. Vierta la mezcla en un molde para "pie" con la base de masa. Corte la mantequilla en pedacitos; espolvoree sobre los duraznos. Cubra con la masa de encima que tiene aberturas (hechas con la punta de un cuchillo); selle y presione los bordes. Cubra los bordes con tiras de 2 a 3 pulgadas de papel aluminio para prevenir que se doren excesivamente; quite el papel aluminio durante los últimos 15 minutos de hornear.

3. Hornee por unos 45 minutos o hasta que la corteza se dore un poco y el jugo comience a formar burbujas a través de los cortes de la corteza. Deje enfriar el "pie" en la parilla del horno por lo menos 2 horas.

*No use harina con levadura.

1 Porción: 435 Calorías (180 Calorías de Grasa); Grasas 20g (Saturada 5g); Colesterol 0mg; Sodio 300mg; Carbohidratos 59g (Fibra Dietética 3g); Proteína 5g **% de Valores Diarios:** Vitamina A 6%; Vitamina C 6%; Calcio 0%; Hierro 10% **Intercambios:** 2 Almidones, 1 Fruta, 1 Otros Carbohidratos, 3 Grasas **Opciones de Carbohidratos:** 4

"PIE" DE ALBARICOQUE Sustituya 6 tazas de albaricoques frescos cortados a la mitad por los duraznos.

Banana Cream Pie
"Pie" de Crema y Plátano/Banana

PREP: 30 min **BAKE:** 10 min **COOK:** 15 min **CHILL:** 2 hr ■ **8 SERVINGS**

Try using the Graham Cracker Crust on page 248 for a slightly different flavor.

Pastry for One-Crust Pie (page 236)
4 large egg yolks
$2/3$ cup sugar
$1/4$ cup cornstarch
$1/2$ teaspoon salt
3 cups milk
2 tablespoons butter or margarine, softened
2 teaspoons vanilla
2 large bananas
Sweetened Whipped Cream (below)

1. Bake pastry for Baked One-Crust Pie.

2. In medium bowl, beat egg yolks with fork; set aside. In 2-quart saucepan, mix sugar, cornstarch and salt. Gradually stir in milk. Cook over medium heat, stirring constantly, until mixture thickens and boils. Boil and stir 1 minute.

3. Immediately stir at least half of the hot mixture gradually into egg yolks, then stir back into hot mixture in saucepan. Boil and stir 1 minute; remove from heat. Stir in butter and vanilla; cool filling slightly. Slice bananas into pie crust; pour warm filling over bananas. Press plastic wrap on filling to prevent a tough layer from forming on top. Refrigerate at least 2 hours until set.

4. Remove plastic wrap. Top pie with Sweetened Whipped Cream. Cover and refrigerate cooled pie until serving. Store covered in refrigerator.

Sweetened Whipped Cream

In chilled small bowl, beat $1/2$ cup whipping (heavy) cream and 1 tablespoon granulated or powdered sugar with electric mixer on high speed until soft peaks form.

1 Serving: Calories 415 (Calories from Fat 200); Fat 22g (Saturated 9g); Cholesterol 135mg; Sodium 370mg; Carbohydrate 46g (Dietary Fiber 1g); Protein 7g **% Daily Value:** Vitamin A 12%; Vitamin C 2%; Calcium 14%; Iron 6% **Exchanges:** 1 Starch, 1 Fruit, $1/2$ Other Carbohydrates, $1/2$ Milk, $4 1/2$ Fat **Carbohydrate Choices:** 3

COCONUT CREAM PIE Omit bananas. Stir in $3/4$ cup flaked coconut with butter and vanilla. After topping pie with Sweetened Whipped Cream, sprinkle with additional $1/4$ cup flaked coconut.

"Pie" de Crema y Plátano/Banana
Banana Cream Pie

PREPARACIÓN: 30 min **HORNEAR:** 10 min **COCCIÓN:** 15 min **ENFRIAR:** 2 horas ▪ **RINDE 8 PORCIONES**

Pruebe usar la base para "pie" hecha de galletas Graham en la página 249 para un sabor diferente.

> "Pie" de Corteza Sencilla (página 237)
> 4 yemas grandes de huevo
> $2/3$ taza de azúcar
> $1/4$ taza de maicena ("cornstarch")
> $1/2$ cucharadita de sal
> 3 tazas de leche
> 2 cucharadas de mantequilla o margarina, suavizada
> 2 cucharaditas de vainilla
> 2 plátanos/bananas grandes
> Crema Batida Endulzada ("Whipped Cream") (vea abajo)

1. Hornee la masa para el "pie" de corteza sencilla.

2. En un recipiente mediano, bata las yemas de huevo con un tenedor y reserve. En una cacerola de 2 cuartos ($1/2$ galón), mezcle el azúcar, la maicena y la sal. Agregue la leche poco a poco. Cocine a fuego medio, revolviendo con frecuencia, hasta que la mezcla espese y hierva. Hierva, revolviéndola por 1 minuto.

3. Inmediatamente agregue por lo menos la mitad de la mezcla caliente a las yemas de huevo, luego regrese la mezcla caliente a la cacerola mezclando constantemente. Hierva y revuelva por 1 minuto; retire del fuego. Añada la mantequilla y la vainilla; deje enfriar el relleno un poco. Corte los plátanos/bananas y póngalos sobre la masa del "pie"; vierta el relleno caliente sobre los plátanos/bananas. Cubra y presione el relleno con envoltura plástica para prevenir que se forme encima una capa dura. Refrigere por lo menos 2 horas hasta que esté listo.

4. Retire el papel plástico. Cubra el "pie" con Crema Batida Endulzada ("Sweetened Whipped Cream"). Cubra y refrigere el "pie" ya frío hasta servir. Manténgalo cubierto y refrigerado.

Crema Batida Endulzada

En un recipiente pequeño previamente refrigerado, bata $1/2$ taza de crema para batir (espesa) y 1 cucharada de azúcar granulada o en polvo con una batidora eléctrica a velocidad alta hasta que se formen picos suaves.

1 Porción: 415 Calorías (200 Calorías de Grasa); Grasas 22g (Saturada 9g); Colesterol 135mg; Sodio 370mg; Carbohidratos 46g (Fibra Dietética 1g); Proteína 7g **% de Valores Diarios:** Vitamina A 12%; Vitamina C 2%; Calcio 14%; Hierro 6% **Intercambios:** 1 Almidón, 1 Fruta, $1/2$ Otros Carbohidratos, $1/2$ Leche, $4^1/2$ Grasas **Opciones de Carbohidratos:** 3

"PIE" DE CREMA DE COCO Omita los plátanos/bananas. Mezcle $3/4$ de taza de coco rallado con mantequilla y vainilla. Después de cubrir el "pie" con la Crema Batida Endulzada, espolvoree con $1/4$ taza de coco rallado.

Lemon Meringue Pie
"Pie" de Merengue de Limón

PREP: 50 min **BAKE:** 25 min **COOL:** 2 hr 30 min ▪ **8 SERVINGS**

Use the egg whites left over from separating eggs for the lemon filling to make the meringue. Letting the egg whites stand at room temperature is okay for up to 30 minutes. They'll beat up well after being out of the refrigerator for a short time.

Pastry for One-Crust Pie (page 236)
Meringue (right)
3 large egg yolks (reserve egg whites for meringue)
1^1/2 cups sugar
^{1}/3 cup plus 1 tablespoon cornstarch
1^1/2 cups water
3 tablespoons butter or margarine
2 teaspoons grated lemon peel
^{1}/2 cup lemon juice
2 drops yellow food color, if desired

1. Bake pastry for baked One-Crust Pie.

2. Heat oven to 350°F. Prepare sugar mixture for Meringue.

3. While sugar mixture for meringue is cooling, beat egg yolks with fork in small bowl; set aside. Mix sugar and cornstarch in 2-quart saucepan. Gradually stir in water. Cook over medium heat, stirring constantly, until mixture thickens and boils. Boil and stir 1 minute.

4. Immediately stir at least half of the hot mixture into egg yolks, then stir back into hot mixture in saucepan. Boil and stir 1 minute; remove from heat. Stir in butter, lemon peel, lemon juice and food color. Press plastic wrap on filling to prevent a tough layer from forming on top.

5. Complete meringue recipe. Pour hot lemon filling into pie crust. Spoon meringue onto hot lemon filling. Spread over filling, carefully sealing meringue to edge of crust to prevent shrinking or weeping.

6. Bake about 15 minutes or until meringue is light brown. Cool away from draft 2 hours. Refrigerate cooled pie until serving. Store covered in refrigerator.*

Meringue

^{1}/2 cup sugar
4 teaspoons cornstarch
^{1}/2 cup cold water
4 large egg whites
^{1}/8 teaspoon salt

In 1-quart saucepan, mix sugar and cornstarch. Stir in water. Cook over medium heat, stirring constantly, until mixture thickens and boils. Boil and stir 1 minute; remove from heat. Cool completely. (To cool more quickly, place in freezer about 10 minutes.) In large bowl, beat egg whites and salt with electric mixer on high speed until soft peaks just begin to form. Very gradually beat in sugar mixture until stiff peaks form.

* This pie is best served the day it is made. If refrigerated more than 1 day, the filling may become soft.

1 Serving: Calories 455 (Calories from Fat 155); Fat 17g (Saturated 7g); Cholesterol 95mg; Sodium 250mg; Carbohydrate 70g (Dietary Fiber 1g); Protein 5g **% Daily Value:** Vitamin A 6%; Vitamin C 2%; Calcium 2%; Iron 6% **Exchanges:** 2 Starch, 2^1/2 Other Carbohydrates, 3 Fat **Carbohydrate Choices:** 4^1/2

"Pie" de Merengue de Limón
Lemon Meringue Pie

PREPARACIÓN: 50 min **HORNEAR:** 25 min **ENFRIAR:** 2 horas 30 min ■ **RINDE 8 PORCIONES**

Use las claras de huevo sobrantes de la preparación del relleno de limón para hacer el merengue. Puede dejar reposar las claras a temperatura ambiente hasta por 30 minutos. Se batirán bien después de sacarlas del refrigerador por poco tiempo.

> Masa para "Pie" de Corteza Sencilla (página 237)
> Merengue (derecha)
> 3 yemas grandes de huevo (reserve las claras de huevo para el merengue)
> $1^1/_2$ tazas de azúcar
> $^1/_3$ taza más 1 cucharada de maicena
> $1^1/_2$ tazas de agua
> 3 cucharadas de mantequilla o margarina
> 2 cucharaditas de cáscara de limón, rallada
> $^1/_2$ taza de jugo de limón
> 2 gotas de colorante amarillo para alimentos, si desea

1. Hornee la masa para "pie" de corteza sencilla.

2. Caliente el horno a 350°F. Prepare la mezcla de azúcar para el merengue.

3. Mientras la mezcla de azúcar para el merengue se deja enfriar, bata las yemas de huevo con un tenedor en un recipiente pequeño y reserve. Mezcle el azúcar con la maicena en una cacerola de 2 cuartos ($^1/_2$ galón). Añada el agua poco a poco y revuelva. Cocine a fuego medio, revolviendo constantemente, hasta que la mezcla espese y hierva. Hierva y revuelva por 1 minuto.

4. Inmediatamente, agregue por lo menos la mitad de la mezcla caliente a las yemas de huevo, luego regrese la mezcla a la cacerola. Hierva y revuelva por 1 minuto; retire del fuego. Añada y mezcle la mantequilla, ralladura de limón, jugo de limón y el colorante para alimentos. Presione el relleno con envoltura plástica para prevenir que se forme una capa dura encima.

5. Complete la receta del merengue. Vierta el relleno caliente de limón en la base del "pie". Con una cuchara, ponga el merengue encima del relleno caliente. Cubra el relleno con merengue, sellando cuidadosamente el merengue contra los bordes de la masa para prevenir que se encoja o se desparrame.

6. Hornee por unos 15 minutos o hasta que el merengue se dore. Deje enfriar evitando cualquier ráfaga de aire por 2 horas. Refrigere el "pie" frío hasta la hora de servir. Manténgalo cubierto y refrigerado.*

Merengue

> $^1/_2$ taza de azúcar
> 4 cucharaditas de maicena
> $^1/_2$ taza de agua fría
> 4 claras grandes de huevo
> $^1/_8$ cucharadita de sal

En una cacerola de 1 cuarto ($^1/_4$ galón), mezcle el azúcar con la maicena. Añada el agua. Cocine a fuego medio, revolviendo constantemente, hasta que la mezcla se espese y hierva. Hierva y revuelva por 1 minuto; retire del fuego. Deje enfriar completamente. (Para que se enfríe más rápido, póngalo en el congelador por unos 10 minutos). En un recipiente grande, bata las claras de huevo y la sal con una batidora eléctrica a velocidad alta hasta que se empiecen a formar picos suaves. Poco a poco, agregue y bata la mezcla de azúcar hasta que se formen picos duros.

*Este "pie" es mejor si se sirve el mismo día que se hace. Si se refrigera por más de 1 día, el relleno se puede volver suave.

1 Porción: 455 Calorías (155 Calorías de Grasa); Grasas 17g (Saturada 7g); Colesterol 95mg; Sodio 250mg; Carbohidratos 70g (Fibra Dietética 1g); Proteína 5g **% de Valores Diarios:** Vitamina A 6%; Vitamina C 2%; Calcio 2%; Hierro 6% **Intercambios:** 2 Almidones, $2^1/_2$ Otros Carbohidratos, 3 Grasas **Opciones de Carbohidratos:** $4^1/_2$

Key Lime Pie
"Pie" de Limas "Key Lime"

PREP: 20 min **BAKE:** 15 min **COOL:** 15 min **CHILL:** 2 hr ▪ **8 SERVINGS**

Key limes, found in the Florida Keys, are smaller and rounder than the more familiar Persian limes and can be difficult to find. The good news is that bottled Key lime juice is available in most large supermarkets.

Graham Cracker Crust (below)
4 large egg yolks
1 can (14 ounces) sweetened condensed milk
1/2 cup Key lime juice or regular lime juice
1 or 2 drops green food color, if desired
3/4 cup whipping (heavy) cream
2 tablespoons granulated or powdered sugar

1. Make Graham Cracker Crust as directed.

2. Heat oven to 350°F.

3. In medium bowl, beat egg yolks, milk, lime juice and food color with electric mixer on medium speed about 1 minute or until well blended. Pour into unbaked crust.

4. Bake 14 to 16 minutes or until center is set. Cool on wire rack 15 minutes. Cover and refrigerate until chilled, at least 2 hours, but no longer than 3 days.

5. In chilled small bowl, beat whipping cream and 2 tablespoons sugar with electric mixer on high speed until soft peaks form. Spread pie with whipped cream. Store covered in refrigerator.

Graham Cracker Crust

1 1/2 cups finely crushed regular graham crackers (about 20 squares)
1/3 cup butter or margarine, melted
3 tablespoons sugar

Stir all ingredients until well mixed. Reserve 3 tablespoons crumb mixture for topping if desired. Press remaining mixture firmly against bottom and side of 9-inch glass pie plate.

1 Serving: Calories 420 (Calories from Fat 205); Fat 23g (Saturated 10g); Cholesterol 145mg; Sodium 165mg; Carbohydrate 47g (Dietary Fiber 0g); Protein 6g **% Daily Value:** Vitamin A 10%; Vitamin C 8%; Calcium 16%; Iron 4% **Exchanges:** 2 Starch, 1 Fruit, 4 1/2 Fat **Carbohydrate Choices:** 3

"Pie" de Limas "Key Lime"
Key Lime Pie

PREPARACIÓN: 20 min **HORNEAR:** 15 min **ENFRIAR:** 15 min **REFRIGERAR:** 2 horas ■ **RINDE 8 PORCIONES**

Las limas "Key Lime", que se encuentran en los Cayos de la Florida, son más pequeñas y más redondas que las limas Persas comunes y corrientes, y pueden ser difíciles de encontrar. La buena noticia es que el jugo embotellado de limas "Key Lime" está disponible en la mayoría de los grandes supermercados.

> Base de Galletas Graham para "pie" (vea abajo)
> 4 yemas grandes de huevo
> 1 lata (14 onzas) de leche condensada dulce
> 1/2 taza de jugo de lima "Key Lime"
> 1 ó 2 gotas de colorante verde para alimentos, si desea
> 3/4 taza de crema para batir (espesa)
> 2 cucharadas de azúcar granulada o en polvo

1. Prepare la Base de Galletas Graham como se indica.

2. Caliente el horno a 350°F.

3. En un recipiente mediano, bata las yemas de huevo, leche, jugo de lima y colorante para alimentos con una batidora eléctrica a velocidad media o hasta que se mezclen bien. Vierta la mezcla en la base para "pie" sin hornear.

4. Hornee de 14 a 16 minutos o hasta que el centro esté listo. Deje enfriar en la parilla metálica del horno por 15 minutos. Cubra y refrigere hasta que esté frío, por lo menos 2 horas, pero no más de 3 días.

5. En un recipiente pequeño previamente refrigerado, bata la crema para batir y 2 cucharadas de azúcar con una batidora eléctrica a velocidad alta hasta que se formen picos suaves. Unte la crema batida en el "pie". Manténgalo cubierto y refrigerado.

Base de Galletas Graham

> 1 1/2 tazas de galletas Graham trituradas (aproximadamente 20 cuadros)
> 1/3 taza de harina o mantequilla, derretida
> 3 cucharadas de azúcar

Agregue todos los ingredientes hasta que se mezclen bien. Si desea, reserve 3 cucharadas de galletas trituradas para decorar. Presione lo demás de la mezcla en el fondo y los lados de un plato de vidrio para "pie" de 9 pulgadas de diámetro.

1 Porción: 420 Calorías (205 Calorías de Grasa); Grasas 23g (Saturada 10g); Colesterol 145mg; Sodio 165mg; Carbohidratos 47g (Fibra Dietética 0g); Proteína 6g **% de Valores Diarios:** Vitamina A 10%; Vitamina C 8%; Calcio 16%; Hierro 4% **Intercambios:** 2 Almidones, 1 Fruta, 4 1/2 Grasas **Opciones de Carbohidratos:** 3

Apple Crisp
Postre Crujiente de Manzana

PREP: 20 min **BAKE:** 30 min ▪ **6 SERVINGS**

Leftover apple crisp makes a great breakfast treat. Serve it with a dollop of plain yogurt.

4 medium tart cooking apples (Greening, Rome, Granny Smith), sliced (4 cups)
$3/4$ cup packed brown sugar
$1/2$ cup all-purpose flour*
$1/2$ cup quick-cooking or old-fashioned oats
$1/3$ cup butter or margarine, softened
$3/4$ teaspoon ground cinnamon
$3/4$ teaspoon ground nutmeg
Cream or ice cream, if desired

1. Heat oven to 375°F. Grease bottom and sides of 8-inch square pan with shortening.

2. Spread apples in pan. Mix remaining ingredients except cream; sprinkle over apples.

3. Bake about 30 minutes or until topping is golden brown and apples are tender when pierced with fork. Serve warm with cream.

*Self-rising flour can be used.

1 Serving: Calories 310 (Calories from Fat 100); Fat 11g (Saturated 7g); Cholesterol 25mg; Sodium 80mg; Carbohydrate 52g (Dietary Fiber 3g); Protein 2g **% Daily Value:** Vitamin A 8%; Vitamin C 2%; Calcium 4%; Iron 8% **Exchanges:** 1 Starch, 1 Fruit, $1^{1}/_{2}$ Other Carbohydrates, 2 Fat **Carbohydrate Choices:** $3^{1}/_{2}$

BLUEBERRY CRISP Substitute 4 cups fresh or frozen (thawed and drained) blueberries for the apples.

CHERRY CRISP Substitute 1 can (21 ounces) cherry pie filling for the apples.

Postre Crujiente de Manzana
Apple Crisp

PREPARACIÓN: 20 min **HORNEAR:** 30 min ■ **RINDE 6 PORCIONES**

Las sobras del postre crujiente de manzana son ideales para el desayuno. Sírvalas con una porción de yogur regular.

4 manzanas medianas verdes para cocinar (Greening, Rome, Granny Smith), rebanadas (4 tazas)
$^3/_4$ taza de azúcar morena comprimida
$^1/_2$ taza de harina regular*
$^1/_2$ taza de avena de cocción rápida o convencional
$^1/_3$ taza de mantequilla o margarina, suavizada
$^3/_4$ cucharadita de canela en polvo
$^3/_4$ cucharadita de nuez moscada en polvo
Crema o helado, si desea

1. Caliente el horno a 375°F. Engrase con manteca vegetal el fondo y los lados de un molde cuadrado de 8 pulgadas para hornear.

2. Acomode las manzanas en el molde. Mezcle los demás ingredientes, excepto la crema; espolvoree sobre las manzanas.

3. Hornee por unos 30 minutos o hasta que se dore por encima y las manzanas estén tiernas al perforarlas con un tenedor. Sirva caliente con la crema.

Se puede usar harina con levadura.

1 Porción: 310 Calorías (100 Calorías de Grasa); Grasas 11g (Saturada 7g); Colesterol 25mg; Sodio 80mg; Carbohidratos 52g (Fibra Dietética 3g); Proteína 2g **% de Valores Diarios:** Vitamina A 8%; Vitamina C 2%; Calcio 4%; Hierro 8% **Intercambios:** 1 Almidón, 1 Fruta, 1$^1/_2$ Otros Carbohidratos, 2 Grasas **Opciones de Carbohidratos:** 3$^1/_2$

POSTRE CRUJIENTE DE MORAS ("BLUEBERRIES") Sustituya 4 tazas de moras frescas o congeladas (descongeladas y escurridas) por las manzanas.

POSTRE CRUJIENTE DE CEREZAS Sustituya 1 lata (21 onzas) de relleno de cerezas para "pie" por las manzanas.

Strawberry Shortcakes
Tartaletas de Fresa

PREP: 15 min **STAND:** 1 hr **BAKE:** 35 min **COOL:** 10 min ▪ **6 SERVINGS**

For easy drop shortcakes heat the oven to 425°F. Make dough as directed and drop by 8 spoonfuls about 2 inches apart onto ungreased cookie sheet. Bake 12 to 14 minutes or until golden brown. See photo on page 222.

2 pints (4 cups) strawberries, sliced
$1/2$ cup sugar
2 cups all-purpose flour*
$1/2$ cup sugar
3 teaspoons baking powder
$1/2$ teaspoon salt
$1/2$ cup firm butter or margarine
$2/3$ cup milk
1 large egg, slightly beaten
Sweetened Whipped Cream (below), if desired

1. In large bowl, stir strawberries and $1/2$ cup sugar until well mixed. Let stand about 1 hour so strawberries will become juicy.

2. Heat oven to 375°F. Grease bottom and side of 8-inch or 9-inch round pan with shortening; lightly flour.

3. In medium bowl, mix flour, $1/2$ cup sugar, the baking powder and salt. Cut in butter, using pastry blender (or pulling 2 table knives through ingredients in opposite directions), until mixture looks like coarse crumbs. Stir in milk just until blended. Spoon into pan; spread evenly.

4. Bake 30 to 35 minutes or until toothpick inserted in center comes out clean. Cool 10 minutes.

5. Place serving plate upside down on pan; turn plate and pan over and remove pan. Cut shortcake into wedges. If desired, split shortcakes horizontally in half while hot. Fill and top with strawberries and Sweetened Whipped Cream.

Sweetened Whipped Cream

In chilled small bowl, beat $3/4$ cup whipping (heavy) cream and 2 tablespoons granulated or powdered sugar with electric mixer on high speed until soft peaks form.

*If using self-rising flour, omit baking powder and salt.

1 Serving: Calories 375 (Calories from Fat 115); Fat 13g (Saturated 3g); Cholesterol 5mg; Sodium 650mg; Carbohydrate 62g (Dietary Fiber 3g); Protein 6g **% Daily Value:** Vitamin A 2%; Vitamin C 96%; Calcium 18%; Iron 14% **Exchanges:** Not Recommended **Carbohydrate Choices:** 5

Tartaletas de Fresa
Strawberry Shortcakes

PREPARACIÓN: 15 min **REPOSAR:** 1 hora **HORNEAR:** 35 min **ENFRIAR:** 10 min ▪ **RINDE 6 PORCIONES**

Para hacer fácilmente las tartaletas ("shortcakes"), caliente el horno a 425°F. Prepare la masa como se indica y coloque 8 cucharadas de masa, separándolas 2 pulgadas en una bandeja para hornear galletas sin engrasar. Hornee de 12 a 14 minutos o hasta que se doren. Vea la foto en la página 222.

> 2 pintas (4 tazas) de fresas, rebanadas
> $1/2$ taza de azúcar
> 2 tazas de harina regular*
> $1/2$ tazas de azúcar
> 3 cucharaditas de polvo de hornear
> $1/2$ cucharadita de sal
> $1/2$ taza de mantequilla firme o margarina
> $2/3$ taza de leche
> 1 huevo grande, ligeramente batido
> Crema Batida Endulzada ("Sweetened Whipped Cream") (vea abajo), si desea

1. En un recipiente grande, revuelva las fresas y $1/2$ taza de azúcar hasta que se mezclen bien. Déjelas reposar por aproximadamente 1 hora para que las fresas se vuelvan jugosas.

2. Caliente el horno a 375°F. Engrase el fondo y los lados de un molde redondo de 8 ó 9 pulgadas con manteca vegetal; cúbralo ligeramente con harina.

3. En un recipiente mediano, mezcle la harina, $1/2$ taza del azúcar, el polvo de hornear y la sal. Corte la mezcla según le añada la mantequilla, usando una batidora de repostería (o jalando 2 cuchillos de mesa a través de los ingredientes en direcciones opuestas), hasta que se formen bolitas. Agregue y revuelva la leche hasta que se mezcle bien. Con una cuchara, coloque la mezcla en el molde y esparza de manera uniforme.

4. Hornee de 30 a 35 minutos o hasta que al insertar un palillo de dientes en el centro, salga limpio. Deje enfriar por 10 minutos.

5. Coloque el plato de servir boca abajo encima del molde; voltee el plato y el molde y retire el molde cuidadosamente. Corte la tartaleta en triángulos. Si desea, corte las tartaletas horizontalmente por la mitad mientras están calientes. Llénelas y cúbralas de fresas y Crema Batida Endulzada.

Crema Batida Endulzada

En un recipiente pequeño previamente refrigerado, bata $3/4$ taza de crema para batir (espesa) y 2 cucharadas de azúcar granulada o en polvo con una batidora eléctrica a velocidad alta hasta que se formen picos suaves.

Si usa harina con levadura, omita el polvo de hornear y la sal.

1 Porción: 375 Calorías (115 Calorías de Grasa); Grasas 13g (Saturada 3g); Colesterol 5mg; Sodio 650mg; Carbohidratos 62g (Fibra Dietética 3g); Proteína 6g **% de Valores Diarios:** Vitamina A 2%; Vitamina C 96%; Calcio 18%; Hierro 14%
Intercambios: No se recomienda **Opciones de Carbohidratos:** 5

Pineapple Upside-Down Cake
Pastel/Bizcocho de Piña "Al Revés"

PREP: 15 min **BAKE:** 50 min **COOL:** 15 min ■ **9 SERVINGS**

Let the kids help create a fun design on the bottom of the skillet or pan and be surprised when you turn it upside-down. See photo on page 256.

$^1/_4$ cup butter or margarine
$^2/_3$ cup packed brown sugar
1 can (20 ounces) sliced or crushed pineapple in juice, drained
Maraschino cherries without stem, if desired
$1^1/_3$ cups all-purpose flour*
1 cup granulated sugar
$^1/_3$ cup shortening
$^3/_4$ cup milk
$1^1/_2$ teaspoons baking powder
$^1/_2$ teaspoon salt
1 large egg
Sweetened Whipped Cream (below), if desired

1. Heat oven to 350°F.

2. Melt butter in 10-inch ovenproof skillet or 9-inch square pan in oven. Sprinkle brown sugar over butter. Arrange pineapple on brown sugar, cutting one or more slices into pieces if necessary. Place cherry in center of each pineapple slice.

3. Beat remaining ingredients except Sweetened Whipped Cream with electric mixer on low speed 30 seconds, scraping bowl constantly. Beat on high speed 3 minutes, scraping bowl occasionally. Pour over pineapple.

4. Bake skillet 45 to 50 minutes, square pan 50 to 55 minutes, or until toothpick inserted in center comes out clean.

5. Immediately turn upside down onto heatproof plate. Let skillet or pan remain over cake a few minutes so brown sugar topping can drizzle over cake. Cool 15 minutes. Serve warm with Sweetened Whipped Cream.

Sweetened Whipped Cream

In chilled small bowl, beat $^1/_2$ cup whipping (heavy) cream and 1 tablespoon granulated or powdered sugar with electric mixer on high speed until soft peaks form.

*If using self-rising flour, omit baking powder and salt.

1 Serving: Calories 390 (Calories from Fat 125); Fat 14g (Saturated 6g); Cholesterol 40mg; Sodium 270mg; Carbohydrate 63g (Dietary Fiber 1g); Protein 4g **% Daily Value:** Vitamin A 6%; Vitamin C 4%; Calcium 10%; Iron 8% **Exchanges:** 1 Starch, 1 Fruit, 2 Other Carbohydrates, 3 Fat **Carbohydrate Choices:** 4

Pastel/Bizcocho de Piña "Al Revés"
Pineapple Upside-Down Cake

PREPARACIÓN: 15 min **HORNEAR:** 50 min **ENFRIAR:** 15 min ▪ **RINDE 9 PORCIONES**

Deje que los niños le ayuden a crear un diseño divertido en el fondo del sartén o molde y sorpréndase cuando lo volteen al revés. Vea la foto en la página 256.

$^1/_4$ taza de mantequilla o margarina

$^2/_3$ taza de azúcar morena comprimida

1 lata (20 onzas) de piña en trocitos o rebanadas en su jugo, escurrida

Cerezas Maraschino sin los tallos, si desea

$1^1/_3$ tazas de harina regular*

1 taza de azúcar granulada

$^1/_3$ taza de manteca vegetal

$^3/_4$ taza de leche

$1^1/_2$ cucharaditas de polvo de hornear

$^1/_2$ cucharadita de sal

1 huevo grande

Crema Batida Endulzada (vea abajo), si desea

1. Caliente el horno a 350°F.

2. Derrita la mantequilla en el horno en una sartén para horno de 10 pulgadas o en un molde cuadrado de 9 pulgadas. Espolvoree azúcar morena sobre la mantequilla. Acomode la piña sobre el azúcar morena, cortando en pedacitos una o más rebanadas según sea necesario. Coloque una cereza en cada rebanada de piña.

3. Bata los demás ingredientes, excepto la Crema Batida Endulzada con una batidora eléctrica a velocidad baja por 30 segundos, raspando el recipiente constantemente. Bata a velocidad alta por 3 minutos, raspando el recipiente ocasionalmente. Vierta sobre la piña.

4. Hornee el sartén de 45 a 50 minutos, el molde cuadrado de 50 a 55 minutos, o hasta que al insertar un palillo de dientes en el centro, salga limpio.

5. Inmediatamente voltee boca abajo sobre un plato que resista el calor. Deje el sartén o molde sobre el pastel/bizcocho unos cuantos minutos para que el azúcar morena caiga sobre el pastel. Deje enfriar por 15 minutos. Sirva caliente con Crema Batida Endulzada.

Crema Batida Endulzada

En un recipiente pequeño previamente refrigerado, bata $^1/_2$ taza de crema para batir (espesa) y 1 cucharada de azúcar granulada o en polvo con una batidora eléctrica a velocidad alta hasta que se formen picos suaves.

*Si usa harina con levadura, omita el polvo de hornear y la sal.

1 Porción: 390 Calorías (125 Calorías de Grasa); Grasas 14g (Saturada 6g); Colesterol 40mg; Sodio 270mg; Carbohidratos 63g (Fibra Dietética 1g); Proteína 4g **% de Valores Diarios:** Vitamina A 6%; Vitamina C 4%; Calcio 10%; Hierro 8% **Intercambios:** 1 Almidón, 1 Fruta, 2 Otros Carbohidratos, 3 Grasas **Opciones de Carbohidratos:** 4

Pineapple Upside-Down Cake (page 254)   ⊡   **Pastel/Bizcocho de Piña "Al Revés" (página 255)** ▼

▼ **Hot Fudge Sundae Cake (page 258)**   **Pastel/Bizcocho con Helado y Salsa de Chocolate (página 259)**

Hot Fudge Sundae Cake

Pastel/Bizcocho con Helado y Salsa de Chocolate

PREP: 20 min **BAKE:** 40 min **COOL:** 10 min ▪ **9 SERVINGS**

This special dessert separates into two layers as it bakes and becomes a fudge sauce topped with cake. See photo on page 257.

1 cup all-purpose flour*
3/4 cup granulated sugar
2 tablespoons baking cocoa
2 teaspoons baking powder
1/4 teaspoon salt
1/2 cup milk
2 tablespoons vegetable oil
1 teaspoon vanilla
1 cup chopped nuts, if desired
1 cup packed brown sugar
1/4 cup baking cocoa
13/4 cups very hot water
Ice cream, if desired

1. Heat oven to 350°F.

2. Mix flour, granulated sugar, 2 tablespoons cocoa, the baking powder and salt in ungreased 9-inch square pan. Mix in milk, oil and vanilla with fork until smooth. Stir in nuts. Spread in pan.

3. Sprinkle brown sugar and 1/4 cup cocoa over batter. Pour water evenly over batter.

4. Bake about 40 minutes or until top is dry. Cool 10 minutes.

5. Spoon warm cake into dessert dishes. Top with ice cream. Spoon sauce from pan onto each serving.

*If using self-rising flour, omit baking powder and salt.

1 Serving: Calories 195 (Calories from Fat 70); Fat 8g (Saturated 4g); Cholesterol 120mg; Sodium 135mg; Carbohydrate 26g (Dietary Fiber 2g); Protein 7g **% Daily Value:** Vitamin A 8%; Vitamin C 0%; Calcium 6%; Iron 6% **Exchanges:** 2 Starch, 1 Fat **Carbohydrate Choices:** 2

Pastel/Bizcocho con Helado y Salsa de Chocolate
Hot Fudge Sundae Cake

PREPARACIÓN: 20 min **HORNEAR:** 40 min **ENFRIAR:** 10 min ▪ **RINDE 9 PORCIONES**

Este postre especial se separa en dos capas cuando se hornea y se convierte en una salsa de chocolate cubierta con pastel/bizcocho. Vea la foto en la página 257.

1 taza de harina regular*
³/4 taza de azúcar granulada
2 cucharadas de cacao para hornear en polvo
2 cucharaditas de polvo de hornear
¹/4 cucharadita de sal
¹/2 taza de leche
2 cucharadas de aceite vegetal
1 cucharadita de vainilla
1 taza de nueces picadas, si desea
1 taza de azúcar morena comprimida
¹/4 taza de cacao para hornear en polvo
1³/4 tazas de agua muy caliente
Helado, si desea

1. Caliente el horno a 350°F.

2. Mezcle la harina, azúcar granulada, 2 cucharadas de cacao, el polvo de hornear y la sal en un molde cuadrado de 9 pulgadas sin engrasar. Agregue y mezcle la leche, el aceite y la vainilla con un tenedor hasta que la mezcle se suavice. Agregue las nueces. Unte en el molde.

3. Espolvoree el azúcar morena y ¹/4 taza de cacao sobre la mezcla. Vierta el agua equitativamente sobre la mezcla.

4. Hornee por unos 40 minutos o hasta que se seque por encima. Deje enfriar por 10 minutos.

5. Con una cuchara, coloque el Pastel/Bizcocho caliente en los platos de postre. Cubra con helado. Con una cuchara, saque la salsa del molde y vierta sobre cada ración.

*Si usa harina con levadura, omita el polvo de hornear y la sal.

1 Porción: 195 Calorías (70 Calorías de Grasa); Grasas 8g (Saturada 4g); Colesterol 120mg; Sodio 135mg; Carbohidratos 26g (Fibra Dietética 2g); Proteína 7g **% de Valores Diarios:** Vitamina A 8%; Vitamina C 0%; Calcio 6%; Hierro 6% **Intercambios:** 2 Almidones, 1 Grasa **Opciones de Carbohidratos:** 2

Chocolate Mousse
Mousse de Chocolate

PREP: 20 min **CHILL:** 2 hr ▪ **8 SERVINGS**

Garnish with delicate chocolate curls or fresh berries or fruit for a dressed-up look.

> 4 large egg yolks
> 1/4 cup sugar
> 1 cup whipping (heavy) cream
> 8 ounces semisweet baking chocolate, chopped
> 1 1/2 cups whipping (heavy) cream

1. In small bowl, beat egg yolks with electric mixer on high speed about 3 minutes or until thickened and lemon colored. Gradually beat in sugar.

2. In 2-quart saucepan, heat 1 cup whipping cream over medium heat just until hot.

3. Gradually stir at least half of the hot cream into egg yolk mixture, then stir back into hot cream in saucepan. Cook over low heat about 5 minutes, stirring constantly, until mixture thickens (do not boil).

4. Stir in chocolate until melted. Cover and refrigerate about 2 hours, stirring occasionally, just until chilled.

5. In chilled medium bowl, beat 1 1/2 cups whipping cream on high speed until stiff. Fold chocolate mixture into whipped cream. Pipe or spoon mixture into dessert dishes or stemmed glasses. Refrigerate until serving. Store covered in refrigerator.

1 Serving: Calories 425 (Calories from Fat 305); Fat 34g (Saturated 20g); Cholesterol 190mg; Sodium 30mg; Carbohydrate 26g (Dietary Fiber 2g); Protein 4g **% Daily Value:** Vitamin A 20%; Vitamin C 0%; Calcium 6%; Iron 6% **Exchanges:** 1 Starch, 1 Other Carbohydrates, 6 1/2 Fat **Carbohydrate Choices:** 2

Mousse de Chocolate
Chocolate Mousse

PREPARACIÓN: 20 min **REFRIGERAR:** 2 horas ▪ **RINDE 8 PORCIONES**

Decore con delicados bucles de chocolate o fresas, moras y frambuesas frescas, cerezas o fruta fresca para una presentación más elegante.

> 4 yemas grandes de huevo
> 1/4 taza de azúcar
> 1 taza de crema batida (espesa)
> 8 onzas de chocolate semidulce para hornear, picado
> 1 1/2 tazas de crema batida (espesa)

1. En un recipiente pequeño, bata las yemas de huevo con una batidora eléctrica a velocidad alta por 3 minutos o hasta que se endurezcan y estén de color amarillo limón. Gradualmente, agregue y bata el azúcar.

2. En una cacerola de 2 cuartos (1/2 galón), caliente 1 taza de crema batida, a fuego medio hasta que esté caliente.

3. Gradualmente, mezcle por lo menos la mitad de la crema caliente con la mezcla de las yemas de huevo, luego, regréselas a la crema caliente en la cacerola. Cocine a fuego bajo por 5 minutos, revolviendo constantemente, hasta que la mezcla se espese (que no hierva).

4. Agregue el chocolate y revuelva hasta que se derrita. Tape y refrigere por unas 2 horas, revolviendo ocasionalmente, justo hasta que se enfríe.

5. En un recipiente mediano previamente refrigerado, bata 1 1/2 tazas de crema batida a velocidad alta hasta que endurezca. Vierta la mezcla de chocolate en la crema batida. Sirva la mezcla en platos o copas para postre. Refrigere hasta el momento de servir. Manténgalo cubierto y refrigerado.

1 Porción: 425 Calorías (305 Calorías de Grasa); Grasas 34g (Saturada 20g); Colesterol 190mg; Sodio 30mg; Carbohidratos 26g (Fibra Dietética 2g); Proteína 4g **% de Valores Diarios:** Vitamina A 20%; Vitamina C 0%; Calcio 6%; Hierro 6% **Intercambios:** 1 Almidón, 1 Otros Carbohidratos, 6 1/2 Grasas **Opciones de Carbohidratos:** 2

Lemonade Sorbet
Sorbete de Limón

PREP: 10 min **FREEZE:** 4 hr ■ **4 SERVINGS**

This icy sweet-tart dessert is great made from limeade, too. For a refreshing lime twist, substitute limeade concentrate for the lemonade concentrate and lime slices for the lemon slices.

$1^1/_2$ cups cold water
1 cup frozen (thawed) lemonade concentrate (from 12-ounce can)
3 tablespoons honey
Lemon slices, if desired
Blueberries, if desired

1. In blender or food processor, place water, lemonade concentrate and honey. Cover and blend on low speed until smooth. Pour into 8-inch square glass baking dish.

2. Freeze about 4 hours, stirring several times to keep mixture smooth, until firm. Garnish with lemon slices and blueberries.

1 Serving: Calories 185 (Calories from Fat 0); Fat 0g (Saturated 0g); Cholesterol 0mg; Sodium 5mg; Carbohydrate 47g (Dietary Fiber 0g); Protein 0g
% Daily Value: Vitamin A 0%; Vitamin C 22%; Calcium 0%; Iron 2%
Exchanges: 1 Fruit, 2 Other Carbohydrates **Carbohydrate Choices:** 3

Sorbete de Limón
Lemonade Sorbet

PREPARACIÓN: 10 min **CONGELAR:** 4 horas ■ **RINDE 4 PORCIONES**

Este postre helado y agridulce se prepara muy bien con limonada de lima, también. Para una refrescante variación de lima, sustituya el concentrado de lima por la limonada concentrada y rebanas de lima por las rebanadas de limón.

$1^1/_2$ tazas de agua fría
1 taza de limonada descongelada (de una lata congelada de 12 onzas)
3 cucharadas de miel
Rebanadas de limón, si desea
Moras, si desea

1. En una licuadora o procesador de alimentos, ponga el agua, el concentrado de limonada y la miel. Tape y licúe a velocidad baja hasta que la mezcla se suavice. Vierta la mezcla en un molde cuadrado de vidrio de 8 pulgadas para hornear.

2. Congele por unas 4 horas, revolviendo muchas veces para mantener la mezcla suave, hasta que endurezca. Decore con rebanadas de limón y moras.

1 Porción: 185 Calorías (0 Calorías de Grasa); Grasas 0g (Saturada 0g); Colesterol 0mg; Sodio 5mg; Carbohidratos 47g (Fibra Dietética 0g); Proteína 0g
% de Valores Diarios: Vitamina A 0%; Vitamina C 22%; Calcio 0%; Hierro 2%
Intercambios: 1 Fruta, 2 Otros Carbohidratos **Opciones de Carbohidratos:** 3

Chocolate Brownies
"Brownies" de Chocolate

PREP: 25 min **BAKE:** 45 min **COOL:** 2 hr ■ **16 BROWNIES**

For a decadent peanutty-chocolate duo, substitute 1/3 cup crunchy peanut butter for 1/3 cup of the butter. Omit the walnuts. Before baking, arrange 16 one-inch chocolate-covered peanut butter cup candies, unwrapped, over top. Press into batter so tops of cups are even with top of batter. See photo on page 265.

2/3 cup butter or margarine
5 ounces unsweetened baking chocolate,
    cut into pieces
1 3/4 cups sugar
2 teaspoons vanilla
3 large eggs
1 cup all-purpose flour*
1 cup chopped walnuts
Chocolate Buttercream Frosting (right),
    if desired

1. Heat oven to 350°F. Grease bottom and sides of 9-inch square pan with shortening.

2. Melt butter and chocolate in 1-quart saucepan over low heat, stirring constantly. Cool 5 minutes.

3. Beat sugar, vanilla and eggs in medium bowl with electric mixer on high speed 5 minutes. Beat in chocolate mixture on low speed, scraping bowl occasionally. Beat in flour just until blended, scraping bowl occasionally. Stir in walnuts. Spread in pan.

4. Bake 40 to 45 minutes or just until brownies begin to pull away from sides of pan. Cool completely in pan on wire rack, about 2 hours. Frost with Chocolate Buttercream Frosting. Cut into 4 rows by 4 rows.

Chocolate Buttercream Frosting

1 1/2 cups powdered sugar
3 tablespoons butter or margarine, softened
1 teaspoon vanilla
1 1/2 ounces unsweetened baking chocolate,
    melted and cooled
1 to 2 tablespoons milk

In medium bowl, beat powdered sugar and butter with spoon or electric mixer on low speed until blended. Stir in vanilla and chocolate. Gradually beat in just enough milk to make frosting smooth and spreadable. If frosting is too thick, beat in more milk, a few drops at a time. If frosting becomes too thin, beat in a small amount of powdered sugar.

*Do not use self-rising flour.

1 Brownie: Calories 295 (Calories from Fat 160); Fat 18g (Saturated 8g); Cholesterol 60mg; Sodium 65mg; Carbohydrate 31g (Dietary Fiber 2g); Protein 4g **% Daily Value:** Vitamin A 6%; Vitamin C 0%; Calcium 2%; Iron 6% **Exchanges:** 1 Starch, 1 Other Carbohydrates, 3 1/2 Fat **Carbohydrate Choices:** 2

"Brownies" de Chocolate
Chocolate Brownies

PREPARACIÓN: 25 min **HORNEAR:** 45 min **ENFRIAR:** 2 horas ■ **RINDE 16 "BROWNIES"**

Para el complemento perfecto entre dos grandes sabores, maní y chocolate, sustituya ¹/₃ taza de mantequilla de maní crujiente por ¹/₃ taza de mantequilla. Omita las nueces ("walnuts"). Antes de hornear, acomode encima 16 dulces de maní cubiertos de chocolate, sin la envoltura. Sumérjalos en la mezcla de manera que las partes de arriba queden al mismo nivel que la mezcla. Vea la foto en la página 265.

2/3 taza de mantequilla o margarina

5 onzas de chocolate sin endulzar para hornear, cortado en pedazos

1³/4 taza de azúcar

2 cucharadita de vainilla

3 huevos grandes

1 taza de harina regular*

1 taza de nueces ("walnuts") picadas

"Frosting" de Crema de Mantequilla de Chocolate ("Chocolate Buttercream Frosting") (derecha), si desea

1. Caliente el horno a 350°F. Engrase con manteca vegetal el fondo y los lados de un molde cuadrado de 9 pulgadas.

2. Derrita la mantequilla y el chocolate en una cacerola de 1 cuarto (¹/4 galón) a fuego bajo, revolviendo constantemente. Deje enfriar por 5 minutos.

3. Bata el azúcar, la vainilla y los huevos en un recipiente mediano con una batidora eléctrica a velocidad alta por 5 minutos. Agregue y bata la mezcla de chocolate a velocidad baja, raspando el recipiente ocasionalmente. Agregue y bata la harina justo hasta que se mezcle bien, raspando el recipiente de vez en cuando. Añada las nueces y mezcle. Vierta y esparza la mezcla en el molde.

4. Hornee de 40 a 45 minutos o hasta que los "brownies" comiencen a despegarse de los lados del molde. Deje enfriar completamente dentro del molde en la parilla del horno, por unas 2 horas. Cubra con "frosting" de crema de mantequilla de chocolate. Corte en líneas de 4 por 4.

"Frosting" de Mantequilla de Chocolate ("Chocolate Buttercream Frosting")

1¹/2 tazas de azúcar en polvo

3 cucharadas de mantequilla o margarina, suavizada

1 cucharadita de vainilla

1¹/2 onzas de chocolate sin endulzar para hornear, derretido y enfriado

1 a 2 cucharadas de leche

En un recipiente mediano, bata el azúcar en polvo y la mantequilla con una cuchara o batidora eléctrica, a velocidad baja, hasta que se mezclen. Agregue la vainilla y el chocolate. Poco a poco, agregue y mezcle suficiente leche para hacer que el "frosting" quede suave y se pueda untar. Si el "frosting" está demasiado espeso, agregue más leche, unas cuantas gotas a la vez. Si el "frosting" está demasiado aguado, agregue un poco de azúcar en polvo.

*No use harina con levadura.

1 "Brownie": 295 Calorías (Calorías de Grasa 160); Grasas 18g (Saturada 8g); Colesterol 60mg; Sodio 65mg; Carbohidratos 31g (Fibra Dietética 2g); Proteína 4g **% de Valores Diarios:** Vitamina A 6%; Vitamina C 0%; Calcio 2%; Hierro 6% **Intercambios:** 1 Almidón, 1 Otros Carbohidratos, 3¹/2 Grasas **Opciones de Carbohidratos:** 2

Cream Cheese Brownies
"Brownies" de Queso Crema

PREP: 25 min **BAKE:** 50 min **COOL:** 2 hr ▪ **48 BROWNIES**

For a fancier presentation, cut each brownie diagonally in half to create triangles and serve in a pool of raspberry or chocolate sauce and then garnish with fresh fruit.

1 cup butter or margarine
4 ounces unsweetened baking chocolate
Cream Cheese Filling (right)
2 cups sugar
2 teaspoons vanilla
4 large eggs
1 1/2 cups all-purpose flour*
1/2 teaspoon salt
1 cup coarsely chopped nuts

1. Heat oven to 350°F. Grease bottom and sides of 13 × 9-inch pan with shortening.

2. Melt butter and chocolate in 1-quart saucepan over low heat, stirring frequently. Remove from heat; cool 5 minutes.

3. Make Cream Cheese Filling; set aside.

4. Beat chocolate mixture, sugar, vanilla and eggs in large bowl with electric mixer on medium speed 1 minute, scraping bowl occasionally. Beat in flour and salt on low speed 30 seconds, scraping bowl occasionally. Beat on medium speed 1 minute. Stir in nuts. Spread 1 3/4 cups of the batter in pan. Spread filling over batter. Drop remaining batter in mounds randomly over filling. Carefully spread to cover cream cheese layer.

5. Bake 45 to 50 minutes or until toothpick inserted in center comes out clean. Cool completely in pan on wire rack, about 2 hours. Cut into 8 rows by 6 rows. Store covered in refrigerator.

Cream Cheese Filling

2 packages (8 ounces each) cream cheese, softened
1/2 cup sugar
2 teaspoons vanilla
1 large egg

Beat all ingredients until smooth.

*If using self-rising flour, omit salt.

1 Brownie: Calories 165 (Calories from Fat 100); Fat 11g (Saturated 6g); Cholesterol 45mg; Sodium 85mg; Carbohydrate 15g (Dietary Fiber 1g); Protein 2g **% Daily Value:** Vitamin A 6%; Vitamin C 0%; Calcium 2%; Iron 2% **Exchanges:** 1 Starch, 2 Fat **Carbohydrate Choices:** 1

"Brownies" de Queso Crema
Cream Cheese Brownies

PREPARACIÓN: 25 min **HORNEAR:** 50 min **ENFRIAR:** 2 horas ▪ **RINDE 48 "BROWNIES"**

Para una presentación más lujosa, corte cada "brownie" diagonalmente por la mitad, creando triángulos y sírvalos sobre una salsa de chocolate o frambuesa y decórelos con fruta fresca.

1 taza de mantequilla o margarina
4 onzas de chocolate sin endulzar para hornear
Relleno de Queso Crema (derecha)
2 tazas de azúcar
2 cucharaditas de vainilla
4 huevos grandes
1^1/$_2$ tazas de harina regular*
^{1}/$_2$ cucharaditas de sal
1 taza de nueces picadas en pedazos grandes

1. Caliente el horno a 350°F. Engrase con manteca vegetal el fondo y los lados de un molde de 13 × 9 pulgadas.

2. Derrita la mantequilla y el chocolate en una cacerola de 1 cuarto (^{1}/$_4$ galón) a fuego bajo, revolviendo constantemente. Retire del fuego; deje enfriar por 5 minutos.

3. Prepare el Relleno de Queso Crema; y aparte.

4. Bata la mezcla de chocolate, azúcar, vainilla y los huevos en un recipiente grande con una batidora eléctrica a velocidad media por 1 minuto, raspando el recipiente ocasionalmente. Agregue y bata la harina y la sal a velocidad baja por 30 segundos, raspando el recipiente de vez en cuando. Bata a velocidad media por 1 minuto. Agregue las nueces y mezcle. Esparza 1^3/$_4$ de la mezcla en el molde. Esparza el relleno sobre la mezcla. Añada la mezcla restante en montoncitos sobre el relleno. Cuidadosamente, espárzala hasta cubrir la capa de queso crema.

5. Hornee de 45 a 50 minutos o hasta que al insertar un palillo de dientes en el centro, salga seco. Déjelo enfriar completamente en la parilla del horno por unas 2 horas. Corte en líneas de 8 por 6 cuadritos. Manténgalos cubiertos y refrigerados.

Relleno de Queso Crema

2 paquetes (8 onzas c/u) de queso crema, suavizado
^{1}/$_2$ taza de azúcar
2 cucharaditas de vainilla
1 huevo grande

Bata todos los ingredientes hasta que se mezclen bien.

*Si usa harina con levadura, omita la sal.

1 "Brownie": 165 Calorías (100 Calorías de Grasa); Grasas 11g (Saturada 6g); Colesterol 45mg; Sodio 85mg; Carbohidratos 15g (Fibra Dietética 1g); Proteína 2g **% de Valores Diarios:** Vitamina A 6%; Vitamina C 0%; Calcio 2%; Hierro 2% **Intercambios:** 1 Almidón, 2 Grasas **Opciones de Carbohidratos:** 1

Chocolate Brownies (page 262)
"Brownies" de Chocolate (página 263)
and Cream Cheese Brownies
"Brownies" de Queso Crema ▼

Butterscotch Brownies
"Brownies" de Caramelo

PREP: 15 min **BAKE:** 25 min **COOL:** 5 min ▪ **16 BROWNIES**

These non-chocolate "brownies" get their butterscotch flavor from the brown sugar.

$1/4$ cup butter or margarine
1 cup packed brown sugar
1 teaspoon vanilla
2 tablespoons milk
1 large egg
1 cup all-purpose flour*
$1/2$ cup chopped nuts, if desired
1 teaspoon baking powder
$1/2$ teaspoon salt

1. Heat oven to 350°F. Grease bottom and sides of 8-inch square pan with shortening.

2. Melt butter in $1^1/2$-quart saucepan over low heat; remove from heat. Stir in brown sugar, vanilla, milk and egg. Stir in remaining ingredients. Spread in pan.

3. Bake about 25 minutes or until golden brown. Cool 5 minutes in pan on wire rack. Cut into 4 rows by 4 rows while warm.

*If using self-rising flour, omit baking powder and salt.

1 Brownie: Calories 110 (Calories from Fat 25); Fat 3g (Saturated 1g); Cholesterol 15mg; Sodium 130mg; Carbohydrate 20g (Dietary Fiber 0g); Protein 1g **% Daily Value:** Vitamin A 2%; Vitamin C 0%; Calcium 2%; Iron 4% **Exchanges:** 1 Other Carbohydrates, 1 Fat **Carbohydrate Choices:** 1

"Brownies" de Caramelo
Butterscotch Brownies

PREPARACIÓN: 15 min **HORNEAR:** 25 min **ENFRIAR:** 5 min ▪ **RINDE 16 "BROWNIES"**

Estos "brownies" que no son de chocolate, obtienen su sabor a caramelo del azúcar morena.

$1/4$ taza de mantequilla o margarina
1 taza de azúcar morena comprimida
1 cucharadita de vainilla
2 cucharadas de leche
1 huevo grande
1 taza de harina regular*
$1/2$ taza de nueces picadas, si desea
1 cucharadita de polvo de hornear
$1/2$ cucharadita de sal

1. Caliente el horno a 350°F. Engrase con manteca vegetal el fondo y los lados de un molde cuadrado de 8 pulgadas.

2. Derrita la mantequilla en una cacerola de $1^1/2$ cuartos ($3/8$ galón) a fuego bajo; retire del fuego. Agregue y mezcle el azúcar morena, la vainilla, la leche y el huevo. Agregue y mezcle los demás ingredientes. Esparza la mezcla en el molde.

3. Hornee por unos 25 minutos o hasta que se dore. Deje enfriar por 5 minutos dentro del molde en la parilla del horno. Corte en líneas de 4 por 4 mientras está caliente.

Si usa harina con levadura, omita el polvo de hornear y la sal.

1 "Brownie": 110 Calorías (25 Calorías de Grasa); Grasas 3g (Saturada 1g); Colesterol 15mg; Sodio 130mg; Carbohidratos 20g
(Fibra Dietética 0g); Proteína 1g **% de Valores Diarios:** Vitamina A 2%; Vitamina C 0%; Calcio 2%; Hierro 4% **Intercambios:** 1 Otros Carbohidratos,
1 Grasa **Opciones de Carbohidratos:** 1

Toffee Bars
Barras Crujientes de Caramelo "Toffee"

PREP: 20 min **BAKE:** 30 min **COOL:** 30 min ■ **32 BARS**

You can use almost any type of nut for these toffee bars. We suggest pecans, almonds or walnuts or choose another favorite. See photo on page 270.

- 1 cup butter or margarine, softened
- 1 cup packed brown sugar
- 1 teaspoon vanilla
- 1 large egg yolk
- 2 cups all-purpose flour*
- 1/4 teaspoon salt
- 2/3 cup milk chocolate chips or 3 bars (1.55 ounces each) milk chocolate, broken into small pieces
- 1/2 cup chopped nuts

1. Heat oven to 350°F.

2. Mix butter, brown sugar, vanilla and egg yolk in large bowl. Stir in flour and salt. Press dough in ungreased 13 × 9-inch pan.

3. Bake 25 to 30 minutes or until very light brown (crust will be soft). Immediately sprinkle chocolate chips on hot crust. Let stand about 5 minutes or until soft; spread evenly. Sprinkle with nuts. Cool 30 minutes in pan on wire rack. Cut into 8 rows by 4 rows while warm for easiest cutting.

*If using self-rising flour, omit salt.

1 Bar: Calories 135 (Calories from Fat 70); Fat 8g (Saturated 4g); Cholesterol 25mg; Sodium 65mg; Carbohydrate 15g (Dietary Fiber 1g); Protein 1g **% Daily Value:** Vitamin A 4%; Vitamin C 0%; Calcium 2%; Iron 2% **Exchanges:** 1 Other Carbohydrates, 1 1/2 Fat **Carbohydrate Choices:** 1

Barras Crujientes de Caramelo "Toffee"
Toffee Bars

PREPARACIÓN: 20 min **HORNEAR:** 30 min **ENFRIAR:** 30 min ▪ **RINDE 32 BARRAS**

Se puede usar casi cualquier tipo de nueces para hacer estar deliciosas barras. Le sugerimos usar almendras, nueces ("pecans" or "walnuts") o las que usted prefiera. Vea la foto en la página 270.

1 taza de mantequilla o margarina, suavizada

1 taza de azúcar morena, comprimida

1 cucharadita de vainilla

1 yema grande de huevo

2 tazas de harina regular*

$1/4$ cucharadita de sal

$2/3$ tazas de "chips" de chocolate o 3 barras (1.55 onzas cada una) de chocolate, partidas en pedacitos

$1/2$ taza de nueces picadas

1. Caliente el horno a 350°F.

2. Mezcle la mantequilla, azúcar morena y la yema de huevo en un recipiente grande. Agregue la harina y la sal y revuelva. Presione la masa en un molde de 13 × 9 pulgadas, sin engrasar.

3. Hornee de 25 a 30 minutos o hasta que se dore un poco (la corteza estará suave). Inmediatamente, espolvoree los pedacitos de chocolate en la corteza caliente. Déjelos reposar por unos 5 minutos o hasta que se suavicen; esparza uniformemente. Espolvoree con las nueces. Deje enfriar por 30 minutos en el molde sobre la parilla del horno. Corte en líneas de 8 por 4; hágalo cuando está caliente para cortarlas más fácilmente.

*Si usa harina con levadura, omita la sal.

1 Barra: 135 Calorías (70 Calorías de Grasa); Grasas 8g (Saturada 4g); Colesterol 25mg; Sodio 65mg; Carbohidratos 15g (Fibra Dietética 1g); Proteína 1g **% de Valores Diarios:** Vitamina A 4%; Vitamina C 0%; Calcio 2%; Hierro 2% **Intercambios:** 1 Otros Carbohidratos, 1^1/$_2$ Grasas **Opciones de Carbohidratos:** 1

Toffee Bars (page 268) ▣ **Barras Crujientes de Caramelo "Toffee" (página 269)** ▼

▼ **Peanut Butter Cookies (page 272)**   **Galletas de Mantequilla de Maní (página 273)**

Peanut Butter Cookies
Galletas de Mantequilla de Maní

PREP: 15 min **BAKE:** 9 to 10 min per sheet **COOL:** 5 min ▪ **ABOUT 2¹/₂ DOZEN**

Vary the patterns on your peanut butter cookies. For a new look, try using the bottom of a cut-crystal glass, a potato masher or cookie stamp. See photo on page 271.

¹/₂ cup granulated sugar
¹/₂ cup packed brown sugar
¹/₂ cup peanut butter
¹/₄ cup shortening
¹/₄ cup butter or margarine, softened
1 large egg
1¹/₄ cups all-purpose flour*
³/₄ teaspoon baking soda
¹/₂ teaspoon baking powder
¹/₄ teaspoon salt
Granulated sugar

1. Heat oven to 375°F.

2. Beat ¹/₂ cup granulated sugar, the brown sugar, peanut butter, shortening, butter and egg in large bowl with electric mixer on medium speed, or mix with spoon. Stir in flour, baking soda, baking powder and salt.

3. Shape dough into 1¹/₄-inch balls. Place about 3 inches apart on ungreased cookie sheet. Flatten in crisscross pattern with fork dipped in granulated sugar.

4. Bake 9 to 10 minutes or until light brown. Cool 5 minutes; remove from cookie sheet to wire rack.

If using self-rising flour, omit baking soda, baking powder and salt.

1 Cookie: Calories 115 (Calories from Fat 55); Fat 6g (Saturated 2g); Cholesterol 10mg; Sodium 95mg; Carbohydrate 13g (Dietary Fiber 0g); Protein 2g **% Daily Value:** Vitamin A 0%; Vitamin C 0%; Calcium 0%; Iron 2% **Exchanges:** 1 Starch, 1 Fat **Carbohydrate Choices:** 1

Galletas de Mantequilla de Maní
Peanut Butter Cookies

PREPARACIÓN: 15 min **HORNEAR:** 9 a 10 min por bandeja **ENFRIAR:** 5 min ▪ **RINDE APROXIMADAMENTE 2^1/$_2$ DOCENAS**

Varíe el diseño de sus galletas de mantequilla de maní. Para un nuevo estilo, trate de usar el fondo de un vaso de cristal cortado, un prensa-papas o un sello para diseños de galletas. Vea la foto en la página 271.

^{1}/$_2$ taza de azúcar granulada
^{1}/$_2$ taza de azúcar morena, comprimida
^{1}/$_2$ taza de mantequilla de maní
^{1}/$_4$ taza de manteca vegetal
^{1}/$_4$ taza de mantequilla o margarina, suavizada
1 huevo grande
1^1/$_4$ tazas de harina regular*
^{3}/$_4$ cucharadita de bicarbonato de sodio ("baking soda")
^{1}/$_2$ cucharadita de polvo de hornear
^{1}/$_4$ cucharadita de sal
Azúcar granulada

1. Caliente el horno a 375°F.

2. Bata ^{1}/$_2$ taza de azúcar granulada, el azúcar morena, la mantequilla de maní, manteca vegetal, mantequilla y el huevo en un recipiente grande con una batidora eléctrica a velocidad media, o mézclelos con una cuchara. Agregue la harina, el bicarbonato de sodio, el polvo de hornear y la sal, y revuelva.

3. Forme bolitas de masa de 1^1/$_4$ pulgadas. Colóquelas en una bandeja para hornear galletas sin engrasar, separándolas 3 pulgadas. Aplánelas con un tenedor cubierto de azúcar, haga un diseño entrecruzado en cada una.

4. Hornee de 9 a 10 minutos o hasta que se doren un poco. Deje enfriar por 5 minutos; retírelas de la bandeja y colóquelas en una parilla metálica.

*Si usa harina con levadura, omita el bicarbonato de sodio, el polvo de hornear y la sal.

1 Galleta: 115 Calorías (55 Calorías de Grasa); Grasas 6g (Saturada 2g); Colesterol 10mg; Sodio 95mg; Carbohidratos 13g (Fibra Dietética 0g); Proteína 2g **% de Valores Diarios:** Vitamina A 0%; Vitamina C 0%; Calcio 0%; Hierro 2% **Intercambios:** 1 Almidón, 1 Grasa **Opciones de Carbohidratos:** 1

Chocolate Chip Cookies
Galletas con "Chips" de Chocolate

PREP: 10 min **BAKE:** 8 to 10 min per sheet **COOL:** 2 min ▪ **ABOUT 4 DOZEN**

This versatile cookie can also be made into a bar, an easier, simpler version of the drop cookies. Press dough into a 13 × 9-inch pan. Bake 15 to 20 minutes or until golden brown. Cool in pan on wire rack. Cut into bars.

3/4 cup granulated sugar
3/4 cup packed brown sugar
1 cup butter or margarine, softened
1 teaspoon vanilla
1 large egg
2 1/4 cups all-purpose flour*
1 teaspoon baking soda
1/2 teaspoon salt
1 cup coarsely chopped nuts
1 bag (12 ounces) semisweet chocolate chips (2 cups)

1. Heat oven to 375°F.

2. Beat sugars, butter, vanilla and egg in large bowl with electric mixer on medium speed, or mix with spoon. Stir in flour, baking soda and salt (dough will be stiff). Stir in nuts and chocolate chips.

3. Drop dough by rounded tablespoonfuls about 2 inches apart onto ungreased cookie sheet.

4. Bake 8 to 10 minutes or until light brown (centers will be soft). Cool 1 to 2 minutes; remove from cookie sheet to wire rack.

*If using self-rising flour, omit baking soda and salt.

1 Cookie: Calories 135 (Calories from Fat 70); Fat 8g (Saturated 4g); Cholesterol 15mg; Sodium 80mg; Carbohydrate 16g (Dietary Fiber 1g); Protein 1g **% Daily Value:** Vitamin A 2%; Vitamin C 0%; Calcium 2%; Iron 4% **Exchanges:** 1 Other Carbohydrates, 1 1/2 Fat **Carbohydrate Choices:** 1

CANDY COOKIES Substitute 2 cups candy-coated chocolate candies for the chocolate chips.

JUMBO CHOCOLATE CHIP COOKIES Drop dough by 1/4 cupfuls about 3 inches apart onto ungreased cookie sheet. Bake 12 to 15 minutes or until edges are set (centers will be soft). Cool 1 to 2 minutes; remove from cookie sheet to wire rack. 1 1/2 dozen cookies.

Galletas con "Chips" de Chocolate
Chocolate Chip Cookies

PREPARACIÓN: 10 min **HORNEAR:** 8 a 10 min por bandeja **ENFRIAR:** 2 min ■ **RINDE APROXIMADAMENTE 4 DOCENAS**

Esta versátil galleta también se puede hacer en forma de barra, una versión más fácil y más sencilla que hacer las galletas. Presione la masa en un molde de 1 × 9 pulgadas. Hornee de 15 a 20 minutos o hasta que se dore. Deje enfriar en el molde sobre la parilla del horno. Corte en barras.

3/4 taza de azúcar granulada
3/4 taza de azúcar morena, comprimida
1 taza de mantequilla o margarina, suavizada
1 cucharadita de vainilla
1 huevo grande
2 1/4 tazas de harina regular*
1 cucharadita de bicarbonato de sodio ("baking soda")
1/2 cucharadita de sal
1 taza de nueces picadas en pedazos grandes
1 bolsa (12 onzas) de "chips" de chocolate semidulce (2 tazas)

1. Caliente el horno a 375°F.

2. Bata los azúcares, mantequilla, vainilla y el huevo en un recipiente grande con una batidora eléctrica a velocidad media, o mezcle con una cuchara. Agregue la harina, el bicarbonato y la sal, y revuelva (la masa estará dura). Añada las nueces y los "chips" de chocolate y mézclelos.

3. Coloque cucharadas llenas de masa en una bandeja para hornear galletas sin engrasar, separándolas 2 pulgadas.

4. Hornee de 8 a 10 minutos o hasta que se doren ligeramente (el centro de las galletas estará suave). Deje enfriar por 1 a 2 minutos; retírelas de la bandeja y colóquelas en una parilla metálica.

Si usa harina con levadura, omita el bicarbonato de sodio y la sal.

1 Galleta: 135 Calorías (70 Calorías de Grasa); Grasas 8g (Saturada 4g); Colesterol 15mg; Sodio 80mg; Carbohidratos 16g (Fibra Dietética 1g); Proteína 1g **% de Valores Diarios:** Vitamina A 2%; Vitamina C 0%; Calcio 2%; Hierro 4% **Intercambios:** 1 Otros Carbohidratos, 1 1/2 Grasas **Opciones de Carbohidratos:** 1

GALLETAS CON DULCES Sustituya 2 tazas de chocolates cubiertos de dulce por los "chips" de chocolate.

GALLETAS GIGANTES CON "CHIPS" DE CHOCOLATE Coloque montoncitos de 1/4 de taza de masa en una bandeja para hornear galleras sin engrasar, separándolas 3 pulgadas. Hornee de 12 a 15 minutos o hasta que los bordes estén listos (el centro estará suave). Deje enfriar por 1 a 2 minutos; retírelas de bandeja para hornear galletas y póngalas en la parrilla del horno. Rinde 1 1/2 docenas de galletas.

Oatmeal Cookies
Galletas de Avena

PREP: 15 min **BAKE:** 9 to 11 min per sheet ▪ **ABOUT 3 DOZEN**

Quick-cooking and old-fashioned rolled oats are interchangeable unless recipes call for a specific type. Instant oatmeal products are not the same as quick-cooking and should not be used for baking—you will get gummy or mushy results.

2/3 cup granulated sugar
2/3 cup packed brown sugar
1/2 cup butter or margarine, softened
1/2 cup shortening
1 teaspoon baking soda
1 teaspoon ground cinnamon
1 teaspoon vanilla
1/2 teaspoon baking powder
1/2 teaspoon salt
2 large eggs
3 cups quick-cooking or old-fashioned oats
1 cup all-purpose flour*
1 cup raisins, chopped nuts or semisweet chocolate chips, if desired

1. Heat oven to 375°F.

2. Beat all ingredients except oats, flour and raisins in large bowl with electric mixer on medium speed, or mix with spoon. Stir in oats, flour and raisins.

3. Drop dough by rounded tablespoonfuls about 2 inches apart onto ungreased cookie sheet.

4. Bake 9 to 11 minutes or until light brown. Immediately remove from cookie sheet to wire rack.

If using self-rising flour, omit baking soda, baking powder and salt.

1 Cookie: Calories 120 (Calories from Fat 55); Fat 6g (Saturated 2g); Cholesterol 20mg; Sodium 95mg; Carbohydrate 15g (Dietary Fiber 1g); Protein 2g **% Daily Value:** Vitamin A 2%; Vitamin C 0%; Calcium 0%; Iron 2% **Exchanges:** 1 Starch, 1 Fat **Carbohydrate Choices:** 1

OATMEAL SQUARES Press dough in ungreased 8-inch square pan. Bake about 25 minutes or until light brown. Cool in pan on wire rack. For squares, cut into 4 rows by 4 rows. 16 squares.

Galletas de Avena
Oatmeal Cookies

PREPARACIÓN: 15 min **HORNEAR:** 9 a 11 min por bandeja ■ **RINDE APROXIMADAMENTE 3 DOCENAS**

Usted puede intercambiar la avena de cocción rápida y la tradicional, a menos que las recetas indiquen cierto tipo específico de avena. Los productos de avena instantánea no son iguales a los de cocción rápida y no deben usarse para hornear. De ser así, obtendrá resultados pegajosos o pastosos.

$2/3$ taza de azúcar granulada
$2/3$ taza de azúcar morena comprimida
$1/2$ taza de mantequilla o margarina, suavizada
$1/2$ taza de manteca vegetal
1 cucharadita de bicarbonato de sodio ("baking soda")
1 cucharadita de canela en polvo
1 cucharadita de vainilla
$1/2$ cucharadita de polvo de hornear
$1/2$ cucharadita de sal
2 huevos grandes
3 tazas de avena de cocción rápida o tradicional
1 taza de harina regular*
1 taza de pasas, nueces picadas o "chips" de chocolate semidulce, si desea

1. Caliente el horno a 375°F.

2. Bata todos los ingredientes, excepto la avena, la harina y las pasas, en un recipiente grande con una batidora eléctrica a velocidad media, o mézclelos con una cuchara. Agregue la avena, la harina y las pasas y mézclelos.

3. Coloque cucharadas llenas de masa en una bandeja para hornear galletas sin engrasar, separándolas 2 pulgadas.

4. Hornee de 9 a 11 minutos o hasta que se doren un poco. Inmediatamente, retírelas de la bandeja y colóquelas en una parilla metálica.

*Si usa harina con levadura, omita el bicarbonato de sodio, el polvo de hornear y la sal.

1 Galleta: 120 Calorías (55 Calorías de Grasa); Grasas 6g (Saturada 2g); Colesterol 20mg; Sodio 95mg; Carbohidratos 15g (Fibra Dietética 1g); Proteína 2g **% de Valores Diarios:** Vitamina A 2%; Vitamina C 0%; Calcio 0%; Hierro 2% **Intercambios:** 1 Almidón, 1 Grasa **Opciones de Carbohidratos:** 1

CUADRITOS DE AVENA Presione la masa en un molde cuadrado de 8 pulgadas, sin engrasar. Hornee por unos 25 minutos, o hasta que se dore un poco. Deje enfriar en el molde sobre la parilla del horno. Para hacer los cuadritos, corte en líneas de 4 por 4. Rinde 16 cuadritos.

Shortbread Cookies
Galletas de Mantequilla

PREP: 20 min **BAKE:** 20 min per sheet ▪
ABOUT 2 DOZEN 1^1/$_2$-INCH COOKIES

Serve these buttery cookies plain or, for a more festive look, dip the edges in melted chocolate and then in chopped pistachio nuts.

^{3}/$_4$ cup butter or margarine, softened
^{1}/$_4$ cup sugar
2 cups all-purpose flour*

1. Heat oven to 350°F.

2. Mix butter and sugar in large bowl. Stir in flour. (If dough is crumbly, mix in 1 to 2 tablespoons butter or stick margarine, softened.)

3. Roll dough ^{1}/$_2$ inch thick on lightly floured surface. Cut into small shapes with knife or use cookie cutters. Place ^{1}/$_2$ inch apart on ungreased cookie sheet.

4. Bake about 20 minutes or until set. Immediately remove from cookie sheet to wire rack.

*Do not use self-rising flour.

1 Cookie: Calories 100 (Calories from Fat 55); Fat 6g (Saturated 4g); Cholesterol 15mg; Sodium 40mg; Carbohydrate 10g (Dietary Fiber 0g); Protein 1g **% Daily Value:** Vitamin A 4%; Vitamin C 0%; Calcium 0%; Iron 2% **Exchanges:** ^{1}/$_2$ Starch, 1 Fat **Carbohydrate Choices:** ^{1}/$_2$

PECAN SHORTBREAD COOKIES Stir in ^{1}/$_2$ cup chopped pecans, toasted if desired, with the flour.

Galletas de Mantequilla
Shortbread Cookies

PREPARACIÓN: 20 min **HORNEAR:** 20 min por bandeja ▪
RINDE APROXIMADAMENTE 2 DOCENAS DE GALLETAS DE 1¹/₂ PULGADAS

Sirva estas galletas de mantequilla así solas, o para darles un toque festivo, sumerja los bordes de las galletas en chocolate derretido y luego espolvoréelos con pistachos picados.

³/₄ taza de mantequilla o margarina, suavizada
¹/₄ taza de azúcar
2 tazas de harina regular*

1. Caliente el horno a 350°F.

2. Mezcle la mantequilla y el azúcar en un recipiente grande. Agregue la harina y mezcle. (si la masa se desmorona, añádale de 1 a 2 cucharadas de mantequilla o margarina, suavizada).

3. Amase la masa hasta un grosor de ¹/₂ pulgada en una superficie ligeramente empolvada con harina. Corte la masa en formas pequeñas con un cuchillo o cortador de galletas. Colóquelas en una bandeja para hornear galletas sin engrasar, separándolas ¹/₂ pulgada.

4. Hornee por unos 20 minutos o hasta que estén listas. Inmediatamente, retírelas de la bandeja y colóquelas en una parilla metálica.

*No use harina con levadura.

1 Galleta: 100 Calorías (55 Calorías de Grasa); Grasas 6g (Saturada 4g); Colesterol 15mg; Sodio 40mg; Carbohidratos 10g (Fibra Dietética 0g); Proteína 1g **% de Valores Diarios:** Vitamina A 4%; Vitamina C 0%; Calcio 0%; Hierro 2% **Intercambios:** ¹/₂ Almidón, 1 Grasa **Opciones de Carbohidratos:** ¹/₂

GALLETAS DE MANTEQUILLA Y NUECES Mezcle ¹/₂ taza de nueces picadas y tostadas si desea, con la harina.

Sugar Cookies
Galletas de Azúcar

PREP: 25 min **CHILL:** 2 hr **BAKE:** 7 to 8 min per sheet ■
ABOUT 5 DOZEN 2-INCH COOKIES

Using colored sugars gives these cookies a festive look without extra work.

> 1^1/$_2$ cups powdered sugar
> 1 cup butter or margarine, softened
> 1 teaspoon vanilla
> ^{1}/$_2$ teaspoon almond extract
> 1 large egg
> 2^1/$_2$ cups all-purpose flour*
> 1 teaspoon baking soda
> 1 teaspoon cream of tartar
> Granulated sugar

1. Beat powdered sugar, butter, vanilla, almond extract and egg in large bowl with electric mixer on medium speed, or mix with spoon. Stir in remaining ingredients except granulated sugar. Cover and refrigerate at least 2 hours.

2. Heat oven to 375°F. Lightly grease cookie sheet with shortening or spray with cooking spray.

3. Divide dough in half. Roll each half ^{1}/$_4$ inch thick on lightly floured surface. Cut into desired shapes with 2- to 2^1/$_2$-inch cookie cutters. Sprinkle with granulated sugar. Place about 2 inches apart on cookie sheet.

4. Bake 7 to 8 minutes or until edges are light brown. Remove from cookie sheet to wire rack.

*If using self-rising flour, omit baking soda and cream of tartar.

1 Cookie: Calories 65 (Calories from Fat 25); Fat 3g (Saturated 2g); Cholesterol 10mg; Sodium 45mg; Carbohydrate 8g (Dietary Fiber 0g); Protein 1g **% Daily Value:** Vitamin A 2%; Vitamin C 0%; Calcium 0%; Iron 0% **Exchanges:** ^{1}/$_2$ Starch, ^{1}/$_2$ Fat **Carbohydrate Choices:** ^{1}/$_2$

DECORATED SUGAR COOKIES Omit granulated sugar. Frost cooled cookies with Vanilla Buttercream Frosting (page 228) tinted with food color if desired. Decorate with colored sugar, small candies, candied fruit or nuts if desired.

Galletas de Azúcar
Sugar Cookies

PREPARACIÓN: 25 min **REFRIGERAR:** 2 horas **HORNEAR:** 7 a 8 min por bandeja ▪
RINDE APROXIMADAMENTE 5 DOCENAS DE GALLETAS DE 2 PULGADAS

Usar azúcares de colores le da a las galletas un estilo divertido para fiestas sin mayor trabajo.

> 1^1/$_2$ tazas de azúcar en polvo
> 1 taza de mantequilla o margarina, suavizada
> 1 cucharadita de vainilla
> ^{1}/$_2$ cucharadita de extracto de almendras
> 1 huevo grande
> 2^1/$_2$ tazas de harina regular*
> 1 cucharadita de bicarbonato de sodio ("baking soda")
> 1 cucharadita de crema tártara
> Azúcar granulada

1. Bata el azúcar en polvo, la mantequilla, la vainilla, el extracto de almendras y el huevo en un recipiente grande con una batidora eléctrica a velocidad media, o mézclelos con una cuchara. Agregue los demás ingredientes, excepto el azúcar granulada. Cubra y refrigere por lo menos durante 2 horas.

2. Caliente le horno a 375°F. Engrase ligeramente una bandeja para hornear galletas con manteca vegetal o rocíela con aceite de cocina.

3. Divida la masa por la mitad. Amase cada mitad de masa hasta un grosor de ^{1}/$_4$ pulgada en una superficie ligeramente empolvada con harina. Corte la masa en las formas que desea con un cortador de galletas de 2 a 2^1/$_2$ pulgadas. Espolvoree con azúcar granulada. Colóquelas en una bandeja para hornear galletas, separándolas 2 pulgadas.

4. Hornee de 7 a 8 minutos, o hasta que los bordes se doren un poco. Retírelas de la bandeja y colóquelas en una parilla metálica.

Si usa harina con levadura, omita el bicarbonato de sodio y la crema tártara.

1 Galleta: 65 Calorías (25 Calorías de Grasa); Grasas 3g (Saturada 2g); Colesterol 10mg; Sodio 45mg; Carbohidratos 8g (Fibra Dietética 0g); Proteína 1g **% de Valores Diarios:** Vitamina A 2%; Vitamina C 0%; Calcio 0%; Hierro 0% **Intercambios:** ^{1}/$_2$ Almidón, ^{1}/$_2$ Grasa **Opciones de Carbohidratos:** ^{1}/$_2$

GALLETAS DE AZÚCAR DECORADAS Omita el azúcar granulada. Cubra las galletas ya frías con "frosting" de Crema de Mantequilla de Vainilla ("Vanilla Buttercream Frosting") (página 229) teñido con colorante para alimentos, si desea. Decore con azúcar de colores, dulces de fruta o nueces, si desea.

Super-Easy Fudge

Dulces Súper Fáciles de Salsa Chocolate

PREP: 10 min CHILL: 1¹/2 hr ■
64 CANDIES

For a deeper, richer chocolate flavor, be sure to add the unsweetened baking chocolate.

- 1 can (14 ounces) sweetened condensed milk
- 1 bag (12 ounces) semisweet chocolate chips (2 cups)
- 1 ounce unsweetened baking chocolate, if desired
- 1¹/2 cups chopped nuts, if desired
- 1 teaspoon vanilla

1. Grease bottom and sides of 8-inch square pan with butter.

2. Heat milk, chocolate chips and unsweetened chocolate in 2-quart saucepan over low heat, stirring constantly, until chocolate is melted and mixture is smooth; remove from heat.

3. Quickly stir in nuts and vanilla. Spread in pan. Refrigerate about 1¹/2 hours or until firm. Cut into 1-inch squares.

1 Candy: Calories 55 (Calories from Fat 20); Fat 2g (Saturated 1g); Cholesterol 5mg; Sodium 10mg; Carbohydrate 8g (Dietary Fiber 0g); Protein 1g **% Daily Value:** Vitamin A 0%; Vitamin C 0%; Calcium 2%; Iron 0% **Exchanges:** ¹/2 Starch, ¹/2 Fat **Carbohydrate Choices:** ¹/2

Dulces Súper Fáciles de Salsa Chocolate

Super-Easy Fudge

PREPARACIÓN: 10 min REFRIGERAR: 1¹/2 horas ■
RINDE **64** DULCES

Para un sabor más rico y suculento, asegúrese de agregarle chocolate sin azúcar para hornear.

- 1 lata (14 onzas) leche condensada endulzada
- 1 bolsa (12 onzas) de "chips" de chocolate semidulce (2 tazas)
- 1 onza de polvo de chocolate sin azúcar, si desea
- 1¹/2 tazas de nueces picadas, si desea
- 1 cucharadita de vainilla

1. Engrase con mantequilla el fondo y los lados de un molde cuadrado de 8 pulgadas.

2. Caliente la leche, los "chips" de chocolate y el chocolate sin azúcar en una cacerola de 2 cuartos (¹/2 galón) a fuego bajo, revolviendo constantemente, hasta que el chocolate se derrita y la mezcla quede suave; retire del fuego.

3. Rápidamente agregue las nueces y la vainilla. Esparza la mezcla en el molde. Refrigere por 1¹/2 horas o hasta que la mezcla se endurezca. Corte en cuadritos de 1 pulgada.

1 Dulce: 55 Calorías (20 Calorías de Grasa); Grasas 2g (Saturada 1g); Colesterol 5mg; Sodio 10mg; Carbohidratos 8g (Fibra Dietética 0g); Proteína 1g **% de Valores Diarios:** Vitamina A 0%; Vitamina C 0%; Calcio 2%; Hierro 0% **Intercambios:** ¹/2 Almidón, ¹/2 Grasa **Opciones de Carbohidratos:** ¹/2

Toffee
Crocantes de "Toffee"

PREP: 15 min **COOK:** 18 min **STAND:** 1 hr ■
ABOUT 36 PIECES

Packaging gifts can be as fun as making them. Wrap coffee tins with colorful wrapping paper or aluminum foil. Fill with Toffee, separating layers with colored tissue paper or waxed paper.

> 1 cup sugar
> 1 cup butter or margarine
> 1/4 cup water
> 1/2 cup semisweet chocolate chips
> 1/2 cup finely chopped pecans

1. Heat sugar, butter and water to boiling in heavy 2-quart saucepan, stirring constantly; reduce heat to medium. Cook, about 13 minutes, stirring constantly, to 300°F on candy thermometer or until small amount of mixture dropped into cup of very cold water separates into hard, brittle threads. (Watch carefully so mixture does not burn.)

2. Immediately pour toffee onto ungreased large cookie sheet. If necessary, quickly spread mixture to 1/4-inch thickness. Sprinkle with chocolate chips; let stand about 1 minute or until chips are completely softened. Spread softened chocolate evenly over toffee. Sprinkle with pecans.

3. Let stand at room temperature about 1 hour, or refrigerate if desired, until firm. Break into bite-size pieces. Store in airtight container.

1 Candy: Calories 90 (Calories from Fat 65); Fat 7g (Saturated 4g); Cholesterol 15mg; Sodium 35mg; Carbohydrate 7g (Dietary Fiber 0g); Protein 0g **% Daily Value:** Vitamin A 4%; Vitamin C 0%; Calcium 0%; Iron 0% **Exchanges:** 1/2 Other Carbohydrates, 1 1/2 Fat **Carbohydrate Choices:** 1/2

Crocantes de "Toffee"
Toffee

PREPARACIÓN: 15 min **COCCIÓN:** 18 min **REPOSAR:** 1 hora ■
RINDE APROXIMADAMENTE 36 PORCIONES

Empacar regalos es tan divertido como hacerlos. Envuelva las latas de café con papel para regalo de colores o papel aluminio. Llénelas de crocantes de "Toffee", separando las capas de dulce con papel de China o papel encerado.

> 1 taza de azúcar
> 1 taza de mantequilla o margarina
> 1/4 taza de agua
> 1/2 taza de "chips" de chocolate semidulce
> 1/2 taza de nueces picadas

1. Caliente el azúcar, la mantequilla y el agua hasta que hiervan en una cacerola de 2 cuartos (1/2 galón), revolviendo constantemente; reduzca el fuego a medio. Cocine por unos 13 minutos, revolviendo constantemente, a 300°F en un termómetro para dulce o hasta que al poner un poco de la mezcla en una taza con agua fría, se separe y se formen hebras duras de dulce. (Observe la mezcla cuidadosamente para que no se queme).

2. Inmediatamente vierta la mezcla en una bandeja para hornear galletas sin engrasar. Si es necesario, rápidamente unte y esparza la mezcla hasta que quede con un grosor de 1/4 de pulgada. Espolvoree con los "chips" de chocolate; deje reposar por 1 minuto o hasta que los "chips" se suavicen completamente. Esparza el chocolate sobre el Crocante de "Toffee" de manera uniforme. Espolvoree con las nueces nuezs.

3. Deje reposar a temperatura ambiente por aproximadamente 1 hora, o refrigere si desea, hasta que endurezca. Quiébrelo en pedazos pequeños. Guárdelos en un recipiente cerrado herméticamente.

1 Dulce: 90 Calorías (65 Calorías de Grasa); Grasas 7g (Saturada 4g); Colesterol 15mg; Sodio 35mg; Carbohidratos 7g (Fibra Dietética 0g); Proteína 0g **% de Valores Diarios:** Vitamina A 4%; Vitamina C 0%; Calcio 0%; Hierro 0% **Intercambios:** 1/2 Otros Carbohidratos, 1 1/2 Grasas **Opciones de Carbohidratos:** 1/2

Glosario Español-Inglés
Spanish-English Glossary

A

aceite: oil
aceite de oliva: olive oil
aceituna: olive
acomodar: arrange
aderezar: dress (salad)
aderezo: dressing (noun)
afilador: knife grinder
agregar / añadir: add
agridulce: sweet and sour
agrio: sour
agrio / ácido: bitter
agua de coco: coconut milk
aguacate: avocado
ahumado: smoked
ajo: garlic
albahaca: basil
albóndiga: meatball
alcachofa: artichoke
alcaparras: capers
almejas: clams
almendras: almonds
almíbar: syrup (fruit)
anchoa: anchovy
apagar: turn off
apio: celery
aplanar o extender con el rodillo: roll out
aplastar/aplanar: flatten
arándano (rojo y agrio): cranberry
arroz: rice
artículos de cocina: kitchenware
n. asado v. asar, rostizar: roast
asar a la parrilla o a las brasas: grill
asar a la parrilla o en el horno: broil
atar: tie
atún: tuna
avena: oatmeal
azafrán: saffron
azucar: sugar
azúcar blanca de granulado muy fino: caster sugar
azúcar granulada: granulated sugar
azúcar en polvo: icing sugar

B

bacalao: cod
bacalao salado: salt cod
barbacoa / parrillada: barbeque
barra: loaf
batidora: mixer (food mixer)
batir: whisk
bellota: acorn
berenjena: eggplant
berro: watercress
betabel, remolacha, betarraga: beetroot
bistec: steak
bizcocho o galleta salada (generalmente en forma de 8): pretzel
borde: edge
brócoli, bróculi: broccoli
budín, pudín, pudding; (postre): pudding

C

cacao (en polvo): cocoa powder
calabacín, calabacita (Méx.): zucchini
calabaza (Perú) zapallo: pumpkin
calamar: squid
calentar: heat, warm
camarón: shrimp (small)
camarón grande, langostino, gambas: prawns
camarón, gamba: shrimp (medium)
camarón, langostino, cigala: shrimp (large)
camote (Mex.), batata (P.R.), boniato: sweet potato
canela: cinnamon
canelones: canneloni
cangrejo (S. Amér) jaiba: crab
capa: layer
caracol: snail
caramelo duro hecho con azúcar y mantequilla: butterscotch
carne: meat
carne de res: beef
carne de res picada: minced beef
cáscara: rind
cáscara o chicharrón de cerdo: rind (pork)
castaño: chestnut
cebolla: onion
cebolleta, cebollín, cebolla de verdeo, chalote, chalota: scallion (young onion)
cebolleta, chalote: shallot
cebollino: chive
cena, comida: dinner
v. cepillar n. cepillo: brush
cerdo: pork
cerdo picado: mince pork
champiñones, hongos, setas: mushrooms
chocolate: chocolate
chorrear un poco: trickle
chorrito: dash
chuleta, costilla: chop
cilantro, culantro: coriander
ciruela: plum
ciruela pasa (seca): prune
clara de huevo: egg white
clavo (de olor): clove
cocina: kitchen
cocinar a fuego lento: simmer
cocinar, cocer: cook
coco: coconut
col: cabbage
colador: strainer
colar: strain
coles de Bruselas: brussel sprouts
coliflor: cauliflower
colorante alimenticio: food coloring
combinar: combine
comer algo ligero: snack (to have a snack)
comino: cumin
completamente: thoroughly
compota, confitura, mermelada: preserve (jam, jelly)
coñac: brandy
conchas, cáscaras,: shells
condimento, adobo: seasoning
congelado: frozen
congelador: freezer
congelar: freeze
conserva: preserve (fruit in syrup)
conservante: preservative
conservar: preserve
consistencia: consistency
consomé / caldo: broth
corazón de repollo o lechuga: heart (of cabbage, lettuce)
corazones de alcachofas: hearts of artichoke

cordero: lamb
cortado en cuatro partes o en cuartos: quartered
cortar: trim
cortar en cuadritos: diced
cortar en rebanadas finas: thinly slice
cortar/ trinchar la carne: carve (meat)
corte en tiras finas para hacer la sopa de verduras estilo Juliana: julienne
costillas: ribs, spare ribs
crema: whipped cream
crema agria: sour cream
crema batida: cream (whipped cream)
crema para batir: whipping cream
crema pastelera: confectioner's custard
crema, nata: cream
crudo: raw
crujiente: crispy
cuajar: curdle
cubito de pan tostado, cuscurro: crouton
cubrir: cover
n. cuchara v. sacar con cuchara: spoon
cuchara (grande o de servir) / cucharada (medida): tablespoon
cuchara de medir: measuring spoon
cuchara de ranuras o ranurada: slotted spoon
cucharada llena: spoonful
cucharita, cucharilla (medida) cucharadita: teaspoon
cucharones: ladles
cuchillo: knife

D

dar la vuelta: turn
de grano grueso: coarse
de tamaño mediano: medium-sized
dehuesado: boned
dejar en adobo, marinar: marinade, marinate
derretido: melted
derretir: melt
n. desayuno, v. desayunar: breakfast
descansar: rest
deshuesado, sin hueso: boneless
desnatar o descremar: skim
dientes de ajo: cloves of garlic
dieta, dietético: diet (special food)
dividir en dos, partir por la mitad: halve
doblar: fold
doble crema: cream (double cream)
dona, rosquilla: doughnut

dorado: golden
dorar: brown
dulce: sweet
dulce de membrillo: quince cheese/jelly

E

ejotes: green beans
empanada, empanadilla: pastry
empanada, pastel, (hojaldre relleno de carne, verduras o fruta): pie
en lata, enlatado: canned
en polvo, molido, pulverizado: ground
en rebanadas: sliced
en vez de, en lugar de: instead of
encargarse del servicio de comida y bebida: catering (to do the)
encender: light
enchilada : Enchilada (Mexican tortilla with a meat or cheese filling, served with a tomato and chili sauce)
endibias: endives
endulzante: sweetener
endulzar, azucarar: sweeten
eneldo: dill
enfriar: chill
engrasado: greased
engrasar con aceite, aceitar: grease (with oil)
engrasar o untar con mantequilla, enmantequillar: grease (with butter)
v. engrasar: oil
enjuagar: rinse
entero: whole
escaldar: scald
escalfado: poached
escurrir: drain
esencia de vainilla: vanilla essence
espagueti: spaghetti
espárrago: asparagus
espesar: thicken
espesura, grueso, grosor: thickness
espinacas: spinach
espolvorear, salpicar: sprinkle
espuma: foam
estar/ponerse a dieta: diet
estofado: casserole
estofado: stew
exprimir: squeeze

F

filetes: fillets
filo de un cuchillo: blade of a knife
finamente / en trocitos: finely
formas: shapes

fregadero: kitchen sink
freír: fry, stir-fry
fresa: strawberry
frijoles de soya: bean sprouts (soybean)
frijoles negros: black beans
frijoles refritos: refried beans
frijoles, habichuelas, alubias, habas, porotos: beans, kidney beans
frotar: rub
fruta: fruit
a fuego alto: high heat

G

galleta: cookie
ganso: goose
gelatina: gelatine
gelatina: jelly (as dessert)
glaseado: icing
n. glaseado v. glasear: glaze
gourmet, gastrónomo: gourmet
granos de pimienta: peppercorns
grasa: grease
v. gratinar: grill
grueso / espeso: thick
guarnición: garnish
guayaba: guava
guisado de carne, estofado al estilo húngaro: goulash
guisante, chícharo (Mex.): pea

H

habas: broad beans
habas, judías verdes, alubias, caraotas: lima beans
(P.R.) habichuelas tiernas (Méx.) ejote: green beans
harina: flour
harina con levadura: self-raising
harina de maíz: cornflour
helado: ice cream
hervir: boil
hierba: herb
hígado: liver
hinojo: fennel
hoja: leaf
hoja de laurel: bayleaf
hojaldre: puff pastry
hojas: leaves
hojuelas de maíz tostado: cornflakes
hornear, cocer al horno: bake
horno: oven
hueco: dent
hueso / espina de pescado: bone
huevo: egg

huevo duro: hard-boiled egg
huevos revueltos: scrambled egg

I

incorporar algo a algo: fold into
ingredientes: ingredients

J

jalea: jelly (clear jam)
jamón: ham
jamón cocido: cooked ham
jengibre: ginger
jerez: sherry
jugo / zumo: juice
jugoso: juicy

K

kiwi (fruto nativo de nueva Zelandia): kiwi

L

lado: side
(mar) langosta (pequeña), cigala (río) cangrejo de río: crayfish
lata: can
lavar: wash
leche: milk
leche desnatada o descremada: skimmed milk
lechoso ‹ coffee / tea › con mucha leche: milky
lechuga: lettuce
lentamente/ poco a poco / gradualmente: gradually
lentejas: lentils
lima: lime
limón: lemon
lo que se pone encima, acabado final: topping

M

maduro: ripe
maíz tierno, elote (Méx), choclo (AmS), jojoto (Ven): sweetcorn
majar, hacer puré: mash
malteada, batido (de leche): milk shake
mandarina, tangerina: tangerine
maní, cacahuate (Mex.): peanut
manteca, grasa de cerdo: lard

mantequilla: butter
mantequilla de maní: peanut butter
manzana: apple
mariscos: seafood, shellfish
masa: dough
mayonesa: mayonnaise
a medio cocer: rare (meat)
mejillones: mussels
melaza: molasses
melocotón, durazno: peach
melón (de pulpa verdosa muy dulce): honeydew melon
membrillo: quince
menta: mint
mermelada: jam
mezclar: mix
mezlar, agitar, revolver (pancake) voltear o darle vuelta: toss (salad)
miel: honey, syrup (sugar solution)
migajas de pan, migas de pan / pan molido: breadcrumbs
moler, machacar: grind
mondongo, callos, pancita, guatitas: tripe
mora: blackberry
mora (de morera): mulberry
mostaza: mustard

N

naranja: orange
naranjita china, quinoto: kumquat
nectarina: nectarine
nueces: walnuts
nuez moscada: nutmeg
nutritivo: nourishing

O

olla o cacerola: saucepan
omelet, tortilla de huevos: omelette
onza (28,35 gramos): ounce
orégano: oregano
ostra, ostión: oyster

P

pacana, nuez (Mex.): pecan (nut)
paletilla, paleta: shoulder (cut of meat)
palitos de pan: bread stick
palitos de queso: cheese straws
pan: bread
pan ázimo, pan sin levadura: unleavened (bread)
pan de molde o de caja: sliced bread

pan duro: stale bread
pan integral: brown bread
pan tostado o tostadas a la francesa / torrijas o torrejas / biscote: french toast
"pancake", panqueque: pancake
panera (para guardar el pan): breadbin
panquecito (Méx.) magdalena (Esp.): cupcake
panquecito, panecillo: muffin
papa frita: potato chip
papas: potatoes
papas fritas: french fries
papel aluminio: aluminum foil
papel aluminio: foil
papel de cocina: kitchen tissue
paprika, pimentón, pimienta roja: paprika
para o de horno: ovenproof
parrilla: grid or gridiron
pasa (de uva): raisin
pasta: pasta
paté: pâté, pate
pato: duck
pavo, guajalote (Méx.), chompipe (C.R.): turkey
pechuga: breast (of chicken)
pechuga de pollo: chicken breast
pedazo grande en forma de gajo o cuña: wedge
pelado: peeled, skinned
pelador de papas, utensilio para pelar papas: potato peeler
pelar: peel
pepino: cucumber
pepitas (trocitos) de pollo: chicken nuggets
perejil: parsley
perro caliente: hot dog
pescado: fish
picante: spicy
picar: chop (cut up)
v. picar en trocitos: mince
n. piel / v. pelar: skin
pierna de pollo: drumstick (chicken)
pimienta: pepper
pimienta cayena: cayenne pepper
pimiento rojo: red pepper
pimiento verde: green pepper
piña: pineapple
piñones: pinenuts
pizca: pinch
pizza: pizza
plancha: griddle
plátano: banana

plato / platillo: dish
plato principal: main course
pollo: chicken
polvo de hornear / levadura (en polvo): baking powder
poner trocitos encima: dot with
v. poner en capas: layer
postre: dessert
puerros: leeks
puñado: handful
punto de ebullición: boiling point
punto de fusión: melting point
puré: purée

Q

queso: cheese
queso "cottage", requesón: cottage cheese
queso de soya: tofu
quitar: remove
quitar / desechar: get rid of

R

rábano: radish
rallado: grated
rebozar / cubrir: coat
receta: recipe
recetario: recipe book
recipiente: bowl
recipiente o tazón: mixing bowl
reducir: reduce
refresco, gaseosa (bebida no alcohólica),: soft drink
refrigerador: refrigerator
rellenar: stuff
relleno: filling, stuffing
remojar: soak
riñón: kidney
n. rollo v. enrollar: roll
romero: rosemary
rosbif: roast beef

S

sabor: taste
sal: salt
salado: salted
salchicha: sausage
salmón: salmon
salpimentar: season with salt and pepper
salsa: sauce
salsa (hecha con el jugo de la carne): gravy
salsa bechamel: bechamel sauce
salsa de soya: soy sauce
salsa para acompañar los diferentes bocaditos que se sirven con el aperitivo, en una fiesta etc., "dip": dip
salsa tártara: tartar sauce
salsera: gravy boat
saltear: sauté
salvia: sage
sándwich, emparedado: sandwich
sandwichera: sandwich toaster
sardinas: sardines
sartén: frying pan
sartén / molde: pan
sazonar: season with salt
secar: dry
sellar: seal
semilla de amapola: poppyseed
semillas: seeds
solomillo de res: sirloin steak, tenderloin steak
suero (de la leche): buttermilk
sumergir, remojar: dip

T

tabla de cortar el pan: breadboard
tallarines, fideos: noodles
tallo: stalk
tamal (masa rellena de carnes o a veces de dulce envuelto en hoja de plátano o maíz): tamale

tapadera: lid
tarta de queso: cheesecake
tarta, pastel: cake
taza para medir: measuring cup
n. tenedor, v. perforar con un tenedor: fork
tentempié, refrigerio: snack
ternera (carne de animal muy joven y de carne pálida): veal
tierno: tender
tiritas: strips
tocino: bacon
tomates: tomatoes
tomillo: thyme
toronja, pomelo: grapefruit
tostado: toasted
transferir: transfer
transparente: transparent
trucha: trout

U

untar / embarrar: smear
v. untar con mantequilla: butter
uva: grape

V

vaciar: empty
vapor: steamer
venado (carne de): venison
verter: pour
vinagre: vinegar
volver: return

Y

yema de huevo: egg yolk
yemas: yolks

Z

zanahoria: carrot
zumo de manzana: cider

Nutrition and Cooking Information

NUTRITION GUIDELINES

We provide nutrition information for each recipe and individual food choices can be based on this information.

Criteria Used for Calculating Nutrition Information

- The first ingredient was used wherever a choice is given (such as $1/3$ cup sour cream or plain yogurt).
- The first ingredient amount was used wherever a range is given (such as 3- to $3^1/2$–pound cut-up broiler-fryer chicken).
- The first serving number was used wherever a range is given (such as 4 to 6 servings).
- "If desired" ingredients and recipe variations were not included (such as sprinkle with brown sugar, if desired).
- Only the amount of a marinade or frying oil that is estimated to be absorbed by the food during preparation or cooking was calculated.

Ingredients Used in Recipe Testing and Nutrition Calculations

- Large eggs and 2% milk were used for testing the recipes.
- Fat-free, low-fat or low-sodium products were not used, unless otherwise indicated.
- Solid vegetable shortening (not butter, margarine, nonstick cooking sprays or vegetable oil spread as they can cause sticking problems) was used to grease pans, unless otherwise indicated.

Equipment Used in Recipe Testing

We use equipment for testing that the majority of consumers use in their homes. If a specific piece of equipment (such as a wire whisk) is necessary for recipe success, it is included in the recipe.

- Cookware and bakeware without nonstick coatings were used, unless otherwise indicated. Solid vegetable shortening (not butter, margarine or nonstick cooking sprays, as they can cause sticking problems) was used to grease cake pans, unless otherwise indicated.
- No dark-colored, black or insulated bakeware was used.
- When a pan is specified in a recipe, a metal pan was used; a baking dish or pie plate means ovenproof glass was used.

- An electric hand mixer was used for mixing only when mixer speeds are specified in the recipe directions. When a mixer speed is not given, a spoon or fork was used.

Cooking Terms Glossary

Beat: Mix ingredients vigorously with wire whisk or electric mixer until smooth.

Boil: Heat liquid until bubbles rise continuously and break on the surface.

Chop: Cut into coarse or fine irregular pieces with a knife or food chopper.

Grease: Rub the inside surface of a pan with shortening, using pastry brush or paper towel, to prevent food from sticking during baking.

Julienne: Cut into thin, matchlike strips, using knife or food processor (vegetables, fruits, meats).

Mix: Combine ingredients in any way that distributes them evenly.

Sauté: Cook foods in hot oil or margarine over medium-high heat with frequent tossing and turning motion.

Shred: Cut into long thin pieces by rubbing food across the holes of a shredder, as for cheese, or by using a knife to slice very thinly, as for cabbage.

Simmer: Cook in liquid just below the boiling point on top of the stove, usually after reducing heat from a boil.

Stir: Mix all ingredients together until uniform consistency or during simmering.

Toss: Tumble ingredients together lightly with a lifting motion (such as green salad).

Measuring Equivalents

$1/2$ tablespoon = $1^1/2$ teaspoons
1 tablespoon = 3 teaspoons
$1/4$ cup = 4 tablespoons
$1/3$ cup = 5 tablespoons + 1 teaspoon
$1/2$ cup = 8 tablespoons
$2/3$ cup = 10 tablespoons + 2 teaspoons
$3/4$ cup = 12 tablespoons
1 cup = 16 tablespoons
1 pint = 2 cups
1 quart = 2 pints
1 gallon = 4 quarts
1 pound = 16 ounces

Información Util:
Datos Nutricionales y de Cocción

GUÍA NUTRICIONAL

Cada receta muestra su información nutricional; puede elegir su alimentación de acuerdo a esta información.

Criterios Utilizados para Calcular la Información Nutricional

- Se utilizó el primer ingrediente en caso de que ofrecerse varias opciones (ejemplo: $1/3$ de taza de crema agria o yogur natural).
- En caso de presentarse un orden de cantidades, se utilizó la primera cantidad (ejemplo: de 3 a $3^1/2$ libras de pollo picado para asar o freír).
- En caso de presentarse una escala de porciones, se utilizó siempre el primer número de porciones (por ejemplo: de 4 a 6 porciones).
- No se tomaron en cuenta ingredientes opcionales y variaciones a las recetas (por ejemplo: si lo desea, puede espolvorear con azúcar morena).
- Solo se calculó la cantidad de adobo o aceite para freír que según un estimado es absorbido por la comida durante la preparación o la cocción.

Ingredientes Utilizados en las Pruebas de las Recetas y Cálculos Nutricionales

- Huevos grandes y leche 2% se usó para probar las recetas.
- No se utilizaron productos bajos en grasa o sodio, a menos que se indique de otra manera.
- Se utilizó manteca vegetal sólida (no mantequilla, margarina, aceite para cocinar en aerosol antiadherente o aceite vegetal para untar, ya que éstos pueden causar problemas de adherencia) para engrasar los sartenes, a menos que se indique de otra manera.

Utensilios Utilizados al Probar las Recetas

Para probar nuestras recetas, utilizamos utensilios que la mayoría de los consumidores tienen en casa. Si es necesario utilizar algún utensilio específico para que la receta salga bien (por ejemplo un batidor de alambre), se incluye en la receta.

- Se utilizaron ollas, sartenes, planchas y moldes para hornear sin cubiertas antiadherentes, a menos que se indique de otra manera. Se utilizó manteca vegetal sólida para engrasar moldes para tartas (no mantequilla, margarina o sprays antiadherentes, ya que pueden causar que alimento peque) a menos que se indique de otra manera.
- No se utilizaron moldes para hornear de colores oscuros, negros o con aislante.
- Cuando se especifica el uso de una sartén en una receta, se utilizó una sartén de metal; en el caso de un plato de hornear o un plato para pasteles, se usan recipientes de vidrio refractarios.

- Se utilizó una batidora eléctrica en todos los casos en los que se mencionan velocidades para la batidora en las instrucciones de la receta. Cuando no se mencionan velocidades, se usó una cuchara o un tenedor.

Glosario de Términos de Cocina

Batir: Mezcle los ingredientes vigorosamente con un batidor de alambre o una batidora eléctrica hasta que no hayan grumos.

Hervir: Caliente el líquido hasta que burbujeé continuamente.

Picar: Pique en partes gruesas o finas irregulares con un cuchillo o un procesador de alimentos.

Engrasar: Frote la superficie interior de un molde con manteca, utilizando un pincel de pastelería o una toalla de papel, para evitar que los alimentos se peguen cuando se hornean.

Juliana: Pique en tiritas delgadas, utilizando un cuchillo o un procesador de alimentos (verduras, frutas, carnes).

Mezclar: Combine los ingredientes de cualquier manera que los distribuya uniformemente.

Sofreír: Cocine los alimentos en aceite o margarina caliente, usando temperatura media-alta, mezclando y volteando frecuentemente.

Rallar: Pique en partes largas y delgadas, frotando los alimentos sobre un rayo, como se hace con el queso, o utilizando un cuchillo para cortar muy delgado, como en el caso del repollo.

Cocinar a fuego lento: Cocinar en un líquido justamente por debajo del punto de ebullición, sobre la estufa; generalmente luego de reducir la temperatura después de hervir.

Revolver: Mezcle todos los ingredientes juntos hasta que tengan una consistencia uniforme o durante la cocción a fuego lento.

Dar vueltas: Mezcle los ingredientes suavemente levantándolos (como en la ensalada verde).

Equivalencias para Medidas

$1/2$ cucharada = $1^1/2$ cucharadita

1 cucharada = 3 cucharaditas

$1/4$ de taza = 4 cucharadas

$1/3$ de taza = 5 cucharadas + 1 cucharadita

$1/2$ taza = 8 cucharadas

$2/3$ de taza = 10 cucharadas + 2 cucharaditas

$3/4$ taza = 12 cucharadas

1 taza = 16 cucharadas

1 pinta = 2 tazas

1 cuarto de galón = 2 pintas

1 galón = 4 cuartos de galón

1 libra = 16 onzas

Metric Conversion Guide

VOLUME

U.S. Units	Metric
1/4 teaspoon	1 ml
1/2 teaspoon	2 ml
1 teaspoon	5 ml
1 tablespoon	15 ml
1/4 cup	50 ml
1/3 cup	75 ml
1/2 cup	125 ml
2/3 cup	150 ml
3/4 cup	175 ml
1 cup	250 ml
1 quart	1 liter
1 1/2 quarts	1.5 liters
2 quarts	2 liters
2 1/2 quarts	2.5 liters
3 quarts	3 liters
4 quarts	4 liters

WEIGHT

U.S. Units	Metric
1 ounce	30 grams
2 ounces	55 grams
3 ounces	85 grams
4 ounces (1/4 pound)	115 grams
8 ounces (1/2 pound)	225 grams
16 ounces (1 pound)	455 grams
1 pound	455 grams

MEASUREMENTS

Inches	Centimeters
1	2.5
2	5.0
3	7.5
4	10.0
5	12.5
6	15.0
7	17.5
8	20.5
9	23.0
10	25.5
11	28.0
12	30.5
13	33.0

TEMPERATURES

Fahrenheit	Celsius
32°	0°
212°	100°
250°	120°
275°	140°
300°	150°
325°	160°
350°	180°
375°	190°
400°	200°
425°	220°
450°	230°
475°	240°
500°	260°

Note: *The recipes in this cookbook have not been developed or tested using metric measures. When converting recipes to metric, some variations in quality may be noted.*

Guía para Conversiones Métricas

VOLUMEN

Unidades Americanas	Sistema Métrico
1/4 cucharadita	1 ml
1/2 cucharadita	2 ml
1 cucharadita	5 ml
1 cucharada	15 ml
1/4 taza	50 ml
1/3 taza	75 ml
1/2 taza	125 ml
2/3 taza	150 ml
3/4 taza	175 ml
1 taza	250 ml
1 cuarto de galón	1 litro
1 1/2 cuartos de galón	1,5 litros
2 cuartos de galón	2 litros
2 1/2 cuartos de galón	2,5 litros
3 cuartos de galón	3 litros
4 cuartos de galón	4 litros

MEDIDAS

Pulgadas	Centímetros
1	2,5
2	5,0
3	7,5
4	10,0
5	12,5
6	15,0
7	17,5
8	20,5
9	23,0
10	25,5
11	28,0
12	30,5
13	33,0

PESO

Unidades Americanas	Sistema Métrico
1 onza	30 gramos
2 onzas	55 gramos
3 onzas	85 gramos
4 onzas (1/4 de libra)	115 gramos
8 onzas (1/2 libra)	225 gramos
16 onzas (1 libra)	455 gramos
1 libra	455 gramos

TEMPERATURA

Fahrenheit	Celsius
32°	0°
212°	100°
250°	120°
275°	140°
300°	150°
325°	160°
350°	180°
375°	190°
400°	200°
425°	220°
450°	230°
475°	240°
500°	260°

Nota: *Las recetas en este libro de cocina no han sido desarrolladas o probadas utilizando el sistema métrico. Cuando convierta las recetas al sistema métrico, puede haber variaciones en la calidad.*

Index

Page numbers in *italics* indicate illustrations.